진리의 향기

-작은 것에서 얻는 큰 깨달음

진리의 향기
-작은 것에서 얻는 큰 깨달음

원천 스님

미래문화사

머리말

소납이 출가 수행하다 보니 부처님의 말씀을 전하는 기회가 있었다. 그것은 다름아닌 부산 불교방송국의 〈진리의 향기〉였다.

소납이 부처님의 은덕에 보답하는 길이요 시은에 조금이나마 갚는 길이라는 마음과 다시 공부하는 자세로 열심히 강의하였다. 그 결과, 내용이 알차고 아주 쉬워서 불교 기초교리 강좌 교재로 사용할 수 있도록 출판 권고를 받고 이 책을 출간하게 되었다.

평소에 여러 큰스님들께서 책을 출간하는 것을 볼 때마다 무척 부러운 마음이었다. 미력하나마 막상 본인이 책을 출간하게 되니 간단한 작업이 아니었다. 책 한 권 출간하는 것을 산고에 비유하는 까닭이 이해되었다.

미숙하고 미력한 소납이 불교 기초교리 책을 펴내게 되어 선후배 여러 스님에게 죄송하고 쑥스러울 뿐이나 열심히 하겠다는 자세로 일관하였으니 넓으신 아량으로 받아 주시길 바라는 마음이며, 앞으로 많은 지도 편달을 바라면서 출간에 대한 인사말을 두서없는 난필로 대신하는 바입니다. 성불하십시오.

1999년 7월
원천 합장

불교를 공부하자

　불교를 공부하면 깨달음을 얻어 이고득락(離苦得樂) 생사해탈을 할 수 있다. 옛날 불교인들은 흔히 법문을 통해 교양과 지식을 갖추었다. 그것은 지금처럼 서적이나 매스컴이 없었기 때문이다. 현재는 다행히 인쇄물과 방송·영상 매체가 발달하여 최고의 문화 혜택을 누리고 있는 셈이다.

　IMF의 한파로 인해 살기가 더욱 어려워진 요즘, 도처에 직장을 잃고 우울해 하는 사람들이 넘쳐나고 일반 대중의 사기와 의욕 또한 상실되는 형편이다.

　《금강경》에 '뗏목의 비유와 같이 알라'는 말이 있다. 그 말씀은 강을 건널 때는 뗏목이 필요하고, 건너서는 무거운 뗏목을 가지고 다니지 말라는 의미이다. 그러나 어리석게도 많은 사람들이 마음을 무겁게 짊어지고 다니고 있다.

　생활에서 즐거움과 기본 양심을 가지고 사람답게 살아가는 것이 참다운 불교 신앙인이다. 부처님께서는 아난에게 '어떤 사람이 갖가지 악행을 저지르고 또 부끄러워함이 있다 해도 죽을 때 깨달음을 얻은 이가 그 사람을 위해서 깨달음을 설하거나 또 경전을 듣게 된다면, 그것이 원인이 되어 천겁에 걸쳐 지은 죄가 소멸된다'고 일렀다.

　불교는 깨달음의 종교이다. 부처님의 말씀에 '알고 지은 죄와 모르고 지은 죄 중 어느 것이 더 무겁겠느냐'는 물음에 대부분의 사람들은 모르고 지은 죄가 더 가볍다고 생각하기 쉽다. 그러나 그렇지 않다. 오히려 알고 지은 죄는 지혜가 있어 무게가 가볍게 된다고 한다. 그래서 아는 것과 모르는 것에는 많은 차이가 있는 것이다.

　조사 스님께서는 '말법시대(末法時代)가 오면 부처님의 가르침 듣기가 어렵고 들었다 하더라도 믿음을 갖는 이가 드물다'고 하셨다. 지금 이 글을 읽는 이는 과거 전생부터 불교와 인연이 있었기 때문에 읽을 수 있는 것이다. 그러므로 이러한 점을 상기하여 불자들은 불교와 더욱더 깊은 인연을 맺고 수행하며 공부해 나가길 바란다.

　여기에 불교를 공부하는 몇 가지 방법을 소개하고자 한다.

　사찰을 절이라 하는데 절에서는 절을 많이 해야 하기 때문에 사찰을 절이라고 부른다는 말도 있다. 절에는 108배와 천배, 삼천배 등이 있으며, 이렇게 절을 하거나 경전을 독송하는 방법으로 불교에 접근할 수 있다. 또 기간을 정해 조용히 참선할 수도 있다.

　그리고 염불과 진언 등의 방법이 있다. 공부를 하는 목적은 지옥의 고통과 축생의 고통 및 온갖 괴로움과 불행에서 하루속히 벗어나 진정한 삶의 지혜를 얻기 위함이다.

　깨달음이란 멀리 있는 것이 아니라 자기 마음 안에 있다. 그러므로 진리와 깨달음은 먼데서 찾을 것이 아니라 자기 마음을 들여다보고 찾아야 할 일이다.

불교란 무엇인가

불교 신도 중에는 불교에 대한 체계적인 공부 없이 무조건적으로 불교를 믿는 경우가 많다. 불교를 제대로 알기 위해서는 기본적인 사찰 예법이나 교리 공부가 필요하다는 생각이 든다. 그래서 불교에 대한 이해를 돕고자 이 글을 마련하였다.

먼저 '불교란 무엇인가'에 대해서 알아보자. 불교라는 것은 부처님의 가르침을 의미하며 부처는 영어로 붓다(Buddha)라 해석되는데, 깨달은 사람이란 뜻이다. 일체 만법의 근원 자체를 바로 깨달은 부처님의 가르침으로 우리의 마음을 닦고 닦아 바로 깨닫는 종교가 불교이다. 그래서 불교는 깨달음의 종교라 했다.

그 깨달음의 대상이 멀리 있는 것이 아니라 바로 우리 마음에 있다. 우리는 그 동안 많은 것을 보고 듣고 익혀 왔다. 무엇이 불교냐고 묻는다면 대부분의 사람들은 말문이 막혀 버릴지도 모를 것이다. 그것은 곧 외형으로만 보고 내실을 다지지 않았기에 일어나는 현상이다. 즉 집을 지으려면 주춧돌을 잘 세워야 집이 튼튼하듯이 말이다. 마음을 깨달아 밝히려는 것은 인간 삶의 문제와 인생문제를 해결하며 우리 인생을 멋있고 후회없이 살아

14

보자는 데 그 목적이 있다. 이를 불교에서는 이고득락(離苦得樂)
이라 한다.

이고득락이란 일체의 괴로움을 떠난 즐거움을 얻는다는 의미
를 지닌다.

고(苦)란 우리 인간들이 개인적으로 당면한 아픔이나 슬픔, 괴
로움이나 불행을 말한다. 고를 벗어나 즐겁고 편안한 삶을 우리
는 락(樂)이라 한다. 락(樂)은 곧 극락이라 표현한다. 우리는 너
나 할 것 없이 다함께 이고득락 행렬애 동참해야 한다.

다음에서 우리는 이고득락하는 문에 다가가는 길을 찾을 수
있다. 중국 임제 스님은 '법우들이여, 불교란 특별한 공부를 하
는 것이 아니라 다만 평상무사(平常無事)이다. 즉 평상시와 같은
것이다. 때맞게 식사하고 옷 입고 화장실 가는 일상생활이 곧
불교다'라고 했다. 불교와 일상의 삶이 하나라는 것을 임제 스님
은 설명한 것이다.

그러므로 우리는 밖에 드러나는 모양과 형식에 치우치지 말고
내면의 마음〔一心〕에 정성을 쏟고 관심을 가져야 한다.

석가모니 부처님이 49년 정성들여 설법하신《팔만 대장경》에
수행 방법은 무수히 많다. 이 모두는 일심(一心)인 마음을 닦기
위한 것이다. 일심은 자성·법성·불성·진여·여래장이라 표현
한다. 한마음으로부터 하늘과 땅, 중생과 부처, 극락과 지옥, 우
주 삼라만상이 전개된다.

고려시대 보조국사 말씀에 '모든 부처님들은 마음자리 하나를
밝힌 분'이라 했듯이 무엇보다 마음이 중요하다.《원각경》에서
는 '공화사와 같다. 그림을 그리는 사람이 마음에 따라 마음의
그림자가 나타난다. 즉 마음 따라 대상 따라 나타난 현상들이다'

라고 했다. 이렇게 마음만 먹으면 그림이 나오듯이 마음 공부를 하여 자기 마음을 깨달으면 된다. 이것은 세상의 이익과 명예를 얻기 위한 것이 아니라 우리들의 어리석음을 고쳐 바람직한 삶의 길을 가는 데 그 목적이 있다.

'인생난득(人生難得)이요 불법난봉(佛法難逢)이라.'

즉 인간의 몸 받기가 어렵고 불법 만나기는 더욱 어렵다는 말이 있다. 이에 불법의 소중함을 새겨 마음을 닦아 가도록 노력해야 할 것이다.

《무상경》에 이르기를 '살아 있는 자 죽음으로 돌아가고, 젊고 용기 있는 용모는 늙어 주름지며, 강하던 힘은 병으로 약해져 결국은 죽는다'라고 했으며, '모고산이란 산이 높다 해도 시간이 지나면 무너지듯이 아무리 깊은 바다도 시간이 흐르면 바닥이 드러난다'에서 보듯 여느 한 사물도 무상에 의해 삼켜지지 않는 것이 없다. 우리는 부처님의 가르침을 다시 한번 점검하여 무지몽매와 번뇌 망상을 버리고 오직 진아(眞我)인 자기 마음을 깨달아 부처가 되도록 힘써야 할 것이다.

불교는 마음 공부이다

우리는 가장 절친한 자기 자신을 소홀히 대하고 그를 이해할 줄 모르는 것이 우리들의 마음이다. 우리는 아침 저녁 마주 대하고 그림자처럼 붙어 다니는 자신에 대해서 얼마나 알고 있을까. 자기 마음도 이해할 수 없는데 하물며 다른 사람에 대해서, 더 나아가 모든 사람에 대해서 말이다.

경전에 어느 날 마음이란 놈이 자신에게 항의를 했다. 내가 이른 아침에 일어날 때에 이 마음은 너를 위해 눈뜨고 갖가지 모양을 보며, 내가 옷을 입고 싶어하면 옷을 입혀 주고, 너를 위해 몸을 깨끗이 씻어 주며 너를 도와주었다. 우리 관계는 마치 이와 입술처럼 밀접하기 때문에 너는 나와 의논을 해야 한다고 말하며 내가 바로 네 마음에 있다고 한다. 우리 마음은 공장과 같아서 좋은 제품을 생산해 내기도 하고 나쁜 제품을 만들어 내기도 한다. 그러므로 마음의 공장을 개선하여 사회에 필요한 상품을 제공할 수 있도록 노력해야 할 것이다.

우리의 마음은 큰 창고와 같아서 수많은 고민과 걱정 근심을 저장하기도 한다. 때로는 상대방에게 고민을 털어놓고 하소연이나 고백도 하지만, 악심과 사심 그리고 교만심에 이끌려 말로 표현하지 못하는 경우도 많다.

우리의 마음은 천가지 만가지나 되는 마음속의 비밀을 분명히 알아야 한다. 마음속의 소리를 들을 줄 알아야 한다. 이렇듯 우리의 마음은 무궁무진하여 그 실체를 파악하기가 힘들다.

옛날 알렉산더 대왕(B.C 356~323)이 희랍을 통치할 때, 국가가 너무 협소하다는 생각에 군대를 이끌고 동서남북 이웃 국가를 침공하여 위세를 떨치게 되었다. 알렉산더 대왕은 세계 통일이라는 원대한 꿈을 품고 있었던 것이다. 그러나 그러한 그의 꿈은 좌절되고 말았다.

욕망이 지나치게 크면 남에게 피해를 줄 뿐만 아니라 자기 스스로도 망하는 법이다. 마음속의 번뇌를 끊고 마음을 편안하게 하는 것이 행복으로 들어가는 문인 것이다.

우리의 마음이 내심 깊은 곳에 머물면서 자신을 갉아먹는데도 스스로 이를 깨닫지 못하는 경우가 있는데 그것은 어리석음 때문이다. 그래서 열 자나 되는 물 속 깊이는 알아도 한 자 사람 마음은 모른다는 말이 생겼을 것이다.

중국의 무문 스님은 '봄에는 백가지 꽃이 있고 가을에는 달[月]이 있다. 여름에는 시원한 바람이 있고 겨울에는 눈[雪]이 있다. 만약 마음속에 쓸데없는 일이 없다면 그때가 우리 인간의 호시절이라' 이르셨다.

일반 사람들은 주소가 있어 어디에 살든 찾을 수가 있지만 우리의 마음은 도대체 어디에 살고 있으며 몇 사람이나 알고 있을까?

어떤 사람들은 우리 몸 속에 마음이 있다고 한다. 마음이란 무엇인가. 마음은 대체 무엇을 생각하고 있을까?

자신을 아는 사람은 분명히 마음을 알고 있지만 자신을 모르는 사람은 마음의 참모습을 모르고 있으므로 어떻게 해서든지 참모습을 알도록 노력해야 할 것이다.

눈은 아름다운 색을 좋아하고, 코는 향기로운 냄새를 탐하고, 귀는 아름다운 소리에 집착하고, 혀는 맛있는 음식을 좋아하여 변화무쌍한 천상과 지옥을 오락가락하는 것이 마음이다. 우리는 오온(五蘊)의 공(空)함을 깨우쳐 그 굴레에서 자유로워져야 한다.

사람들 마음의 거주지는 극락과 지옥으로 나누어진다.

창가에 새들이 노래하고 맑은 하늘에서 꽃향기가 가득히 실려오는 이른 아침은 사람의 마음을 청정하게 한다. 그러나 아침 식사 때 반찬이 입에 맞지 않을 경우에는 좀전의 좋았던 마음이 사라지고 부지불식간에 당장 불평하고 화를 낼 수도 있다. 우리의 마음은 찰나간에 극락에서 노닐기도 하고 지옥으로 떨어지기도 한다.

우리가 변화무쌍한 마음을 잘 다스려 간다면 이고득락(극락)의 커다란 즐거움을 맛볼 수 있을 것이다.

하나의 생각으로 삼천대천세계가 생길 수도 있고 사라질 수도 있는 것이다. 마음이 조금만 진실하게 움직이기만 해도 삼천대천세계의 모든 법이 자신이 원하는 대로 변할 수 있다. 배가 고프면 음식이 나오고 추우면 옷이 보이고 구하는 바에 따라 무엇이든 얻을 수 있는 것이다.

마음 공부 첫걸음은 절에서

사찰은 부처님의 존상을 봉안하고 스님들과 사부대중이 수행 정진하여 깨달음을 증득하고 모든 불자들에게 이익을 주어 제도하는 데 역점을 두는 곳이다.

절은 대체적으로 규모에 따라 사찰이나 사원, 암자, 절 혹은 가람이라고 한다.

절은 대개 명산에 위치한 경우가 많은데 그런 곳에는 항상 성스러운 기운이 서려 있다. 산중 암자의 청정 공간이 편안한 마음으로 우리를 정화해 주는 곳이다.

사람들은 기도와 참회, 절을 통해 자신을 성찰하며 삶의 질을 높이고 불자답게 살려고 노력한다. 좋은 일이 있거나 나쁜 일이 있을 때 우리는 부처님 품안에 안길 수 있는데 그것이 곧 절이 갖는 여유이자 멋인 것이다.

아름답고 행복한 삶을 살기 위해서는 세계를 내다볼 수 있는 맑은 눈과 귀가 필요하다. 그것이 곧 사물을 바르게 볼 수 있는 안목인 오안(五眼)이다. 즉 육안(肉眼), 천안(天眼), 혜안(慧眼), 법안(法眼), 불안(佛眼)의 눈으로 크고 넓고 바르게 사물을 봄이 중요하다.

절에 들어갈 때는 대개 합장을 한다. 마음 공부에서 무엇보다도 중요한 것이 하심(下心)인데, 하심이란 마음을 낮춘다는 것으로 물이 높은 곳에서 낮은 곳으로 흐르듯 잘난 체하는 마음을 낮추는 것이 최상의 사람이 되는 첫째 조건이다.

합장(合掌)이란 바로 이런 하심의 자세이다. 합장을 한다는 것은 두 가지 마음을 하나로 만드는 방법이며, 분별심과 하늘 땅, 극락과 지옥을 하나로 모으는 방법이다.

합장은 곧 자기 육신의 부처를 찾는 기본 동작이다. 절로 이어지는 길이 모래알만큼 많다는 데서 스님들을 사문(沙門)이라 하며, 만가지 법에도 저마다 독특한 길과 문이 있어서 법문(法門)이라 한다. 바로 이 문으로 온갖 진리가 나오고 만법이 그 문으로 들어가게 된다.

마음과 마음이 서로 일치하여 자연스럽게 깨닫게 되는 시기를 정법시대(正法時代)라 한다. 깨달음을 얻고자 하는 분들은 자기 육체가 곧 법당이며 건전한 정신이 신성한 법당임을 알아야 한다.

그래서 우리가 보는 절의 모습이란 깨달은 분의 정신세계를 그대로 묘사한 것이다.

부처님 입멸(入滅) 후 1천 년의 정법시대가 지난 뒤에는 상법시대(像法時代)가 열리게 되는데 성인의 법체가 없어지고 절이나 탑을 많이 짓게 된다.

법당 건물을 조각하거나 단청을 입혀 날아갈 듯한 형상으로 목조 건물을 짓는 것은 아마도 부처님의 뜻을 은밀히 전하고자 함이며 우리 자신을 내부의 사찰인 절로 인도하자는 데 그 목적이 있다.

말법시대(末法時代)란 생각 없는 종교인들의 몰지각한 짓에 천박한 신앙이 전개되어 어두운 구름에 해가 가리듯 깨달음을 발견하기가 쉽지 않은 시대를 말한다. 이렇듯 혼란스럽고 어두운 지금이 말법시대인 듯싶다.

고대 인도의 세계관으로 수미산(須彌山)을 중심으로 볼 때 우리가 살고 있는 이 지역은 남섬부주에 속한다.

남섬부주 위로 향수해(香水海)라 불리우는 넓은 바다가 있으며 그 바다 사이에 일곱 개의 산이 있는데 그 중에서 가장 우뚝 솟은 산이 바로 수미산이다.

수미산 중심부에는 사천왕천(四天王天)과 도리천(忉利天)이 있다. 사천왕은 동서남북을 지키는 왕으로 동쪽은 지국천왕(持國天王), 서쪽은 광목천왕(廣目天王), 남쪽은 증장천왕(增長天王), 북쪽은 다문천왕(多聞天王)이 맡고 있다.

수미산 중앙에 제석천왕(帝釋天王)이 머무는 선견성 법당을 중심으로 동서남북 사방에 각각 8개씩 하늘이 있어 그 32개의 하늘과 선견성 법당을 제석천왕이 다스리고 있다.

이런 까닭에 도리천 중앙부의 33천을 상징하여 절에서 아침저녁 범종을 친다.

새벽에는 28번 종을 울리고 저녁에는 33번 종을 울리는데, 새벽에 28번은 욕계, 색계, 무색계인 삼계를 의미하고, 저녁에 33번은 도리천까지 이르도록 하기 위함이다.

이 우주는 삼계로 나누어지는데 첫째, 욕계(欲界)에는 사천왕천(四天王天), 도리천(忉利天), 야마천(夜摩天), 도솔천, 화락천(化樂天), 타화자재천(他化自在天) 6천(天)이 있다.

둘째, 색계(色界)의 하늘에는 사선천(四禪天)으로 대별(大別)되는데 초선천(初禪天)에는 범중천(梵衆天), 범보천(梵輔天), 대범천(大梵天)의 삼천이 있고, 제이선천(第二禪天)에는 소광천(小光天), 무량광천(無量光天), 극광정천(極光淨天)의 삼천이 있으며, 제삼선천(第三禪天)에는 소정천(少淨天), 무량정천(無量淨天), 변정천(遍淨天)의 삼천이 있고, 제사선천(第四禪天)에는 무운천(無雲天), 복생천(福生天), 광과천(廣果天), 무상천(無想天), 번뇌천(煩惱天), 무열천(無熱天), 선현천(善現天), 선견천(善見天), 색구경천(色究竟天)의 9천이 있다. 이처럼 색계에는 18천이 있다.

셋째, 무색계(無色界)에는 공무변처천(空無邊處天), 식무변처천(識無邊處天), 무소유처천(無所有處天), 비상비비상처천(非想非非想處天)의 4천이 있으며 이를 모두 합해 28천이 된다.

색계 하늘인 18천을 범천(梵天)이라 하며 제석천왕이 하늘을 다스리며 인간에게 복을 주기도 하고 화를 주기도 한다. 도리(忉利)는 인도어로 33천을 뜻하는데 부처님의 모친께서 돌아가신 후 도리천에 태어나셨다고 한다.

스님들이 머무르고 있는 요사채는 도리천에 비유되어 사찰 구조가 형성되어 있음을 알 수 있다. 대웅전을 중심으로 관음전, 명부전, 칠성각, 산신각, 독성각이 존재하는데 이것을 볼 때 불교란 우주의 리듬을 따르는 종교임을 알 수 있다.

종교는 어떠한 종교든지 간에 신심이 근본이다.

'믿음은 도의 근원이요 공덕의 어머니로서 모든 선근(善根)을 길러낸다'라는 말이 있듯이 믿음은 온갖 선근을 자라게 하는 원인이 되며, 바른 믿음을 가질 때 선한 마음, 선한 생각, 선한 행동을 하게 된다. 믿음이 없는 사람은 갈 곳 없는 나그네와 같은 격이다. 또한 불교는 믿음의 종교이면서 실천의 종교이기도 하다. 바른 법을 믿고 그 법을 실천할 때 신앙의 궁극 목적에 다가설 수 있게 되는 것이다.

바른 믿음에 바른 실천을 행한 후에야 비로소 우리는 기원한 바를 성취할 수 있을 것이다.

불교 예절

절은 마음의 번뇌를 정화하고 지혜를 닦는 도량[道場]으로 부처님을 모신 신성하고 장엄한 성전이다. 따라서 중생들이 기도하고 참회하여 더욱더 부처님과 가까워지는 데 목적과 이유가 있다.

① 절을 찾을 때의 예절

절을 찾을 때는 항상 몸가짐을 깨끗이 하고 단정한 차림을 통해 마음이 흐트러지지 않게 해야 한다. 옛날 우리 할머니들이 절에 가기 3일 전부터 머리 감고 목욕하고 음식을 가려 먹고 했던 것은 3업(三業;身·口·意)인 몸과 입과 뜻을 깨끗이 하자는 데 목적이 있었던 것이다.

절에 다니는 불자님들은 예나 지금이나 깊은 믿음과 신심이 우러난 행동으로 실천해야 하는데, 그를 위해 부처님께 공양 올리고 기도 염불해서 부처님과 더욱더 가까워져야 하는 것이다.

불자님들은 부지런히 절에 다니고 공부하고 참선하여 자기 부처님, 즉 자성불(自性佛)에 한 발짝씩 가까워져야 한다. 공양물에

는 향, 초, 차, 꽃, 과일, 쌀, 헌금 등을 정성껏 준비하여 절 경내
에 들어서면 법당이 보이는데, 이때에 법당을 향하여 합장반배
하고 가운데 길이 아닌 곳으로 걸어 들어가면 법당에 이르게 된
다.

② 법당에 들어갈 때의 예절

법당으로 들어가는 문은 여러 개 있다.

정면에 중앙문이 있는데 이곳은 어간문이라 하며 큰스님이나
주지스님만이 이 문을 사용한다. 일반 불자님들은 양쪽 옆에 있
는 문을 이용하여야 한다. 그리고 문을 열 때에 요란한 소리를
내게 되면 다른 불자들의 기도 정진에 방해가 되므로 소리가 나
지 않도록 주의해야 한다.

왼손으로 오른손의 손목을 받치고 오른손으로 문고리를 잡은
다음 약간 들어올려서 문을 열면 소리가 나지 않을 것이다.

또한 법당의 왼쪽 문을 이용할 때는 오른쪽 발을 먼저 들여놓
아야 하고 오른쪽 문으로 들어갈 때는 왼쪽 발을 먼저 들여놓아
야 한다. 이렇게 하는 데에는 자세부터 부처님을 가슴으로 감싸
안는다는 뜻을 품고 있으며 부처님께 등을 돌려서는 안 된다는
의미를 지닌다.

③ 법당에서의 예절

법당에 들어와서는 먼저 상단의 부처님을 향하여 합장 반배
후 절을 한다. 이때 주의할 점은 다른 사람이 예배를 드리는 머
리맡을 왕래한다든지 다른 분이 법당에 들어올 수 없도록 문을
막고 서 있는 것은 아닌지, 가운데 통로인 어간에 서 있지는 않
았는지 등을 살펴본 후 적당한 위치에서 기도 정진을 한 후 법

당을 나와야 한다. 법당을 나올 때 다른 사람이 남아 있지 않을 경우에는 촛불을 끄고 각 기물을 확인하여 화재에 만전을 기해야 한다.

불을 끄기 위하여 불전에 나아갈 때는 1~2보 전방에서 멈추어 서서 반배한 후 가까이 가서 도구를 사용하여 촛불을 끄고 다시 뒤로 물러서서 합장반배한 후 뒷걸음으로 법당 문을 나와야 한다.

④ 공양 올리는 예절

부처님이나 스님께 올리는 것을 공양이라 한다. 이 공양이라는 것은 삼륜이 청정하여야 하는데 삼륜(三輪)이란 주는 사람과 받는 사람, 주는 물건을 통칭한 것이다.

공양물은 정성껏 준비한 다음 부처님 전에 올리는데 부처님을 향해 반배하고 두 손으로 준비해 간 공양물을 성심 성의껏 올리면 된다. 이어서 다기물을 길러 정성껏 올린다.

만일 불단에 초와 향이 켜져 있지 않다면 준비해 간 초와 향에 불을 밝히면 된다. 또 이미 켜져 있을 때에는 따로 밝히지 않고 기도 정진하면 된다. 향을 피울 때는 오른손으로 향의 중간부분을 잡고 왼손으로 오른손을 받쳐 촛불로 향에 불을 붙인 후 향로 중앙에 반듯하게 꽂으면 된다.

향과 초는 반듯하게 꽂아서 사용하는 것이 좋다.

⑤ 대중공양하는 예절

절에서 식사하는 것을 공양이라 하며, 이것을 대중공양이라고 한다. 종이나 목탁으로 공양 시간을 알려 자리에 참석하면 평등

공양으로 분배가 똑같이 이루어지게 된다. 이때 밥을 입에 넣고 말하지 말며 웃고 떠들지 말 것이며 음식을 마실 때나 수저를 들고 놓을 때도 소리를 내지 않아야 한다.

이 한 알의 쌀이 나의 입에 들어오기까지 여든여덟 번이나 되는 수고로움을 생각하면서 조용히 공양을 하여야 한다.

⑥ 절집에서의 예절

사찰은 수행 도량이며 참배 도량이다.

위로는 부처님을 받들고 부처님의 법을 배우고 부처님의 법을 실천하는 곳으로서 인생의 참된 이치를 찾으려는 곳이 곧 절이다. 절에 왔을 때 수행에 도움이 되지 않는 세상의 잡된 이야기로 쓸데없는 시간을 보내서는 안 되며, 술을 마시거나 담배를 피우거나 큰소리로 떠들고 웃고 말하는 것 또한 예의에 어긋나는 행동이다.

신발을 꺾어 신거나, 소리를 내어 끌지 말고, 쭈그려 앉거나 문턱 혹은 마루에 걸터앉아서도 안 되고, 부처님 계신 곳을 등지거나 좌우를 두리번거리지 말아야 한다. 또한 곁눈질하지 말고 조용히 앉고 서야 한다.

옷차림은 순수한 색이 좋으며 소매 없는 상의나 지나치게 노출되는 바지와 반바지는 삼가하는 것이 좋다. 또 지나친 화장은 피하고 은은한 화장으로 아름답게 몸을 단장하고 마음으로 진한 화장 하기를 바란다.

또한 차는 지정된 주차장에 반듯하게 주차하는 것이 좋겠으며 이 모든 상황이 지켜진다면 도량을 찾는 모든 이가 안정된 마음, 정리된 마음, 깨끗한 마음을 지닐 수 있을 것이다.

⑦ 인사하는 예절

불교에서는 서로에게 인사를 할 때 두 손을 모아 합장을 하게 되는데 절에서의 합장 인사는 일상생활 속의 악수처럼 자연스러운 것이니 만나는 사람마다 합장을 해야 한다. 즉 '성불하세요. 모두 부처님 되십시오', '반갑습니다' 등으로 인사하는 것이 습관화되어야 한다.

그리고 사찰 경내에 들어서면 흔히 탑이 봉안되어 있는데 탑은 부처님의 사리를 봉안한 신성한 곳이므로 부처님을 대하듯이 존중해야 한다. 야외에 모셔져 있으므로 합장반배로 삼배하거나 또는 오체투지(五體投地) 삼배로 예를 갖추어야 하며 탑을 돌 때에는 우측으로 도는 것이 좋다.

합장을 할 때에 부처님이나 불자님 앞에 두 손을 모아서 열손가락을 합하여 머리를 숙이는데, 이것은 갈라지고 흩어진 마음을 한데 모아서 일심으로 돌아간다는 뜻이며, 정신과 육체가 하나가 되고 부처와 중생이 하나로 된다는 의미의 합장인 것이다.

합장에는 손을 연꽃 모양으로 마주 합하는 연화합장법이 있는데 불필요하게 큰 원을 그려 손을 이마 높이까지 올렸다가 합장하는 방법은 올바른 합장법이라 할 수 없다.

예불할 때나 인사할 때, 기도할 때는 두 손바닥을 합친 자세로 손가락이 벌어지지 않게 해야 한다.

⑧ 반배하는 법

삼보님께 예경 올릴 때 절은 오체투지의 큰절이 원칙이지만 때에 따라서 반배가 필요할 때도 있다.

합장은 두 손바닥과 열손가락을 합하여 어긋나거나 벌어지지 않게 해야 하며 손목은 가슴에서 5Cm 정도 떨어지게 하여 45° 각도로 세우고 양쪽 팔꿈치가 거의 직선이 되도록 한다. 손끝은 코끝을 향하도록 자연스럽게 세우며 고개는 다소곳하게 약간 숙이는 것이 좋다.

⑨ 큰절하는 법

불자들은 삼보님께 오체투지의 큰절을 올리게 되는데 큰절을 한다는 것은 존경한다는 의미를 지니고 있다.

절을 하면 어지럽고 산란한 마음이 차분히 가라앉고 정신을 집중할 수 있게 된다.

아집과 교만이 많은 자라도 절을 하게 되면 자기 마음을 정돈할 수 있고 아울러 건강도 좋아진다.

큰절을 할 때는 합장한 자세로 반배한 다음 고개와 허리를 살짝 숙이면서 두 무릎을 꿇어 이마가 닿는 지점에 두 손을 나란히 짚으면서 엎드리면 된다. 큰절은 오체투지라 하여 몸의 다섯 부분인 두 무릎과 두 팔꿈치와 이마를 바닥에 붙이고 엎드려서 절하는 것으로 자신을 낮추고 상대방을 받드는 마음을 표현한 것이다.

절은 3번 이상 하며 7배, 9배, 108배, 천배, 삼천배가 있다.

절을 하게 되면 건강해지고 소원성취가 빨리 이루어지기에 널리 이용되는 수행 방법 중의 하나이다.

⑩ 법회에 참석하는 자세

부처님의 정법을 믿고 배우는 불자라면 항상 돈독한 신심과 경건한 마음가짐으로 법회에 참석해야 한다.

정해진 법회 시간에 늦지 않게 참석해야 하며 법당에 들어가서는 부처님께 삼배하고 순서대로 앞좌석부터 띄우지 말고 차례차례 앉는다. 자리에 앉아서는 좌선을 하거나 조용히 경전을 읽으며 마음을 가지런히 한다.

만일 법회 시간에 늦게 참석했을 경우 뒷좌석에 방해되지 않도록 합장반배하고 바로 앉아 설법을 들어야 한다.

이때에 향을 사루거나 촛불을 켜고 삼배를 하는 등의 행동으로 다른 사람을 방해하지 말고 법회가 끝난 뒤에 삼배를 하거나 기도를 올려야 한다.

법사는 부처님을 대신하여 설법을 하시는 분이므로 법문을 청할 때 반드시 삼배를 올려야 한다.

설법을 들을 때 설사 그 내용을 안다 하더라도 경박한 마음을 가지지 말고 자기 일상생활에서 실천되고 있는가를 반성하며 부처님의 가르침을 배우고 익혀 생활의 길잡이로 삼도록 노력해야 할 것이다.

설법을 들을 때는 단정히 앉아 두리번거리거나 쓸데없는 이야기를 하거나 큰 기침 소리를 내어서는 안 된다. 또한 손이나 발로 딴짓을 하는 등의 행동도 금물이다. 즉 법회 중에 마음을 다른 곳에 두어서는 안 된다.

법문을 듣고[聞], 생각하고[思], 실천하는[修] 것을 삼혜(三慧)라 하는데 듣고 생각하지 않는 것은 밭을 갈아 놓고도 씨뿌리지 않는 것과 같고, 실천하지 않는 것은 씨뿌리고도 김매지 않고 거두지 않는 것과 같다.

⑪ 스님을 대하는 자세

스님은 삼보 중의 승보로서 모든 이의 스승이 되므로 공경스런 마음으로 귀의해야 한다.

스님을 만나게 되면 공손한 자세로 합장하고 인사드린다.

스님의 방에 출입할 때는 노크하고 자신의 이름을 밝힌 다음 답을 들은 후 들어가야 한다.

스님들의 수행생활에 필요한 음식, 의복, 의약, 방사 등을 공양한다.

스님 앞에서는 벽에 기대거나 탁자에 의지하지 않고 단정히 바로 앉아야 한다.

스님들의 말씀을 엿들어서는 안 되며 앉아서 스님이 지나가는 것을 보면 일어나서 합장해야 한다.

⑫ 경전을 대하는 태도

경전은 삼보(불보·법보·승보) 가운데 하나인 법보이므로 항상 소중히 간직한다. 책장을 넘길 때는 손에 침을 묻혀서 넘겨서는 안 되며, 경전에 먼지나 더러운 것이 묻어 있을 경우 입으로 불어 털지 말고 깨끗한 수건으로 잘 닦아 내야 한다.

경전 위에 다른 책이나 물건을 함부로 올려놓지 말며 항상 높고 깨끗한 곳에 간직한다.

불자는 언제나 《불교성전》을 지니고 다니면서 때때로 읽고 깊이 음미함으로써 자기 정화에 힘써야 할 것이다.

⑬ 독경과 좌선

경을 읽거나 설법을 듣거나 참선할 때는 결가부좌(結跏趺坐)나 반가부좌를 하는 것이 좋으며 손은 법계정인(法界定印)을 취해 두 엄지손가락을 서로 맞대고 오른손을 왼손 위에 올려놓는다.

《천수경》을 외울 때나 독경을 할 때 불자들이 무릎을 꿇고 앉는 자세를 많이 하는데, 이때 허리를 똑바로 세우고 몸에 평형을 유지하는 것이 좋다.

⑭ 염주

불자들이 불보살님께 예배하거나 그 명호를 부를 때 그 숫자를 헤아리기 위해 손목에 걸거나 손으로 돌리는 구슬을 염주 또는 수주라고 한다.

염주의 유래에 대해 살펴보면, 옛날 파유리국에 외우내한이 극심하였는데 부처님께서 보시고 목한자로 108염주를 만들어 항상 몸에 지니고 염불한다면 살아서는 모든 재앙이 사라지고 죽어서는 극락세계에 왕생한다고 말씀하여 염주가 만들어지게 된 것이다. 염주에는 108염주를 비롯하여 천주, 삼천주 등이 있으며 손에 드는 단주도 있다.

염주를 만드는 재료에 따라 자거주, 보리자주, 금강자주, 수정주, 월성주, 진주주, 율무주, 목암주, 연자주 등이 있다.

⑮ 해우소 사용법

일반인들이 흔히 말하는 화장실을 절에서는 근심을 푸는 곳이라는 의미로 해우소(解憂所)라 한다.

‘버리고 또 버리니 큰 기쁨일세. 탐·진·치(貪·瞋·癡) 어두운 마음 이같이 버리고’란 게송에 나와 있듯이 해우소를 서양 사람들은 화장실이라 했으니, 몸과 마음을 화장하여 늘 건강하고 활기찬 생활을 하기 위해 명명된 것이다.

화장실을 깨끗이 이용해야만 복을 받는다고 하는데 불교에서는 입측오주, 즉 다섯 가지의 주문이 있을 만큼 화장실(해우소) 사용도 함부로 해서는 안 되는 것이다.

사원의 구조

1. 일주문(一柱門)

사찰에 들어설 때 첫번째 통과해야 하는 문이 일주문(一柱門)
이다. 일주문은 기둥이 한 줄로 늘어서 있다고 하여 붙여진 이
름이다. 기둥이 한 줄로 늘어서 있다는 것은 세속의 번뇌로 흩
어진 마음을 일주문을 통과함으로써 하나로 모아 진리의 세계로
들어간다는 의미로 한마음인 일심으로 돌아가자는 의미를 담고
있다.

2. 천왕문(天王門)

일주문을 통과하면 천왕문이 나오게 되는데 천왕문은 불법을
수호하는 외호신인 사천왕(四天王)을 모신 건물이다. 일주문을 지
나 불이문의 중간에 위치해 있다.
사천왕은 석가모니 부처님께 귀의하여 불법을 지키는 수호신
으로 수미산 중턱의 동서남북 4방을 지키면서 불법을 수호한다
고 한다.

사천왕이 지켜 주므로 사찰이 청정도량으로 유지되고 있는 것이다.

사천왕 중 그 **첫째** 동방 하늘을 수호하는 **지국천왕**(持國天王)은 얼굴에 청색을 띠고 있으며 건달바와 부난다 두 신중을 거느린다.

왼손에는 칼을 들고 오른손에는 비파를 들고 있으며 계절적으로는 봄에 해당되고 감정적으로는 기쁨에 해당된다.

둘째, 서방 하늘을 수호하는 광목천왕(廣目天王)은 얼굴에 누런색과 흰색을 띠고 있으며 용과 비사사라는 두 신중을 거느린다. 손에 여의주를 들고 있으며 계절적으로는 가을이고, 감정적으로는 노여움에 해당된다.

셋째, 남방 하늘을 수호하는 증장천왕(增長天王)은 얼굴에 붉은색을 띠고 있으며 구반다와 폐례다 두 신중을 거느리고 있다.

왼손은 주먹을 쥐고 오른손은 칼을 쥐고 있으며 계절적으로는 여름이며, 감정적으로는 사랑에 해당된다.

넷째, 북방 하늘을 수호하는 다문천왕(多聞天王)은 얼굴에 흙색을 띠고 있으며 용과 나찰과 야차 신중을 거느리고 손에 탑이나 큰 깃대를 들고 있다. 계절적으로는 겨울에 해당되고 감정적으로는 즐거움에 해당된다.

이 사천왕에는 권선징악이 상징적으로 표현되어 있어 선과 악을 깨우칠 수 있도록 도량에 모셔져 있는 것이다.

3. 불이문(不二門)

천왕문을 지나면 불이(不二)의 경지를 상징하는 불이문(不二門)이 있다. 불이문은 해탈문이라고도 불리우는데 번뇌와 보리가 둘이 아닌 경지가 불이문에 담겨져 있다.

불교 우주관에 의하면 수미산 정상에는 제석천왕이 다스리는 도리천(忉利天)이 있고 그곳에 불이문이 해탈의 경지를 상징하며 서 있다.

도리천은 불교의 33천 가운데 욕계 6천의 제2천에 해당하는 하늘이다.

4. 누각(樓閣)

사찰에 들어서면 법당과 마주하는 곳에 보통 누각이 세워져 있다. 누각은 보통 2층 다락집 형태이며 대법회를 비롯하여 각종 행사를 치르는 장소이다.

① 범종각(梵鐘閣)

사찰 경내의 범종각에는 사물(四物)이라 하여 법고(法鼓), 운판(雲板), 목어(木魚), 범종(梵鍾) 등이 있어서 조석 예불 때 순서대로 사용된다.

법고(法鼓)는 법을 전하는 북이라는 뜻으로 불변의 진리로 중생의 마음을 울려 깨우친다는 상징적 의미가 담겨 있다.

또한 쇠가죽으로 만들어져 짐승을 비롯하여 땅에 사는 중생의 어리석음을 깨우친다는 의미도 있다.

운판(雲板)은 청동쇠로 만든 구름 모양을 취하고 있으며 운판을 울리면 공중을 날아다니는 날짐승을 제도하고 허공을 떠도는 영혼을 천도한다는 상징적 의미를 지니고 있다.

목어(木魚)는 나무를 다듬어 물고기 모양을 만든 것이며 물 속에 사는 모든 중생을 제도한다는 상징적 의미를 지니고 있다.

범종(梵鍾)은 삼계에 두루 들리도록 욕계의 6천, 색계의 18천, 무색계의 4천 도합 28천을 상징하여 아침에 28번을 친다.

수미산 꼭대기 중앙에 제석천이 하늘을 다스리고 있으며 동서남북 각각 8개씩 32천에 선경성 법당을 합하여 33개 하늘을 제석천왕이 다스리고 있다. 이곳에 종소리가 울리도록 저녁에 33번을 치게 되는데 28번과 33번을 치는 목적은 이 범종 소리를 통해 우주법계 구석구석까지 부처님 법음이 전달되어 한 중생이라도 더 교화 제도하자는 불교의 자비사상이 내포된 것이다.

5. 대웅전(大雄殿)

사찰의 가장 중심되고 중요한 곳이 바로 대웅전인데, 대웅전은 도와 법력을 두루 갖추신 분으로 세상을 밝힌 대영웅을 모신 법당이다.

대웅전에는 석가모니불을 주불로 봉안하고 좌·우보처(左右補處)로 문수와 보현보살을 봉안하기도 한다.

석가모니 부처님 좌우에 아미타불과 약사여래를 모시는 경우도 있으며 또 관세음보살과 지장보살님을 봉안하는 경우도 있다.

6. 대적광전(大寂光殿)

대적광전은 연화장 세계의 교주인 비로자나불을 본존불로 모신 법당이다.

비로자나불이 주불이 되고 아미타불, 석가모니불을 봉안하기도 한다. 비로자나불의 좌·우 문수보살이나 보현보살을 봉안하기도 한다.

7. 극락전(極樂殿)

극락전이란 극락정토의 주인 아미타불을 모신 법당이다. 《정토삼부경》에 의하면 우리가 살고 있는 곳에서 서방으로 십만억 국토를 지나면 극락정토가 있는데 이곳을 극락이라 한다.

8. 미륵전(彌勒殿)

미륵전은 미래의 부처님 미륵불을 모신 법당이며 혹은 용화전이라고도 불린다.

미륵 부처님은 도솔천 내원궁에 올라가 천인을 위하여 설법하고 계신다.

《미륵상생경》은 미륵보살의 공덕을 말하고 하루속히 도솔천에 태어나기를 바라는 경이고, 《미륵하생경》은 미륵부처님이 하루속히 이 땅에 도래하시기를 갈구하는 내용이 담긴 경이다.

부처님 입멸 후 56억 7천만 년 되는 때에 미륵불은 사바세계에 태어나 화림원 안의 용화수 아래에서 성불하여 3회 설법으로 272억인을 교화한다고 한다.

이때에 인간 수명은 8만 4천수로 늘어나며 지혜와 위덕이 갖추어져 안온한 기쁨으로 가득 차게 된다.

9. 원통전(圓通殿)

원통전은 관세음보살을 모신 법당으로서 남순동자와 해상용왕을 모신다. 관세음보살은 현실세계에서 괴로움을 겪는 중생들의 음성을 듣는 분이며 불교의 깊은 교리를 알든지 모르든지 관계없이 관세음보살을 일심으로 부르면 목적을 성취할 수가 있다.

중생의 원에 따라 나타나는 자비로운 보살이며 성관음, 천수천안관음, 마두관음, 십일면관음, 여의륜관음, 준제관음 등으로 분류할 수 있다.

10. 지장전(地藏殿)

명부전 안에 지장보살을 봉안하고 있기에 지장전이라 하며 유명계의 심판관인 시왕을 봉안하였기에 시왕전이라고도 한다.

지장보살은 머리를 삭발한 승려 모습이며 한손에는 석장을 짚고 계신다. 좌우보처로 도명존자와 무독귀왕이 있다.

11. 나한전(羅漢殿)

부처님의 제자인 나한님을 모신 곳으로 나한전이라 한다.

부처님을 주불로 모시고 가섭과 아난이 봉안되어 있으며 그 옆에 16나한과 500나한이 계시는데 어떤 분은 웃고, 졸고, 등을 긁기도 하는 등 자유분방한 형상으로 모셔져 있다.

말세에는 복전이라 하여 복을 구하는 곳이기도 하다.

12. 조사당(祖師堂)

조사전은 조사스님이나 사찰의 창건주, 역대 주지스님들의 영정이나 위패를 모신 곳이다.

13. 삼성각(三聖閣)

삼성각은 주로 독성, 칠성, 산신을 모신 곳을 말한다.

독성(獨聖)은 천태산에서 홀로 선정을 닦고 계신 나반존자를 말한다. 존자는 삼명(三明)과 이리(二利)의 능력을 갖추고 있어

중생들의 복을 키우는 복전이라 한다.

칠성(七星)은 북두칠성을 말하는 것으로 인간의 길흉화복을 맡고 있다고 하여 칠성여래가 모셔져 있고 일광, 월광, 보살이 좌우보처이다.

산신(山神)은 우리나라의 토속신앙으로 불교를 외호하는 신으로 모셔졌다.

탱화에는 호랑이와 노인 모습이 그려져 있다.

14. 강원(講院)

강원은 불가에 출가한 수행자가 제반 절차와 학문을 배우고 익히는 곳으로써 부처님께서 설법한 경전을 가지고 교육받는 곳이며 승려생활에 필요한 모든 과정을 배우고 익히는 곳이다.

15. 선원(禪院)

선원이란 출가수행자의 진면목을 찾기 위하여 하루 12시간씩 화두를 가지고 참선을 하는 곳을 말한다.

'하안거(夏安居)'라 하여 음력 4월 15일 결제하여 7월 15일 해제를 하고 '동안거(冬安居)'라 하여 음력 10월 15일 결제하여 1월 15일 해제를 하는데 이렇게 참선하는 곳을 선원이라 한다.

16. 율원(律院)

율원은 부처님 당시부터 재정되어 온 온갖 율법을 가르치는 곳으로 수행자들이 지켜야 할 비구 250계, 비구니 348계, 그 외 10계 등 승려가 지켜야 할 계율을 연구하는 곳이다.

17. 요사채

승려의 생활과 관련되는 대부분의 건물을 요사채라 한다.

말없이 명상한다는 뜻의 적묵당과, 지혜의 칼을 찾아 무명의 풀을 벤다는 뜻의 심검당이 있다.

선설당은 참선과 강설의 의미가 들어 있고, 염화실은 조실스님이나 대덕스님의 처소를 말한다. 그리고 노전채는 불전에 올리는 공양을 짓는 곳이며, 노전스님이 거주하는 곳이다.

19. 탑(塔)

탑이란 인도말로 스투파(Stūpa)에서 유래되었으며 탑파 등으로 번역해 써 오다가 줄여서 탑이라 사용한다.

탑은 부처님 사리를 봉안하기 위해 만들어진 건축물에서 비롯되었으며 석가모니 부처님께서는 열반에 드신 후 사리가 8섬 4말 4되가 나왔다고 한다. 그래서 이 사리를 인도 여덟 나라에서 나누어 가져다가 탑을 세우고 그 안에 생전의 부처님처럼 모셨다고 한다. 탑 종류는 목탑, 석탑, 전탑, 모전석탑, 금속탑 등이 있다.

① 목탑

우리나라에서 처음 세운 탑이 목조탑이다. 신라 때 탑으로는 경주 황룡사지와 사천왕사지, 강덕사지, 보문사지 등이 있고, 백제시대 탑으로 부여 군수리사지, 금강사지, 익산 미륵사지, 제석사지 등이 있다.

②석탑

우리나라에는 석탑이 많은 편인데 석탑은 화재에 피해를 입지 않고 재료를 구하기 쉽고 영구적이어서 석탑 건축이 발달했다. 익산 미륵사지, 부여 정림사지 5층석탑, 경주 불국사 다보탑과 석가탑이 있으며 화엄사 4사자 3층석탑, 월정사 8각 9층석탑이 현존하고 있다.

③전탑

전탑은 벽돌로 건립된 것으로써 우리나라에는 여주 신륵사 4층 전탑, 칠곡 송림사 5층탑 등을 들 수 있다.

④모전석탑

모전석탑이란 석재를 벽돌처럼 작게 가공하여 쌓아올린 탑을 말하며 경주 분황사석탑, 영암 봉감동 5층탑 등이 있다.

⑤금속탑

금동이나 청동, 철 등으로 만들어 사리를 넣거나 장엄물로 발전하여 오늘에 이르고 있다.

⑥부도

부도는 스님들을 화장한 유골이나 사리를 봉안한 곳으로 곧 부도탑이다. 부도는 사찰 주변의 호젓한 곳에 주로 석비와 석등과 함께 세워져 있다.

⑦ 석등

석등은 진리를 밝히는 지혜를 상징하고 있어 주로 야외에서 불을 밝히기 위해 만들어진 석조물이다.

⑧ 당간 지주

당간은 당을 걸어두는 장대인데 대개 돌이나 쇠로 만들어져 있으며 사찰에서 기도나 법회 등 의식에 사용한다.

부처님의 일대기(생애)

　지금으로부터 2,500년 전 현 네팔 타라이 지방 카필라에 사카족이 조그마한 왕국을 이루고 살았다. 사카족의 왕국은 쌀을 주식으로 하는 농업국이었으며 정반왕과 마야 부인의 어진 선정 아래 모두 평화롭고 행복하게 살고 있었다. 그러나 그런 가운데서도 걱정거리가 있었는데, 그 하나는 이웃의 강대국인 코살라국의 잦은 침입이었고 또 하나는 왕권을 이을 왕자가 늦도록 태어나지 않는 것이었다.

　그러던 어느 날 마야 부인이 여섯 개의 이빨을 가진 흰 코끼리가 오른쪽 옆구리로 들어오는 꿈을 꾸게 되었다. 그 후 태기가 있어 왕과 더불어 많은 백성들은 훌륭한 왕자가 태어나길 기대하고 있었다.

　산월이 가까워지자 마야 왕비는 그 나라의 풍습에 의해 해산하러 친정인 콜리성으로 가게 되었다. 도중 룸비니 동산에 이르자 마야 왕비가 산기를 느껴 무우수 나무 아래에 휘장을 쳐 산실을 마련하였다.

　우리가 사월초파일이라 부르는 이날, 꽃이 피고 새가 노래하고 풍요로움이 가득할 즈음에 태자가 탄생하게 된다. 구룡토수로 아기를 깨끗이 씻고 나자 아기는 '천상천하 유아독존(天上天下 唯我獨尊)'이라 외치며 일곱 걸음을 걸었다. 태자의 이름은 모든 일이 다 이루어지리라는 뜻의 '싯다르타'로 정했다. 그리고 태자가 탄생한 지 7일 만에 불행하게도 마야 부인은 건강이 나빠 이 세상을 하직하고 말았다.

이에 카필라의 풍습에 따라 왕비의 동생인 마하파사파제, 즉 태자의 이모가 태자의 양육을 맡게 되었다.

어느 날 왕은 이름난 아시타(Asita)선인을 불러 태자의 미래에 대해서 물어보게 되었는데, 선인은 태자가 장차 온 세상을 다스리는 전륜성왕이 되거나 혹은 출가하여 수행하면 부처님이 되어 모든 중생을 구제할 것이라는 예언을 했다.

왕은 태자가 어머니를 잃고 이모에게 양육되니 더욱더 정성과 사랑을 쏟았으며 아들이 자신의 뒤를 이어주길 기대하고 있었다. 그리하여 태자가 거처하는 곳으로 봄, 여름, 장마철에 각각 생활할 수 있도록 삼시전(三時殿)을 지어 주었다. 뿐만 아니라 태자는 시종들과 궁녀들에게 둘러싸여 무엇 하나 부족한 것이 없었다.

또한 당시 뛰어난 스승을 초대하여 태자가 학문과 무예를 익히도록 하여 왕자로서 모든 덕과 지식을 갖추도록 힘썼다.

태자가 12세 되던 어느 봄날, 농사를 위해 해마다 봄이 되면 왕이 첫삽을 들어 농민들을 위로하고 농사가 잘 되도록 기원하는 춘경제에 정반왕은 태자와 함께 참석하게 되었다. 농부들이 쟁기질하는 삽 끝에 벌레들이 꿈틀대자 새 한 마리가 날아와 그 벌레를 물고 가는 약육강식의 모습을 본 태자는 생명에 대한 의심을 느끼며 자주 명상에 잠기게 되었다. 그래서 정반왕은 아시타 선인의 예언이 떠올라 태자가 혹시나 출가를 하지 않을까 염려되어 주위 모든 신하들에게 조심토록 명령을 내렸다.

세월이 흘러 태자 나이 19세 되던 해, 태자는 이웃나라 구리 성주의 딸 야소다라와 결혼하였지만 그가 하던 명상을 끊지는 못하였다.

그러던 중 태자는 화창한 때를 골라 동쪽 성문 밖을 구경코자 왕에게 허락을 받고 화려한 수레를 타고 나가게 되었다. 신하들은 태자가 이르는 곳마다 향을 뿌리고 아름다운 꽃으로 장식하여 태자를 기쁘게 하려고 노력하였다.

거기서 태자는 저쪽에서 마른 풀처럼 빛이 바래고 지팡이를 의지하여 숨을 헐떡이며 오는 노인을 보았다. 이런 모습은 화려한 궁중에서는 볼 수가 없던 광경이었다. 이후 태자는 세상에 대해 고뇌하게 되었다.

남쪽 문을 나서 한참 가다가 이번에는 길가에서 누더기를 덮어쓴 채 병들어 신음하는 거지 모습을 보고 태자는 궁으로 다시 되돌아왔다.

그리고 얼마 후 서쪽 문을 나서니 죽은 시체를 메고 가는 상여가 보였다. 그래서 태자는 죽음이란 생명이 끊어지고 영혼이 육체에서 떠나는 것이며 그것은 영원한 이별이라는 상념에 빠지게 되었다.

또 어느 날 북쪽 문을 나서다가 태자는 수행자의 모습을 보고 그 당당함에 수도하는 이유를 물었다. 그러자 수도자는 늙음과 질병과 죽음의 고통은 이웃을 통해 잘 알고 있으니 이 고통을 벗어나기 위해 수도한다고 대답했다.

이 말을 듣고 태자는 출가(出家)의 결심을 굳히게 되었다.

그러던 어느 날 아들이 탄생했다는 소식을 듣고 태자는 '오! 라훌라'라고 외쳤다. '라훌라'는 곧 장애란 말로써 자신의 출가에 장애가 된다는 의미에서 아기의 이름을 그렇게 붙인 것이다.

장애가 되었다고 하나 실은 나라 풍습상 후계자가 생긴 셈이므로 오히려 싯다르타의 출가에 촉진제가 될 수 있었다.

29세 되던 날 밤, 마부 찬타가의 도움으로 몰래 출가를 단행하시니 이때가 출가재일인 2월 8일이다.

밤중에 궁을 나오신 태자는 카필라성 동남쪽으로 가다가 머리를 깎고 수행자의 옷으로 바꾸어 입고 출가 사문이 되었다. 사문이 되어 첫번째 찾아간 스승은 박가바라는 고행주의자였는데 그는 하루에 한 끼만 먹는 등 혹독한 고행을 하고 있었다.

그러나 어려운 고행을 하는 이유가 천상에 태어나기 위함이라는 것을 알고 싯다르타는 다른 스승을 찾다가 마가타국 왕사성 근처의 알랄라 칼라마를 만나게 되었다.

이곳의 수행법은 무념 무상의 경지에 도달하는 것으로 생로병사를 해결하는 답이 나오지 않자 싯다르타는 다시 다른 스승을 찾아갔다. 마침내 웃다카라마풋다를 만나 명상 수행을 통해서 욕계 6천, 색계 18천, 무색계 4천의 28천 가운데 최고 높은 경지인 비상비비상천의 경지에 도달하고자 싯다르타는 수행에 전념하였다.

얼마 후 곧 이 경지를 터득하게 되나 여기서도 만족을 못 느껴 다시 길을 떠났다. 이후 싯다르타는 아름다운 숲이 우거지고 네란자라강이 흐르는 곳을 수행 처소로 결정하고 혹독한 수행과 고행을 해 나가며 몇 년을 보내게 된다.

그러던 어느 날 싯다르타는 니련선하강에 내려가 목욕을 하고 언덕으로 올라와 수자타로부터 우유죽을 공양받았다. 그리고 다시 올라와 보리수 아래 길상초를 깔고 앉으시며 '우주와 생명의 실상을 알기 전에는 결코 이 자리를 떠나지 않겠다'고 굳은 결심을 했다.

보리수 아래에서 수행에 들어간 지 7일째 되던 날 새벽별이 반짝일 때 싯다르타는 도를 깨치게 되는데 이때가 음력 12월 8일 성도제일이라 한다. 그때 깨달았던 내용이 연기법(緣起法)과 중도법(中道法)이다. 고행과 명상 수행에 들어선 지 6년 만의 일이며 35세 때의 일이다.

깨달아 부처님이 되신 태자가 녹야원으로 가서 교진여 등 5비구에게 최초로 가르치신 것이 사성제와 팔정도이다. 그들은 이를 바탕으로 깨달아 부처님 최초의 제자가 되었다.

부처님의 설법을 들었던 야사 청년이 비구가 되고 야사 어머니가 최초의 여신도가 되었다.

또한 비슷한 무렵 네란자라 강변에 있는 우루벨라 마을의 카사파성을 가진 3형제가 부처님께 귀의하게 되었다.

마가타국 왕사성 빔비사라왕이 부처님을 극진히 존경하며 라자가하의 한 신도가 죽림정사를 지어 교단에 시주하였는데 이것이 최초의 사원이 되었다.

왕사성을 중심으로 불교는 점차 크게 발전하게 되고 사리불, 목건련, 라훌라, 사촌동생인 아난다, 데바닷타, 아니룻다가 제자가 되었다.

얼마 후 태자를 키워 준 이모 마하파사파제가 여성으로는 처음으로 비구니가 되었다.

부처님이 80세가 되시던 어느 날 '가까운 사람과 한번은 헤어지게 되고 한번 태어난 자는 반드시 죽게 된다. 내가 간 뒤에도 더욱더 정진에 힘쓰라'고 아난에게 당부하시고 2월 15일 열반에 드셨다. 이날을 열반재일이라 한다.

부처님의 몸(佛身)

석가모니 부처님이 이 세상에 계실 때는 제자나 신도들이 세존을 통해 부처님의 모습과 그분의 가르침을 들을 수 있었다. 그러나 지금은 그렇지 못하다.

그럼 오늘날 우리는 어떻게 부처님을 뵐 수 있을까?

'법을 보는 자는 나를 보는 것이며 나를 보는 자는 법을 보는 것이다'라고 경전에 나와 있다. 이 말씀은 어떤 관점으로 부처님의 몸을 보느냐 하는 것의 중요함을 나타낸 것이다.

여러 사람이 한 가지 물건을 보는 데에도 모두 제각각이다.

이처럼 서로 다른 관점을 극대화시켜 《금강경》은 다섯 가지의 눈, 즉 5안이라 설명하고 있다.

5안(五眼)을 차례대로 살펴보면 다음과 같다.

첫째, 육안(肉眼)이란 사물을 그 모양새에 따라 그 한계 안에서 사물을 보는 눈을 말한다.

둘째, 천안(天眼)이란 사물 그 자체에 국한시키지 않고 세상의 이치를 꿰뚫어 아는 눈을 말한다.

셋째, 혜안(慧眼)이란 중생들의 업보나 자질, 정신적 수준 등을 꿰뚫어 아는 지혜의 눈을 말한다.

넷째, 법안(法眼)이란 일체 중생들을 제도할 수 있는 진리를 통찰하거나 사물의 참모습(실상)을 볼 수 있는 진리의 눈을 말한다.

다섯째, 불안(佛眼)은 앞의 네 가지 능력을 갖추었을 뿐 아니라 자(自)와 타(他)의 구분이 사라져서 걸림 없이 어디서나 부처님을 만날 수 있는 부처의 눈을 말한다.

이 오안(五眼)은 수행에 의해 열리는 눈이라 누구든지 수행 정진한다면 이 오안이 열리게 될 것이다.

그럼 부처님의 모습을 셋으로 구분하여 살펴보자.

첫째, 화신(化身)은 곧 변화신이라고도 한다. 중생을 교화하기 위하여 여러 가지 형상으로 변화하는 불신(佛身)이다. 이것은 시방세계(十方世界)에 걸쳐 보편적으로 존재하는 완전 원만한 이상적인 불신이 아니라, 특정한 시대와 장소와 상대에 있어서의 특정한 사람을 구제하기 위해 출현하는 부처님을 말한다. 특정한 시대와 지역에 출현하는 부처님은 이에 속한다.

우리 눈으로 볼 수 있는 부처님은 석가모니불이시다. 중생과 똑같은 몸을 갖추어 나고 죽는 모습을 보여주면서까지 중생에게 온갖 진리를 깨닫게 하시고 교화하시는 몸이다. 그리하여 천백억 화신 석가모니불이라고 한다.

둘째, 보신(報身)은 즉 수용신이라고 하며, 보살이 특별한 원(願)대로 성불했을 때 성취한 몸으로 무궁무진한 공덕이 갖추어진 불신을 말한다. 이러한 공덕을 갖춘 전형적인 예가 32상 80종호로 나타난다. 32상 80종호는 인간이 갖출 수 있는 가장 완벽한 진리의 구현체라고 할 수 있다. 석가모니가 오랜 수행의 결과로 얻을 수 있었던 몸이고 이것은 세상에서 표현할 수 있는 최종적인 진리라 할 수 있다. 따라서 보신은 부처의 속성과 양상이 되며 본체의 세속적 표현으로 진리의 몸인 법신(法身)은 보신을 통해서만 나타날 수 있다.

또한 법장비구가 48원을 세우고 오랜 세월 많은 생애에 걸쳐 수행하여 성불한 아미타불은 보신의 대표적 예이다.

원만보신노사나불이라고도 하는데 원만이란 수행에 의해 온갖 것을 성취했다는 뜻이다.

셋째, 법신(法身)이란 자성신이라고 하며 법성, 법계, 진여 등으로 불리는데 그 자체가 불타의 본성이라는 것이다.

《반야경》에서는 반야바라밀을 법신이라 했으며 《유마경》에서는 하나하나의 수행을 성취할 때 법신이 생긴다고 한다. 또한 《법화경》에서는 모든 부처님의 본체라고 했으며 《화엄경》에서도 온 우주에 보편적이고 무한정적인 비로자나불을 법신이라 했다.

다시 이것을 구체화해서 살펴보면 다음과 같다.

첫째, 우리는 본래 여래의 성품, 부처의 성품을 갖추고 있는데 이것이 나의 법신불인 불성(佛性)이다.

둘째, 우리는 불제자로서 원을 세우고 수행해 나가면 부처님과 똑같이 될 수 있는데 이것은 보신불인 지혜가 있기 때문이다.

바르게 수행 정진해 간다면 우리에게도 5안(五眼)의 눈이 갖춰져 참된 부처님(삼신불)을 만나게 될 것이다.

다음으로 부처님께 있는 공덕상을 일컫는 열 가지 명호를 살펴보면 다음과 같다.

먼저 응공(應供)은 응수공양(應受供養)으로 타인의 공양을 받을 만한 자격과 능력이 갖추어져 있는 분이란 뜻이다.

정변지(正遍知)란 부처님은 일체 현상에 대한 참모습으로 완전하게 진리를 깨달아 무엇이든지 모르는 것이 없다는 뜻이다.

명행족(明行足)은 과거세를 아는 숙명과 불교의 진리를 알아서 번뇌를 끊어 없애 버릴 수 있는 누진명의 지혜를 완전히 갖추고 있다는 의미가 내포되어 있다.

선서(善逝)는 어두운 세계를 초월해서 열반의 세계로 가신 분이란 뜻이다.

세간해(世間解)는 세간이나 출세간의 인과법에 의해서 모르는 바가 없다는 뜻이다.

무상사(無想事)란 세상에서 가장 높은 사람인 독존(獨存)이란 뜻과 번뇌 망상이 다 끊어진 사람이라는 의미를 동시에 지니고 있다.

조어장부(調御丈夫)란 여러 가지 법을 설해서 일체 중생을 조복하고 제어해서 열반을 얻게 하는 분을 말한다.

천인사(天人師)는 천상과 인간의 스승이란 뜻이다.

불(佛)은 부처님, 깨달은 사람 또는 스스로 깨달아 다른 이를 깨닫게 하는 이를 뜻한다.

세존(世尊)은 인간이나 천상의 모든 사람과 성인의 존경을 받기 때문에 세상에서 가장 높은 분이란 뜻이다.

삼귀의 (三歸依)

불교는 깨달음의 종교이다. 깨달음에 이르는 길에는 여러 가지가 있으며 깨달음으로 나아갈 때는 무엇보다 믿음의 과정이 중요하다. 《화엄경》에 보면 '믿음은 도의 근원이요, 공덕의 어머니'라고 되어 있으며 《대지도론》에서는 '불법의 큰 바다에 능히 믿음으로 들어가고 지혜로써 능히 건너간다'고 했다. 불법의 진리로 들어가기 위해서는 몸과 마음으로 부처님께 귀의함이 필요하다.

삼귀의(三歸依)는 삼보, 즉 부처님과, 부처님의 가르침, 부처님의 제자인 스님께, 귀의함을 말한다.

1. 귀의불(歸依佛)

전통적으로 귀의불양족존(歸依佛兩足尊)이라 하는데 이것은 지혜와 복덕을 완벽하게 갖추신 부처님께 몸과 마음을 다 바쳐 의지할 것이라는 의미이다.

부처님께서 성불하시고 진리를 설하여 교단이 성립되고 경전이 편찬되었다. 부처님께서 열반하신 후 사리와 탑을 모시게 되

었는데 우리나라에서는 부처님 진신사리가 모셔진 곳을 적멸보
궁이라 한다.

통도사는 부처님의 진신사리가 모셔져 있어 불보사찰이라고
불리워진다.

2. 귀의법(歸依法)

전통적으로 귀의법이욕존(歸依法離慾尊)이라 하는데, 이것은 일
체의 허망한 욕망으로부터 벗어난 거룩한 진리의 가르침이기에
믿고 따른다는 것이다. 진리의 가르침은 팔만대장경, 곧 부처님
의 말씀이라는 의미로 법보(法寶)라고도 한다. 해인사는 팔만대
장경판이 있어 법보사찰이라고 불리워진다. 팔만대장경을 셋으
로 구분하여 이를 삼장(三藏)이라 한다.

첫째, **경장(經藏)**은 진리가 담긴 부처님의 가르침을 기록한 것
으로 금강·화엄·법화·능엄경 등 1,500부가 있다.

둘째, **율장(律藏)**은 개인이 지킬 항목인 계(戒)와 승가가 지켜
야 할 윤리 및 규칙인 율(律)에 관한 기록을 말한다.

셋째, **논장(論藏)**은 경장과 율장에 대해 연구한 주석서나 논문
을 모은 것으로 구사론·대지도론·대승기신론 등을 말한다.

3. 귀의승(歸依僧)

전통적으로 귀의승중중존(歸依僧衆中尊)이라 하는데, 존귀하신
스님들에게 귀의한다는 의미이다. 승(僧)은 승가의 준말로 스님
들의 집단을 말한다.

승가의 구성원은 부처님 당시 남녀 출가자인 비구·비구니·
사미·사미니가 포함되었고, 얼마 후 대승불교가 일어나면서 수

행의 단계에 따라 성문·연각·보살로 구분짓게 되었다. 성문은 법문을 듣고 깨닫는 수행자를 말하며, 연각은 스스로 세상의 이치인 연기법을 깨달은 수행자들, 보살은 자신도 깨닫고 타인 또한 깨달음을 얻도록 도와주는 수행자를 말한다. 비구·비구니·우바새·우바이를 합쳐서 사부대중이라 한다. 불교는 사부대중이 함께 믿고 닦는 종교인 것이다. 송광사는 16국사가 배출되어 승보사찰이다.

4. 삼보(三寶)

삼보란 불보·법보·승보를 말하는데 진귀한 보배라 하여 삼귀의처럼 불제자가 신앙하는 대상이다. 불보(佛寶)란 여러 부처님께서 얻으신 깨달음을 뜻하고, 법보(法寶)란 부처님께서 말씀하신 교법을 말하며, 승보(僧寶)란 교법대로 수행하시는 스님을 말하는데 이를 지칭하여 삼보라 한다.

자성삼보(自性三寶)란 자신의 삼보를 찾아서 깨달음의 경지에 이르자는 데 목적이 있으므로 이것을 성품 속의 삼보라는 뜻으로 자성삼보라 한다. 즉 나 자신의 불보란 부처님과 같이 맑고 깨끗하고 청정한 성품, 부처의 성품을 말한다. 나 자신의 법보란 세상의 진리를 깨달아 알 수 있는 밝음이요, 슬기로운 지혜를 말한다. 나 자신의 승보란 모든 사람과 화합하는 성품이며 모든 사람의 어려움을 살피는 마음으로서 곧 자비를 말한다.

사홍서원 (四弘誓願)

대승불교에서는 많은 서원들이 설해지는데 이는 공통의 원과 각각의 특수한 원으로 분류할 수 있다. 사홍서원은 이 중 공통의 원에 해당되며 총괄적인 의미에서 총원(總願)이라고도 한다. 또한 이 소원이 넓고 크다 해서 홍원이라 하고, 그 마음을 자제한다 해서 서(誓)라 하며, 뜻이 만족을 구하므로 원(願)이라 하기도 한다. 사홍서원의 내용을 살펴보면 다음과 같다.

시방삼세에 두루하사
아니 계신 곳 없으신 부처님이시여
제가 이제 거룩한 불도에 들어
모든 생명 모든 사람이 세워야 할
크나큰 원을 세우노니
이 자리에 강림하사 증명하여 주옵소서.
중생무변서원도(衆生無邊誓願度);모든 중생 제도하기를 서원합니다.
번뇌무진서원단(煩惱無盡誓願斷);모든 미혹 끊기를 서원합니다.
법문무량서원학(法門無量誓願學);모든 법문 배우기를 서원합니다.

불도무상서원성(佛道無上誓願成);완벽한 깨달음 얻기를 서원합니다.

　이와 같은 사홍서원은 현재 공식적인 불교의식에서부터 법회 회향에 이르기까지 한결같이 사용되고 있으며 보살행을 하는 자의 수행 내용이다.

　사홍서원은 무엇이 먼저다라는 우열 없이 동시에 성취되어야 할 내용이다. 또한 네 가지 서원 각각마다 나머지 세 가지 서원의 내용이 포함되어 있다. 예를 들어 중생을 구제함에 따라서 번뇌가 사라지고 법문을 배우게 되며 불도를 이루게 되는 세 가지가 들어 있는 셈이다. 그래서 총괄적인 원이라 하여 총원 또는 총서원이라 하는 것이다.

　총원은 대승보살의 가장 큰 특징이기도 하며 삼보를 믿는 불제자가 가져야 할 원이다.

　원에는 총원(總願), 발원(發願), 기원(祈願), 축원(祝願)이 있다.

　발원(發願)이란 원을 세운다는 것으로 인격을 완성하여 중생을 제도하고자 하는 마음, 곧 서원(誓願)을 일으키는 것이다. 작게는 복을 구하고 크게는 성불(成佛)을 발원하기도 한다.

　기원(祈願)이란 기념(祈念)이라고도 하는데 원하는 바를 실천할 수 있도록 무한한 부처님의 힘을 믿고 그 힘이 자신에게 미치도록 간절한 믿음으로 소원하는 것을 말한다.

　축원(祝願)이란 스님들께서 신도나 대중을 대신해서 불보살님께 참회하고 원을 사뢰어 은혜와 가피를 비는 것이다.

　인간들이 삶을 영위하는 목적은 장래에 대한 각자의 희망과 소원이 있기 때문이다.

　특히 종교를 믿는 신앙인이라면 원을 세우고 있어야 한다.

옛날에 아미타 부처님께서도 수행 시절 법장비구로 48대원을 세워서 극락세계를 발원하였으며, 약사여래불은 12대원을 세워서 성취하였고, 보현보살과 관세음보살도 10대원을 세워 성취하였다.

지장보살 같은 분은 천상, 지옥, 아귀, 축생, 수라, 인간, 육도의 중생을 한 사람도 빠짐없이 구제하겠다고 발원하여 대원본존 지장보살이라고 하듯이, 우리 불자님들 한 사람 한 사람이 각자에게 맞는 분명한 원을 세워 흔들림 없는 생활을 영위해야 할 것이다.

평생을 신앙에 몸담고도 올바른 방향을 상실한 채 방황하는 사람들을 얼마든지 볼 수 있다. 특히 인간 존엄의 가치가 흔들리고 있는 현 산업사회의 현대인에게는 삶을 공고히 할 수 있는 목표의 확립이 무엇보다 중요하다고 할 수 있다. 개인의 완성뿐 아니라 사회의 완성, 더 나아가 국토를 청정히 하려는 대승적(大乘的) 생각이 필요한 시대이다.

모든 소원을 성취코자 한다면 개인의 부단한 노력과 정진이 있어야 하며 무엇보다 기필코 성취하고야 말겠다는 원력을 세워야 한다.

삼학(三學)

삼학은 계(戒)·정(定)·혜(慧)를 말하는데, 수행자가 깨달음의 마음으로 나아가고자 할 때 반드시 닦아야 할 세 가지를 말한다. 올바른 말과 행동으로 깨끗한 생활을 하기 위해 필요한 것이 계(戒)이고, 고요하고 차분한 마음에 들기 위해 마음을 하나로 모으도록 애쓰는 노력이 정(定)이다.

계와 정을 잘 닦아 지혜를 얻기 위해서 우리는 이 세 가지를 배우고 익히도록 노력해야 한다.

삼학(三學)에 대해 좀더 구체적으로 살펴보면 다음과 같다.

첫째, 계(戒)란 자신을 제어하는 것으로 계의 목적은 스스로를 조절하여 자비심으로 충만케 되는 것이다. 자기 자신의 마음자리에 잘못됨이 없는 경지가 곧 계인 것이다.

계에는 살생하지 말라, 도둑질하지 말라, 음행하지 말라, 거짓말하지 말라, 술을 먹지 말라 등의 금지조항으로 되어 있는데, 이것은 혼탁한 마음이 아닌 깨끗한 마음을 갖게 하자는 데 그 의의가 있다.

계는 멀리 있는 것이 아니고 자기 생활 속에 있으며 가정생활, 직장생활, 사회생활의 규율을 따르는 것이 곧 계를 지키는 것이며 자기를 지키는 것이 된다.

둘째, 정(定)이란 흔들림 없이 안정된 마음으로, 이것은 갖가지 분별하고 집착하는 것으로부터 자유로워진 마음 상태를 말한다.

웅덩이의 물을 가만히 두면 맑아지지만 누군가 휘저어 버리면 물이 흐려지듯이 우리의 마음도 가만히 두면 정(定)의 상태가 된다. 마음자리가 정(定)의 상태가 되면 비가 오면 오는 대로 바람이 불면 부는 대로 날이 좋으면 좋은 대로 주위 모든 상황이 좋아 보이게 된다.

마음속의 근심 걱정, 탐심(貪心), 진심(瞋心), 치심(癡心)을 하나씩 줄여 고통마저 잊어버리는 것이 곧 정(定)에 드는 것이다. 그래서 입정(入定)이나 선정(禪定), 삼매(三昧)가 강조되는 것이다.

셋째, 혜(慧)란 지혜를 말하며 삼학과 육바라밀 등 불교에서 마지막에 강조되는 깨달음을 얻어 지혜를 밝히는 것이다. 우리 마음은 그릇되지 않고 어지럽지 않으며 해맑아지는데 해맑게 된다 함은 마음이 안정되어 밝고 빛나게 되는 것을 말한다.

스스로 묻고 판단할 수 있는 힘이 지혜이다. 우리의 인생은 짧기에 인생의 번뇌 망상과 원한을 풀어 가며 더욱더 지혜롭게 살아가야 한다.

계·정·혜 삼학을 우리 인체에 비유하면, 계란 우리 인간의 배에 비유되는데, 욕심부리지 않고 절제해야 함을 강조하는 것이다.

정은 우리 인간의 가슴에 비유되는데, 그곳에서 화내고 원한을 맺기 때문이며, 혜는 우리 인간의 머리에 비유되는데 욕심과 성냄, 어리석음으로 판단을 잘못하면 몸이 망가지기 때문이다.

사성제 (四聖諦)

　부처님 최초의 가르침이 되는 사성제는 네 가지 성스러운 진리를 뜻한다. 중도가 수행의 큰 원칙이라면 사성제는 구체적인 체계를 갖춘 종합적인 수행론이라고 할 수 있다. 사성제는 네 가지 근본된 진리이며 성스러운 진리란 뜻이다. 진리란 영원히 변하지 않는 것을 말한다.

　사성제 중 고성제에 대해 알아보자.

　첫째, 고성제에서의 고(苦)란 힘이 든다는 뜻이며, 우리의 현실을 괴로움으로 파악해 그것을 구체적으로 살펴보는 것을 의미한다. 여기에는 육체적 고통과 정신적 괴로움의 복합적 성격이 다 포함된다. 고(苦)에는 4고와 8고가 있는데 4고란 생로병사(生老病死) 즉 태어나는 고통, 늙어가는 고통, 병드는 고통, 죽음의 고통이 있어 이것을 통칭 네 가지 괴로움이라 한다.

　그리고 이 세상 모든 존재는 성주괴공(成住壞空)의 법칙에 의해 만들어지고 머물다가 부서지고 드디어 없어지게 된다. 이것은 곧 우주의 법칙이며 우리 인간에게는 생로병사로 적용이 된다.

　성주괴공 또한 곧 인연의 법칙에 의한 것으로 모든 것은 인연을 따라 흘러간다. 즉 물이 흐르듯이 모든 것은 자연히 흐르고 있다. 사성제 중 첫번째가 고성제(苦聖諦)인데 삼라만상 두두물물까지 다 흐르고 거기엔 고(苦)가 있기에 고(苦)로 보는 것이 진리이다.

인간이 태어남[生]을 고(苦)로 보는 것은 업력에 이끌려 육도윤회 중 입태의 과정을 통해서 태어나기 때문이다.

인간(人間)의 늙어감[老] 또한 고통인데 왜 그런 것인가?

대개 사람들은 어릴 때는 빨리 성장하여 어른이 되기를 원한다. 어른이 되면 무엇이든 마음대로 할 수 있을 것이라는 생각 때문이다. 그러나 나이가 들면 사람은 뜻대로 마음대로 되지 않는 것이 있음을 차츰차츰 깨닫게 된다. 그래서 나이가 들고 늙어가는 것을 고통으로 보는 것이다.

사람들은 병[病]의 고통을 가지고 있기도 하다.

골목골목마다 늘어서 있는 병원과 약국들, 언제나 그곳엔 사람이 가득하다. 건강하던 사람도 하루아침에 사고나 병 때문에 고통을 당하기도 하고 심지어 목숨을 잃기도 한다. 그러므로 건강할 때 자기의 육신을 잘 관리해서 병의 고통에서 벗어나도록 노력해야 한다.

죽음[死]도 고(苦)에 해당된다.

인간은 죽음을 맞이하면서도 그 실체를 모르는 경우가 대부분이다. 인연으로 모였던 지(地), 수(水), 화(火), 풍(風) 4대 원소가 인연이 다하면 흩어지게 되는 것을 불교에서는 죽음이라 하며, 인생살이 중 제일 큰 일이기도 하다.

애별리고(愛別離苦)란 사랑하는 사람과 헤어져야 하는 괴로움을 의미하며 사랑하는 사람과 늘 함께 하기를 바라는 마음에 반해

64

현실에서는 만나는 사람은 고하를 막론하고 친구이건 가족이건 언젠가는 헤어지게 되는데 그에 따른 고통이 따르게 마련이다. 이러한 고통을 애별리고라 한다.

원증회고(怨憎會苦)란 원수와 만나는 괴로움을 뜻한다. 옛말에 원수는 외나무 다리에서 만난다는 말이 있듯이 보기 싫고 미운 사람은 어쩐 일인지 더욱 자주 만나게 된다. 그것은 곧 마음속에 미움과 증오심이 꽉 차 있기 때문이다. 미움과 증오심, 욕심을 버리게 되면 원수도 없어지게 된다.

구부득고(求不得苦)란 원하는 대로 가질 수 없는 괴로움을 말한다. 인생을 살다 보면 구하고자 하나 마음먹은 대로 이루어지지 않을 때도 있다. 그럴 때는 자기에게 주어진 것만이라도 만족할 줄 아는 지혜가 필요하다. 그런 사람이라면 인생을 행복하게 이끌 수 있으며 만족하는 그 자체 또한 행복으로 여길 것이다.

턱없이 자기 분수 밖에 있는 것을 구하지 말고 과욕부리지 않는 것이 괴로움을 줄이는 방법이다.

오음성고(五陰盛苦)란 몸과 정신을 만족시켜 주어야 하는 괴로움이다. 오음과 오온은 같은 의미로 우리의 몸과 정신작용을 가리키는 말이다. 우리 육신인 몸은 항상 입혀 주고 먹여 주고, 가꿔 줘야 한다. 몸뿐만 아니라 마음의 새로운 욕구에도 응해야 한다. 몸과 정신을 함께 만족시키려니 얼마나 고달플 것인가.

그러나 우리는 이러한 몸이나 마음이 영원한 것이 아님을 알아 진실한 도를 깨달아 가도록 노력해야 한다.

이상 살펴본 생로병사와 애별리고, 원증회고, 구부득고, 오음성고를 합하여 인생 8고라 한다.

또한 생활하면서 우리에게 일어나는 수많은 괴로움 중 세 가지가 있는데 그것을 고고(苦苦), 괴고(壞苦), 행고(行苦)라 한다.

먼저 고고(苦苦)는 우리 육체에서 비롯되는 괴로움으로 아픔이나 배고픔, 목마름 등이 이에 속한다. 그리고 괴고(壞苦)란 좋아하고 사랑하는 대상이 파괴되는 데서 오는 괴로움을 말한다. 마지막으로 행고(行苦)란 모든 것이 항상 변질되어 감으로 인해 생기는 괴로움을 말한다. 이것을 모두 3고라 한다. 이렇게 해서 고성제의 4고와 8고, 3고를 살펴보았다.

사성제 중 다음으로 집성제(集聖諦)에 대해 알아보자.

둘째, 집성제(集聖諦)에서 집(集)이란 욕망, 집착 또는 갈애라는 의미를 지니고 있다. 괴로움은 어디서부터 오며 무엇으로부터 비롯되는가? 괴로움의 발생 원인에 대한 가르침이 바로 집성제에 드러나 있다. 지나치게 격렬한 욕망으로 가득 찼을 때 목이 바싹바싹 마른다든지 긴장했을 때 손바닥에 땀이 흐르는 것을 경험해 보았을 것이다. 바로 무언가에 대한 집착, 욕심이 괴로움의 근본 원인인 것이다.

이 욕망에는 욕애, 유애, 무유애라 하여 세 가지가 있다.

욕애란 현실에 있어서 쾌락을 추구하는 감각적 욕구를 말하고, 유애란 영원히 살고 싶다거나 사후에는 극락에 태어나고 싶다는 욕망을 말하며, 마지막으로 무유애란 명예나 권력 등에 대한 욕망을 의미한다. 이렇게 집성제 안에는 욕애, 유애, 무유애 세 가지가 있다.

사성제 중 멸성제에 대해 알아보자.

셋째, 멸성제(滅聖諦)는 모든 괴로움이 사라져 고요해진 상태를 뜻하는데 불교의 이상(理想)이며 목적인 열반(涅槃)을 번역한 것이다. 즉 번뇌의 불꽃을 꺼버린 상태를 뜻한다. 열반에는 유여열반과 무여열반이 있는데 **유여열반**(有餘涅槃;남음이 있는 열반)이란 정신적 괴로움은 해결되었으나 전생의 업(業)이 아직 소멸되지 않았으므로 육체적인 괴로움은 남아 있는 열반이라는 뜻이고, **무여열반**(無餘涅槃;남음이 없는 열반)이란 전생의 업도 소멸되어 정신적·육체적인 괴로움이 완전히 사라진 상태를 가리키는 말이다.

사성제 중 도성제에 대해 알아보자.

넷째, **도성제**(道聖諦)는 길[道]이며 수단이다. 도성제는 괴로움을 소멸한 열반에 이르는 여덟 가지 바른 방법이란 뜻이다.

여기에는 지나친 쾌락도 아니고 지나친 고행도 아닌 적절한 중도 사상인 팔정도란 뜻이 된다.

육바라밀

소승불교의 수행이 팔정도라고 한다면 대승불교의 수행은 곧 육바라밀이라 할 수 있다.

위로는 깨달음을 구하고 아래로는 중생을 교화한다는 상구보리 하화중생(上求菩提 下化衆生)의 자신도 이롭고 남도 이롭게 하는 자리이타(自利利他) 정신을 바탕으로, 윤회하는 괴로움의 세계를 건너서 깨달음의 세계인 열반에 이르기 위해 수행해야 할 여섯 가지 덕목을 육바라밀이라 한다.

열반에 이르지 못하면 중생들은 생사심이 그치지 않아 하루 동안에 만번 살고 만번 죽는 괴로움에 계속 시달리게 된다. 또 육근(眼·耳·鼻·舌·身·意) 눈, 귀, 코, 혀, 몸, 뜻과 《반야심경》에 나오는 색·성·향·미·촉·법(色·聲·香·味·觸·法)의 종(宗)이 되어 항상 육진(六塵) 육경(六境)에 빠지기 쉽다. 육바라밀은 보시(布施), 지계(持戒), 인욕(忍辱), 정진(精進), 선정(禪定), 지혜[般若]이다.

첫째, 보시바라밀이란 자기 소유물을 아낌없이 베풀어 주고 보수를 바라지 않고 봉사하며, 모든 이에게 평화와 즐거움을 주는 것을 말한다. 인간은 욕심이 끊임없어 만족할 줄 모르고 탐욕심의 고통을 일으켜 절망의 구렁텅이에서 허우적대면서도 서로 빼앗기 위하여 시비하고 투쟁함이 그치지 않는다. 중생은 탐욕의 불, 노여움의 불, 어리석음의 불에 휩싸여 순간순간 탐욕에 속아서 생활하고 있다.

부처님 말씀에 자비로 보시하는 것은 탐욕의 불꽃을 끄기 위함이라 하셨다.

보시하는 자세에서 반드시 세 가지 정신이 이루어져야 하는데 이것을 삼륜청정(三輪淸淨)이라 한다. 즉 베풀어 주는 물건, 베푸는 사람, 베풂을 받는 사람, 이것을 합하여 삼륜청정이라 하며 이 셋은 돌고 도는 수레바퀴와 같아서 삼륜이라 하는 것이다.

보시할 때는 어떤 일을 도와주었다는 생각, 누구에게 무엇을 얼마만큼 주었다는 생각이 없어야 한다. 이것이 바로 삼륜이 청정하다 할 수 있는 것이다.

보시에는 3가지가 있는데, 그 하나가 곧 법보시(法布施)이다.

법보시는 정신적으로 마음의 양식을 주고 지혜를 깨달을 수 있도록 도와주는 것을 말한다.

재보시(財布施)는 굶주린 사람과 헐벗은 사람에게 먹을 것과 입을 것을 주며 병든 사람에게 약을 주고 아낌없이 재물을 베풀어 주는 것을 말한다.

무외시(無畏施)란 누구에게나 마음에 두려움과 걱정이 없도록 용기를 갖게 하고 평화와 기쁨을 주는 것을 말한다. 이는 무주상보시라고도 말하며 누구에게나 아낌없이 주되 언제 누구에게 무엇을 베풀었다는 생각조차 없이 대가를 바라지 않고 베푸는 것을 말한다.

우주 삼라만상 자연의 이치는 봄·여름·가을·겨울에 걸쳐 인간에게 조건없이 베풀고 있다. 우리 인간은 올 때에 빈손으로 오고 갈 때 역시 빈손으로 가는 인생임을 상기하고 '사흘 닦은 마음은 천년의 보배요, 백년 동안 탐내어 쌓은 물건은 하루아침의 티끌과 같음(三日修心은 千財寶요 百年貪物은 日朝塵이라)'을 깨달아 이 보시 바라밀의 공덕을 실천하는 것이 어떠한가.

둘째, 지계(持戒)바라밀이란 실천 불교의 윤리도덕적인 생활규범으로 자기 자신을 낮추고 그릇됨을 고쳐 남을 보호하여 주며 적은 것에 만족하고 권선징악하여 해탈의 길에 이르는 것을 의미한다. 즉 살생하지 아니하고 모든 생명체를 내 몸처럼 사랑하며, 도둑질하지 아니하고 가난하고 불우한 이웃과 사회를 내 집처럼 돌보며, 간음하지 않는 것으로 예의와 순결을 지켜 인류를 행복하게 하고, 자비스런 어버이 마음으로 일체 중생을 보호하는 참된 윤리적 삶이 곧 지계의 생활인 것이다.

지계의 생활은 질서와 기쁨과 안락을 얻기 위함이고 믿음이 없는 이를 더 굳세게 하기 위함이다.

우리 인간의 눈은 아름다운 빛깔에 이끌리기 쉽고, 귀는 맑은 소리에 끌리게 되며, 코는 향기롭고 고소한 냄새에 취하게 되고 혀는 맛있는 음식에 길들게 되며, 몸은 언제나 편안하고 보드라운 것을 좋아하고, 뜻은 제멋대로 흩어지기 쉬운 것이다. 이것을 길들이기 위해 지계바라밀이 필요한 것이다.

셋째, 인욕(忍欲)바라밀이란 참기 어려운 일을 참아내는 것을 말한다.

인생을 살다 보면 분하고 원통하며 기가 막히고 고통스런 일이 생길 수 있다. 그러나 그때마다 참지 아니하고 따지며 복수를 한다면 생활이 얼마나 혼란스럽고 불안해질 것인가. 서로 미워하고 욕하고 상처내는 중생들을 보고 마음을 교화시키겠다는 서원을 일으키는 것도 인욕바라밀에 해당된다.

인욕바라밀은 개인이나 국가·사회·가정에 평화와 번영을 가져다 주는 것이다.

넷째, 정진(精進)바라밀이란 육바라밀을 잘 실천해 나가는 것이다. 부처님 말씀에 게으르고 방일한 것은 큰 죄가 된다고 하셨다. 추우면 추워서 더우면 더워서 배가 고프면 고파서 배가 부르면 부르다는 이유로 게으름을 부리는 자는 곧 죽음의 길을 가는 자라고 하셨듯이, 정진바라밀을 잘 수행해 나간다면 영원한 자유와 아름답고 멋진 삶을 누릴 수 있는 첩경을 걷는 것이 된다.

다섯째, 선정(禪定)바라밀이란 마음을 한 곳에 모아 움직이지 않고 고요히 생각한다는 뜻이다. 즉 오욕에 집착하여 생기는 산란심과 망상분별, 이기심으로 흐트러진 생각과 찌든 마음을 바로잡고 마음에 불을 밝혀 자기를 알아가는 것을 의미한다.

일심(一心)이 청정하면 다심(多心)이 청정해지고 다심이 청정하면 국토가 청정해진다는 경전의 말씀처럼 생사대사를 자유자재로 할 수 있는 것이 곧 선정바라밀이다.

여섯째, 지혜(智慧)바라밀이란 탐·진·치 삼독의 근본을 여래의 행을 표현, 불법의 지혜로써 모든 마구니로부터 항복받는 것을 말하며, 인과를 부정하고 어리석은 생각을 깨뜨려 버리는 지혜를 뜻한다.

육바라밀은 대승보살들의 실천 덕목으로서 평화를 애호하고 영원한 행복과 열반을 누리고자 하는 보살행원의 가르침이다.

팔정도(八正道)

우리의 마음은 육체와 유기적 관계로 되어 있기 때문에 심신(心身)의 모든 면에 걸쳐 개선해 나가지 않으면 불교의 최고 경지인 열반에 이를 수가 없다. 이러한 열반에 이르는 방법으로 정견, 정사, 정어, 정업, 정명, 정정진, 정념, 정정이 팔정도에 해당된다.

첫째, 정견(正見)은 바른 견해를 의미한다. 우리가 사는 현실에서 매사를 정확성 있게 바르게 알아야 걱정이나 두려움에서 자유로워지고 편안해지기 때문에 바른 견해가 필요한 것이다.

둘째, 정사(正思)는 바른 의사와 바른 결의를 뜻하며 생각이 안정돼 있지 않으면 모든 행동이 흔들릴 수 있으므로 바른 생각이 중요한 것이다.

셋째, 정어(正語)란 바른 언어와 언어적 행위를 의미한다. 일상생활에서 언어는 너무나도 중요한 역할을 하고 있다. 말 한마디로 천냥 빚을 갚는다는 말과 말 한마디로 살인죄를 멸한다는 말이 있을 정도이다. 그리고 《천수경》에서도 제일 먼저 정구업진언부터 시작되는데 입으로 지은 죄를 밝히는 진언으로 부드럽고 연하고 안정된 말을 사용하는 것이 모든 수행의 기본이 된다.

넷째, **정업**(正業)은 바른 생활과 바른 신체적 행위로 업(業)의 행위를 가리킨다. 우리는 흔히 직업이란 말로 표현하는데 업은 곧 직업과 서로 통하기 때문이다.

다섯째, **정명**(正命)은 바른 생활로 바른 직업에 의해 바르게 생활하는 것을 의미한다. 직업은 성격에 따라서 사회에 중대한 작용을 깨치기도 한다.

농사를 짓는 사람, 고기를 잡는 사람, 장사를 하는 사람 등 다양한 직업이 있겠지만 남에게 피해를 주지 않는 직업을 선택해야 할 것이다. 남을 괴롭히고 자기만 잘 되려는 직업은 천한 것이며 바람직하지 못한 직업인 것이다.

여섯째, **정정진**(正精進)은 바르고 끊임없이 노력하는 것을 의미한다. 바르고 참되고 가치 있는 목표를 설정하여 부단히 노력하여야 한다. 불자들은 해탈 열반의 이상을 성취하기 위해 남다른 수행 정진에 노력해야 한다. 노력한 것만큼 자기 것이 될 것이다. 옛 조사님들은 말없이 수행 정진하시어 목적을 성취했듯이 끊임없는 수행이 중요하다.

일곱째, **정념**(正念)은 바른 의식을 가지고 이상과 목적을 잊지 않는 일을 뜻한다. 우리 마음에 틈이 있으면 삿된 생각, 그릇된 생각으로 나아가게 되는데 이에 경종을 울리는 것이 팔정도 중 정념에 해당된다.

여덟째, **정정**(正定)은 바른 선정을 의미하며, 쉼없이 노력해야만 어떤 것에도 흔들리지 않으며 우리의 정신세계가 맑은 거울처럼 삼라만상의 참된 모습이 나타나게 된다. 이럴 때 우리 마음은 허공처럼 자유롭게 되는 것이다. 이것은 곧 무심삼매, 일

넘, 무념이라고 하며 이것을 일러 바른 선정이라 한다.

　팔정도는 여덟 가지 항목이지만 이것은 하나의 성도(聖道)를 이루는 각 부분이며 일체로써 유기적으로 결합되어 있기 때문에 별개의 것이 아니다.

삼법인(三法印)과 신해행증(信解行證)

삼법인(三法印)이란 진실한 부처님의 가르침을 말하는 것으로 불교의 근본 교의(敎義)이다. 인(印)이란 고정불변의 진리로 언제 어디서나 거짓이 없다는 진실한 뜻을 가지며 도장을 찍는 것을 의미한다. 도장을 찍는다는 것은 내가 책임진다는 의미로서 법인이란 곧 진리의 도장[印]이란 뜻을 지닌다.

삼법인은 진실하여 허망하지 않은 3가지 진리로써 곧 제행무상(諸行無常), 제법무아(諸法無我), 열반적정(涅槃寂靜) 이 셋을 가리키는 말이다. 연기법이 부처님의 깨달음에 대한 법칙성을 나타낸 것이라면 삼법인은 불교의 특색을 가장 잘 나타내고 있는 진리의 말씀이다.

첫째, 제행무상(諸行無常)이란 현실세계 속의 모든 존재의 시간적인 실체를 가리키는 것으로서 만들어진 모든 대상은 인연 조작에 의한 것으로 삼라만상 모두가 일 분 일 초도 지체없이 어디론가 흘러간다는 것을 나타낸 말이다.

단 1초도 예외없이 옮기고 흐르고 변화하여 하늘에 있는 해와 달뿐만 아니라 땅에서도 초목의 변천이 계속되는 것이다. 봄이 되면 먼 산에는 아지랑이가 아른거리고 초목에 잎과 꽃이 피고, 여름이 오면 모든 것이 성장하여 견고해지며 가을이 되면 결실을 맺게 되고 겨울이 되면 모든 것이 본원으로 돌아가 자취를 감춘다.

이렇게 만물이 생기고 만들어지며 발전해 가는 생멸의 모습을 설파한 것이 곧 제행무상이다. 무상함을 제대로 깨닫게 된다면 생사윤회 해탈을 할 수가 있다.

무상(無常)에는 일기무상(一期無常)과 찰나무상(刹那無常)이 있는데, 일기무상이란 일정한 기간을 존속하면서 변화하는 것으로 우리 인간의 인생살이, 즉 짧은 시간에 변하는 모습들이다. 그리고 찰나무상이란 찰나마다 변화하는 것으로 24시간을 찰나적으로 계산한다면 64억 9천 8백 팔십 찰나란 어마어마한 숫자가 되며 그 한 순간 순간 변화하여 다른 아(我)의 모습을 갖추는 것이다. 우리 마음에도 1초 동안 900생멸이 있어 지옥도 가고 극락도 갈 수 있으므로 우리 마음은 전광석화보다 더 빠르다고 하는 것이다.

제법무아(諸法無我)란 현상세계의 모든 존재를 공간적으로 파악하여 설명한 것인데 인연으로 만들어진 모든 것은 무상하여 영원하지 않음을 뜻한다.

오온(五蘊)의 색·수·상·행·식(色·受·想·行·識)이 다섯 가지 인연으로 화합해서 생긴 것이 우리 각자의 신심(身心) 곧 '나'라는 존재인 것이다.

색(色)이란 곧 모양을 말하며, 몸을 나누어 살펴보면 살이나 뼈는 땅기운으로 돌아가기 때문에 지(地)라 하고, 눈물, 콧물, 피나 소변은 물기운으로 돌아가기 때문에 수(水)라 하고 체온은 불기운으로 돌아가기 때문에 화(火)라 한다. 또한 우리가 호흡하고 팔다리를 움직이는 것은 바람 기운으로 돌아가기 때문에 풍(風)이라 한다. 곧 사대(四大)가 모여서 육체가 성립되었기에 불교에서는 이를 색(色)이라 한다.

수(受)란 외계의 대상을 받아들여 인식하는 것으로서, 코로 냄새를 맡고 귀로는 소리를 듣고 혀로는 맛을 보고 몸으로는 따스하다, 뜨겁다 등을 분별하기에 촉(觸)이라고 한다. 그리고 눈, 귀, 코, 혀, 몸으로 받아들인 것을 판단해서 좋다, 나쁘다라고 분별하는 것을 상(想)이라 한다. 또 흘러가는 시간 속에서 여러 사물이나 현상을 보고 듣는 동안에 시시각각 변화하는 마음 상태를 행(行)이라 한다. 한편 식(識)이란 의식작용을 총괄하는 마음의 주체를 말하는 것이다.

마지막으로 삼법인 가운데 하나인 **열반적정**(涅槃寂靜)은 불교가 제기하고 있는 근본적인 문제의 해결 방법을 구체화함으로써 영원한 행복을 제시하고 있다.

모든 중생이 수행을 닦아 일체 번뇌가 다 소멸된 상태로 제행무상과 제법무아의 이치를 바르게 깨우친다면 부질없는 욕망에 이끌려 다니지 않고 고요하고 영원한 행복인 열반에 이르게 될 것이다.

열반(涅槃)이란 불교에서 제시하는 이상세계를 말하는 것으로, 이곳에는 부자유와 욕망, 더러움이나 시끄러움, 고통이 전혀 없는 경지인 것이다.

열반에는 네 가지 덕이 담겨져 있는데 첫째, 깨달음이 영원히 변치 않고 향상하는 것이므로 상(常)의 덕이 있고, 둘째, 깨달음의 경지에 오르면 고통 없이 언제나 즐거운 상태가 유지되므로 락(樂)의 덕이 담겨 있고, 셋째, 자유롭고 구속됨이 없는 참된 나〔我〕가 있으며, 넷째, 번뇌가 일어나지 않아 마음이 깨끗한 상태이기 때문에 정(淨)이 담겨져 있다. 이것을 상락아정(常樂我淨)이라 하며 열반의 사덕(四德)이라고 한다.

깨달음이나 열반은 아주 멀리 있거나 높이 있는 것이 아니며, 오직 진정으로 진리를 구하는 사람만이 갖는 고유한 경지이다. 깨달음에 다다르기 위해 불교인들은 쉼없이 노력하고 수행 정진해야 할 것이다.

부처님의 가르침대로 수행하는 과정을 넷으로 나누어 신해행증(信解行證)이라 한다.

수행자가 무엇을 믿어야 하며, 어떻게 믿어야 하는지를 알아 믿음을 일으켜야 하는데 신해행증에는 이러한 방법이 구체화되어 있다.

수행자가 깊은 신심을 가지고 수행하는 신(信)의 대상은 곧 불법승(佛法僧) 삼보가 될 것이다. 불(佛) 곧 부처님은 무량한 공덕, 한량없는 복덕을 두루 갖추신 분이기에 항상 가까이하고 공경하며, 내가 부처님처럼 되어야겠다고 생각하는 것이 수행의 기본 자세이다.

부처님의 가르침 곧 법(法)은 우리들에게 한없는 공덕을 주는 근본이기에 믿어야 하며 항상 모든 바라밀을 수행할 수 있도록 힘써야 할 것이다.

즉 팔만대장경을 비롯한 경, 율, 논 삼장에 이르기까지 믿고 따라야 할 것이다.

부처님의 제자인 스님들은 바른 수행으로 자기도 이익되고 타인도 이익되게 하기 때문에 수행자를 여법히 존경하며 믿고 따라야 할 것이다.

해(解)는 수행하는 방법을 알아서 믿음을 성취하고 보리심을 발하는 것으로 곧 발심(發心)에 해당된다.

발심에는 직심, 신심, 대비심의 세 가지로 분류되는데 첫째, 직심이란 바르게 진여의 법을 생각하는 마음이요, 둘째, 신심이란 착한 일을 행하고자 하는 마음이다. 셋째, 대비심이란 일채 중생의 괴로움을 없애 주고자 하는 마음, 즉 대자대비한 마음을 말한다.

행(行)이란 수행자가 신심을 가지고 발심하여 상(常)을 떠나서 육바라밀을 수행하는 것을 말한다. 즉 보시, 지계, 인욕, 정진, 선정, 반야의 육바라밀을 뜻한다.

증(證)은 진여지로 법성을 증득한 자리이다. 부처님도 설산에서 6년 고행하셨고 달마도 소림굴에서 9년 면벽했으며 혜능도 12년을 사냥꾼에게 시봉했듯이 모든 조사와 스님네가 증하는 기간이 필요한 것이다.

오온(五蘊)

인간은 어떤 존재인가? 인간은 또한 무엇으로 이루어졌으며 어떻게 지탱되는가?

젊은 시절엔 자신의 아름다움에 취해 젊음이 영원할 것이라고 착각하기도 한다. 그러나 세월이 흐르면 몸이 쇠약해지고 얼굴에 주름도 잡히고 흰 머리카락이 성성해진다. 이렇게 인간은 쉼 없이 흘러가는 시간 속에서 변해 가고 있다.

불교에서는 인간이 육체와 정신으로 이루어졌다 하고 육체를 색(色-물질), 정신을 수(受), 상(想), 행(行), 식(識)의 작용으로 설명하는데, 이것을 인간의 다섯 가지 요소인 오온이라고 한다. 즉 인도 말로는 '판차스칸다'라 하는데 판차는 다섯이란 뜻이고 스칸다는 모임, 집합을 의미한다.

색은 일반적으로 물질을 의미하지만 오온설에서는 신체인 몸을 뜻한다.

우리 신체는 지(地), 수(水), 화(火), 풍(風)의 네 기운으로 이루어져 있다.

지대(地大)는 흙기운으로 딱딱한 성질(견고성)을 띠고 형태를 이루어 보호 유지하는 작용을 하는 것으로 손톱, 발톱, 뼈와 살 덩이가 여기에 해당된다.

수대(水大)는 물기운으로 젖는 성질(습성)을 본질로 하여 모으고 결합하는 작용을 하는 것으로 피를 비롯하여 침, 소변 등 각종 물성분이 이에 해당된다.

화대(火大)는 불기운으로 더운 성질을 본질로 하여 성숙시키는 작용을 하며 우리의 체온(36.5℃)이 여기에 해당된다.

풍대(風大)는 바람 기운으로 움직이는 성질을 본질로 하고 몸을 성장시키는 작용을 하는데 심장, 위장, 폐장, 눈, 입 등의 움직임 또는 몸체의 움직임, 호흡 등 움직이는 모든 기능을 담당한다.

이렇게 4대에 비유된 우리의 몸을 색(色)이라 한다.

수(受)란 느끼고 받아들이는 감수작용을 말하는데 여기에는 육체에서 받는 쾌감, 불쾌감과 즐거움[樂]의 감정이 있다. 여기에는 불쾌감으로 받아들이는 고수(苦受)감정과 쾌감으로 받아들이는 낙수(樂受)의 감정, 불쾌감이나 쾌감에 속하지 않는 덤덤한 중간 단계인 불고불락수(不苦不樂受) 감정의 셋으로 분류된다.

상(想)이란 상상하는 작용이라고도 하는데 엄격하게 말하면 어떤 개념을 주는 개념작용이나 어떤 모양을 떠올리는 포상작용으로 붉다, 푸르다, 길다, 짧다 등의 이름이나 모양새를 정하는 작용을 말한다. 우리가 머리로 인식하기 전에 마음에서 먼저 사진을 찍은 것처럼 받아들이는데 이것을 상(想)이라 한다.

행(行)이란 의지나 충동적 욕구에 해당될 수 있는 감정으로 행동으로 옮기고자 하는 것이나 지속화시키려는 작용, 중단시키려는 작용이 여기에 해당되며 욕설, 욕망 등의 심리작용 또한 여기에 해당된다.

식(識)은 인식하고 정리하는 단계로 정신작용을 통괄하는 마음의 작용이며 사물을 총체적으로 구별하고 인식하는 심적 주체를 말하는데, 오온에 의해 정리된 예를 들어 본다면 무엇인가 보인다[色], 보이는 것이 멋있고 아름답다[受], 붉고 예쁜 장미꽃이다[想], 보고 있으면 기분이 좋아지고 곁에 두고 싶다[行], 꽂꽂이라도 해야겠다는 생각[識]이 난다라는 과정으로 표현될 것이다.

육체와 정신을 오온으로 나누어 설명했지만 육체와 정신은 실제 분리될 수 없으며 수레의 두 바퀴처럼 제자리에 있어야 제구실을 할 수 있다.

결국은 '나'라고 '자기'라고 집착하는 것은 육체나 정신작용이 임시적으로 모여서 이루어진 것일 뿐 영원한 참된 모습이 아니라는 것을 우리는 오온설을 통해서 알아 참된 스스로를 찾기 위해 정진해야 할 것이다.

참회 (懺悔)

허물이 있는 사람이 자신의 잘못을 뉘우치고 마음을 고쳐서 용서를 비는 의식을 참회라 한다. 참회(懺悔)의 '뉘우칠 참(懺)'이란 스스로 범한 죄를 뉘우쳐서 용서를 비는 일이며, '뉘우칠 회(悔)'란 과거의 죄를 뉘우치고 불보살이나 대중 앞에 고백하거나 사죄하는 것을 말함이다.

《육조단경》에 혜능 스님이 '참(懺)이란 과거 행위에 대한 진솔한 뉘우침이며, 회(悔)란 미래에 일어날 수 있는 허물을 방지시키는 노력'이라고 하셨듯이 불교에서의 참회는 곧 자기 자신과의 약속이며, 더 나아가서는 지극한 신심이 일어나는 과정이다. 또 참회를 할 때는 삼보인 불·법·승을 향해 의식을 궁극적으로 자기 자신 속에 있는 자성삼보에 돌아가고자 함이다.

자성삼보란 곧 불·법·승 삼보를 말하는데 그 첫번째로, 자성불(自性佛)이란 자기 마음속의 밝음에 의지해서 삿된 것이나 어두운 생각을 내지 않고 욕심을 적게 하며 만족할 줄 알아서 마침내 온갖 욕심과 욕망에서 벗어나는 것, 즉 자신 안의 부처님에 의지하는 것을 말한다.

둘째, **자성법**(自性法)은 제 마음의 올바름에 의지해서 삿된 소견이 없고 남과 다투지 않는 것이 자기의 진리인 자성법에 돌아가는 것이며, 셋째, **자성승**(自性僧)이란 자신의 깨끗함에 의지하면 애욕이나 여러 가지 더러움에 물들지 않아 자기 자신의 수행에 귀의하는 것과 같아 이를 자성승이라 한다.

이렇게 참회란 자성삼보인 불법승에 귀의하여 자기 자신의 청정한 마음을 회복하는 것이며, 본래 갖추어져 있는 지혜와 자비의 실천행으로 나아가고자 하는 행위인데, 참회하는 사람은 자기 입장을 항상 살펴 허물이 있나를 점검하고 타인의 옳고 그름을 논하지 않는 것이 중요하며 언제나 모든 사람을 존경하고 남을 칭찬하기를 즐거워하는 마음이 참회의 원동력이라 할 수 있다.

참회는 기존의 번뇌를 제거시키며 번뇌의 요인을 없애고 수행이 정진되며 소원이 성취될 뿐 아니라 생명이 연장되고 언제나 즐거운 생활을 할 수 있고 더 나아가 윤회의 괴로움에서 해탈하여 깨달음을 얻어 성인이 될 수 있다. 따라서 참회란 곧 해탈을 얻어 부처가 되기 위한 방편인 것이다.

참회의 방법에서 대체로 108참회나 삼천배 절을 함으로 인해 자신의 하심(下心)을 스스로 익히고 타인에 대한 존경심을 기르며 자기 수행의 힘을 기르는 것이다.

참회의 종류로는 사참(事懺)과 이참(理懺)이 있는데 사참이란 곧 자기 자신의 몸과 입과 뜻을 통해 직접적으로 행하는 참회법이며, 이참이란 곧 자신의 진리를 깨달아 참다운 모습을 관찰함으로써 참회하는 법이다.

〈마하지관〉에서는 사참에 대해 이렇게 말씀하시고 있다.

'몸으로는 오체투지인 큰절을 하면서 불보살에 대한 존경의 표시로 신업(身業)에 대한 참회법이며, 입으로는 부처님이나 보살을 부르거나 경전을 독송하여 참회하는 것은 구업(口業)에 대한 참회법이며, 뜻이나 생각으로 부처님의 거룩한 모습과 행위를 생각하면서 자신의 죄를 소멸시키려는 참회법은 의업(意業)에 대한 참회다. 신·구·의 삼업(三業)은 사참법으로 본다.'

또 〈마하지관〉에서는 이 참법에 대해 이치를 깨달아 참다운 모습을 관찰하는 참회법으로 관찰실상참회라 하여 과거로부터 현재에 이르기까지 저지른 모든 잘못된 행위는 모두 그릇되고 허망한 생각을 일으킴을 말미암아 비롯된 것이다.

그러나 우리의 마음은 본래부터 맑고 깨끗해서 옳지 못한 생각이 처음부터 있었던 것은 아니고 그 죄의 모습이 본래부터 정해져 있었던 것은 더욱 아니다. 우리는 이 이치를 확실히 깨달아서 죄라는 집착과 억눌림에서 해탈하고자 모든 것을 참회하게 되는데 이것을 이참법이라 한다. 《화엄경》 보현행원품을 보면 다음과 같다.

아석소조제악업(我昔所造諸惡業)

옛부터 내가 지은 모든 악업들은

개유무시탐진치(皆由無始貪瞋癡)

모두가 탐내고 성내고 어리석음 때문

종신구의지소생(從身口意之所生)

몸과 말과 뜻으로 좇아 생겨난

일체아금개참회(一切我今皆懺悔)

그 모든 것 내가 이제 참회합니다.

죄무자성종심기(罪無自性從心起)

죄는 정해진 성질이 없이 마음에서 일어난다.

심약멸시죄역망(心若滅是罪亦亡)

분별하는 마음만 없어지면 죄도 또한 사라진다.

죄망심멸양구공(罪亡心滅兩俱空)

죄도 사라지고 마음도 없어져 둘 다 비게 될 때

시즉명위진참회(是則名爲眞懺悔)

이것을 일러 참된 참회라 한다.

참회는 불·법·승 삼보에게 의식을 통해서 각자 가지고 있는 자성삼보에 돌아가기 위한 것으로, 마음이 깨끗해져 행복한 삶을 누릴 수 있고 필경에는 성불할 수 있는 계기가 된다.

귀신(鬼神)과 아귀(餓鬼)

세상에는 많은 물질이 있다.

그 중에서 손으로 만질 수 있고 눈으로 볼 수 있으며 코로 냄새를 맡을 수 있는 것이 대다수이다. 그러나 눈으로 볼 수 없고 손으로 잡을 수 없고 냄새맡을 수 없는 것, 즉 공기나 바람 같은 것도 또한 세상에는 존재하고 있다.

그러면 귀신이란 무엇인가?

사람이 죽은 뒤에 있다고 여겨지는 것으로써 능히 사람에게 복과 화를 준다고 하며, 우리가 살아 숨쉬고 활동하면서 생각하고 즐거워하며 슬퍼하는 등 느끼는 것을 살았을 때는 정신이라 하고 사람이 죽으면 곧 귀신이나 영혼, 혼령이라 한다. 사람이 죽은 뒤 입과 코의 탁한 기운이 이른바 혼(魂)이 되고 귀와 눈의 맑은 정기가 백(魄)이 되는데 천지간에 혼백의 음지에서 움직임을 우리는 귀신이라 한다.

불교에서 사람이 죽게 되면 이를 천도(薦度)키 위해 재(齋)를 지내게 되는데, 재는 신·구·의(身·口·意) 삼업을 맑게 하고 악업을 짓지 않겠다는 뜻과 죽은 이의 명복을 비는 천도의 뜻이 담겨져 있다.

천도재의 대표적인 것 중 하나는 49재이다. 49재는 죽은 이의 명복과 극락왕생을 기원하기 위해서 오묘한 진리가 가득한 염불을 한다.

사람으로 있다가 호흡이 끊어지게 되면 우리는 죽었다고 하는데 죽으면 영혼은 이승을 떠나서 저승으로 가게 된다. 그때에 혼백이 백산(百散)하고 처음 7일에는 혼매(魂昧)하고, 두번째 7일에는 망각(忘覺)하여 분간이 확실치 않으며, 세번째 7일에는 몽환(夢幻)과 같고, 네번째 7일에는 몽상(夢想) 속에서 알 듯 말 듯 하고, 다섯번째 7일에는 몽중(夢中)과 같으며, 여섯번째 7일에는 혼혼불각(魂魂不覺)이 되고, 일곱번째 7일에는 혼백동승저운(魂魄同勝底運)하게 되며 슬픔과 기쁨을 느끼게 되고 감응할 수 있기에 그가 쌓았던 대로 태생(胎生), 난생(卵生), 습생(濕生), 화생(化生)의 사생과 지옥, 아귀, 축생, 수라, 인간, 천상의 육도(六道)에 임하게 된다.

사람과 동물이 천차만별이듯이 영혼도 천태만가지 혼령이 있어 가지가지 말할 수 없이 많은 무주고혼과 중음신이 있다. 이들에게 베풀고 대접하기 위해 시식(施食) 또는 헌식(獻食), 천도재(薦度齋), 수륙재(水陸齋), 영산재(靈山齋), 백중재(百中齋), 예수재(預修齋) 등이 있다.

영혼과 혼령, 무주고혼과 중음신, 이들에게 염불과 독경을 하여 소멸케 하고 복넘공덕을 많이 쌓아 드려야 한다.

음식을 장만하여 정성스럽게 제사를 지내면 받는 영혼이 만족을 느껴 응감하게 되는데 살아 있는 후손들이 편안하고 잘 살도록 돕는다고도 한다.

반대로 중음신이나 무주고혼이 되어 고통을 받고 있는데도 그 후손이 제사를 지내주지 않으면 복념공덕이 적어서 영혼 스스로 비관을 하며 서운하게 생각하여 잠시도 괴로움을 못 견디게 되니 그 고통이 한량이 없어 악한 귀신으로 돌변한 다음 자손 가까이 인연 있는 이에게 침노(侵擄)하여 병고와 생활에 지장을 주고 약한 사람을 괴롭히게 된다고 한다.

만약 모든 일이 마음먹은 대로 잘 되지 않고 우환이나 병이 떠나지 않을 때는 재를 정성껏 모시어 복념공덕을 많이 쌓아 줄 필요가 있다.

불교에서는 7월 15일을 백중 또는 우란분절이라 하는데 이날은 곧 하안거 해제날이기도 하다.

선망 부모님께 천혼재를 올려드리는 날로, 부처님 제자 목련존자께서 어머니 청재부인을 무간 아비지옥에서 구제한 데서 유래되었다. 목련존자는 어머니께서 천상에 태어나시기까지 복념공덕을 지어서 처음으로 부처님의 가르침에 힘입어 백승제를 올려 어머니를 천도하여 천상에 나시게 되니 이때부터 불교에서는 사십구재와 천혼재를 올리게 되었다. 이어서 공부하시는 대중 스님들에게 공양을 올려 복념공덕으로 영혼이 왕생극락하게 된다고 부처님께서 말씀하시었다. 귀신은 천상, 인간, 아수라, 지옥, 아귀, 축생의 육도윤회의 아귀도에 속하는데 인간계에 모습을 드러낼 때 화생과 태생으로 나타나기도 한다. 악을 범한 업력으로 과보를 받는 아귀의 종류는 36종이 된다. 그 이름은 아래와 같다.

첫째, 학신아귀란 덩치가 사람의 두 배나 되며 눈과 콧구멍이 없을 뿐만 아니라 수족 또한 없는 아귀를 말한다.

둘째, 침구아귀란 전생에 사람을 시켜 살생하거나 내것을 아끼고 남의 것을 탐내며 보시하지 않는 과보를 지닌 아귀를 말한다.

세번째, 식도아귀란 전생에 재물을 남에게 보시하지 않고 모든 사람들에게 진리를 가르쳐 주지 않은 과보로 태어난 아귀를 말한다.

네번째, 식분아귀는 전생에 지나치게 탐심이 많고 남을 미워하며 자기 것을 아끼고 보시하지 않은 과보를 받아 태어난 아귀이다.

다섯번째, 무식아귀는 무지로 마음을 덮어 거짓말로 남을 속이고 힘이 세다고 해서 다른 사람에게 피해를 주는 아귀이다.

여섯번째, 식기아귀는 다른 이는 다만 음식 냄새만을 맡게 할 뿐 좋은 음식을 처자권속에 주지 않고 혼자만 먹는 아주 자린고비 아귀이다.

일곱번째, 식법아귀는 설법하는 인연이 많았고 권력 또한 가진 사람이었으나 탐욕심과 질투심이 많아 자기 자신만을 위해서 영리를 추구한 과보로 태어난 아귀이다.

여덟번째, 식수아귀는 탐심이 많았으며 남에게 술을 주어 속이고 복덕을 받을 만한 수행을 하지 않은 과보로 태어난 아귀이다.

아홉번째, 희망아귀는 질투심과 악함이 많아서 스스로 재물을 위하여 많은 사람을 속이고 남에게 나쁜짓을 행하도록 한 과보로 태어난 아귀이다.

열번째, 식탁아귀는 남녀간에 자기 것만 아끼고 남을 질투하며 승려와 수행인에게 부정한 음식을 대접하여 속인 죄를 받는 과보로 생긴 아귀이다.

나머지 아귀의 종류는 다음과 같다.

11. 식만아귀   12. 식혈아귀   13. 식육아귀

14. 식향아귀   15. 질행아귀   16. 사변아귀

17. 지하아귀   18. 신통아귀   19. 치연아귀

20. 사영아변아귀   21. 욕색아귀   22. 해저아귀

23. 집장아귀   24. 식소아귀   25. 식인정기아귀

26. 바라문나찰아귀   27. 화조소식아귀

28. 부정학맥아귀   29. 식풍아귀

30. 식화탄아귀   31. 식독아귀

32. 광야아귀   33. 충간주식열희토아귀

34. 수중주아귀   35. 사교도아귀 36. 살신아귀

부처님 말씀의 계율을 지키지 않고 함부로 행동하면 사후에 이런 과보를 받지 않는다고 누가 감히 장담할 수 있겠는가. 그러므로 부처님께서도 선하고 바르고 참되게 살아가라고 《팔만대장경》에 말씀하신 것이다.

참선 (參禪)

선(禪)이란 조용히 마음을 닦는다는 뜻으로 모든 어지러운 마음을 고요하게 가다듬어 맑게 하고 참다운 이치를 찾아서 깨달음을 이루는 수행 방법을 말한다.

참선이란 선정에서 유래되었으며 부처님께서도 보리수 아래에서 고행과 향락의 극단을 피하고 중도의 수행 방법인 선정을 통하여 깨달음을 성취하셨다. 선을 위해서는 모든 잡된 인연을 놓아 버리고 마음에서 만가지 일을 쉬어 신심(信心)이 일여(一如)하고 음식을 먹음에 양을 헤아려 많지도 적지도 않게 해야 한다. 또한 잠을 조정하여 부족하거나 늘이지 말아야 한다. 좌선하고자 할 때는 고요한 곳에 두꺼운 방석을 깔고 허리띠를 느슨하게 매고 위의를 정돈한 후 가부좌를 한다.

결가부좌는 먼저 오른발을 왼쪽 무릎에 얹고 왼발은 오른쪽 무릎 위에 얹어야 하며 경우에 따라 반가부좌도 무방하다.

결가부좌를 한 다음에는 양손의 엄지를 서로 맞대고 서서히 몸을 일으켜 앞뒤와 좌우로 조용히 흔들어 몸을 바르게 하고 단정히 앉아야 한다.

옛적에 정을 닦는 고승들은 좌선시 눈을 뜨고 좌선하였는데 법운원통선사는 눈을 감고 좌선하는 것을 꾸짖어 흑산의 귀굴이라고 하셨다.

몸가짐이 이미 안정되었으면 다음에는 기식을 고르게 하여야 하며 기식이 고르게 된 연후에는 아랫배를 넉넉하게 풀고 옳고 그르고 좋고 나쁜 일체 일을 마음에 두지 말아야 한다. 생각이 일어나면 이미 망념이 생긴 것이고 망념이 생기면 공부는 이미 그르친 것이 되니 망념된 인연을 버려야 한다. 이런 다음이면 저절로 일편을 이룰 것이니 이것이 좌선에 있어서의 요긴한 대목이 된다.

도가 높아지면 도고마성이라 마군이 또한 성하여져 수행에 장애가 될 것이다. 그러나 능히 정념이 현전하다면 수행의 길에 거칠 것이 없게 된다.

《능엄경》에 천태지관과 규봉스님께서 '수중의 공부를 지어가는데 53마장이 있으니 불자님들은 이를 잘 알아서 미리 마장에 대비하는 것이 무엇보다도 중요하다. 공부를 하다가 식견이 생기면 모두 그 식견에 놀아나다 큰 대의를 잊어버리는 경우가 많다'고 이르셨다.

좌선에서 중요한 것이 선정을 닦는 일인데 만약 좌선에서 힘을 얻지 못하면 이르는 곳마다 언제나 망망하게 된다. 《원각경》에 이르기를 '걸림 없는 청정한 지혜는 모두 선정에서 나온다' 하였고, 《법화경》에 이르기를 '고요한 곳에서 마음을 닦고 길들여 부동하게 머물기를 수미산과 같이 하라'고 하셨다.

참선하는 데 있어 열 가지 주의할 점은,

첫째, 큰 원을 발하는 것이고,

둘째, 모든 인연을 놓는 것이며,

셋째, 음식을 조절하는 것이고,

넷째, 잠을 조절하는 것이며,

다섯째, 처소를 선택하는 것이고,

여섯째, 몸을 조정하는 것이며,

일곱째, 호흡을 고르는 것이고,

여덟째, 마음을 고르는 것이며,

아홉째, 마장을 판단하는 것이고,

열번째, 지켜 나가는 것이다.

참선에서는 화두가 중요한데 화두에는 1,700공안이 있다. 이 중에서 '이 뭣꼬' 화두를 설명하자면 '이 뭣꼬, 이 뭣꼬'의 대상을 되찾는 것이 중요하다. 그 되찾는 것이 관심일법이요, 총섭제행이라 이것이 바로 대승사상이며 대승계를 지키는 것이다. 밥을 먹을 때나 옷을 입을 때 언제나 오직 '이 뭣꼬' 화두를 생각하면 된다.

화두에 한 생각을 다한다면 다른 생각이 일어날 수도 없으며 살생의 죄 또한 범하지 못할 것이다. 조그만 미물일지라도 전생의 부모 형제일 수 있다고 깨닫는다면 살생하고자 하는 마음이 사라질 것이다.

참선하는 이는 오로지 십중대계(十重大戒)인 첫째, 몸으로는 살생하지 아니하고, 둘째, 도둑질 아니하고, 셋째, 사음질 아니하고, 넷째, 입으로 허튼소리 아니하고, 다섯째, 두 가지 말 아니하고, 여섯째, 꾸미는 말 아니하고, 일곱째, 악한 말 아니하고, 여덟째, 뜻으로는 탐심(貪心)내지 아니하고, 아홉째, 진심(瞋心)내지 않으며, 열번째, 어리석지 않는다는 계행을 지키는 자체가 선행이 아니겠는가.

대승계 화두인 '이 뭣꼬'를 지켜 나가 물러남이 없이 잘 수행해 나가야 한다. 오나 가나, 앉으나 서나 항상 '이 뭣꼬' 화두를 상기한다면 불살생(不殺生), 불투도(不偸盜), 불사음(不邪婬), 불망어(不妄語), 불음주(不飮酒)의 다섯 가지 계행이 저절로 갖춰지며 이에 아울러 십바라밀 공덕도 갖게 된다.

갖가지 죄를 지어 남에게 피해를 주면서까지 백천만 년 부귀영화를 누리고 난 후 그 다음은 어떻게 할 것인가?

오로지 참선공부에서는 '이 뭣꼬' 하나만 잘 챙기면 생사 없는 도리를 증득하게 되고 생사윤회를 받지 아니하게 될 것이다.

일체 번뇌 망상이 뿌리를 내리지 못하는 '이 뭣꼬' 화두법으로 생사윤회법에서 벗어나기 위해 우리 모두 참선에 동참해 나가자.

※ '이 뭣꼬':이것이 무엇인가?

기도(祈禱)

기도란 무엇인가? 우리는 절에 가면 칠일기도나 백일기도, 천일기도 하는 것을 볼 수 있으며 때론 동참하기도 한다. 불보살은 무한한 공덕이 있기 때문에 기도를 통해 불보살에게 가피를 입어 화를 복으로 바꿀 수도 있고, 기도를 통해 소원성취할 수도 있다.

매년 입시철이 되면 많은 사람들이 기도에 동참하는 것을 본 적이 있을 것이다.

기도할 때는 몸과 말과 뜻을 하나로 모아야 한다. 그리고 신·구·의(身·口·意) 업(業)과 전생의 업을 소멸하여야 기도가 성취될 수 있다.

기도는 본인이 바라는 것이 무엇이냐에 따라 기도의 종류가 다른데, 가령 영가와 조상천도를 원할 경우에는 지장기도, 모든 재액을 소멸시키기 위해서는 신중기도, 전생의 보이지 않는 업과 현세의 모든 업을 참회하여 소원성취를 이루려면 관음기도가 적합하다. 또한 약을 써도 효과가 없는 병을 고치기 위해서는 약사여래기도가 있으니 본인이 무엇을 바라고 원하느냐에 따라 선택하고 간절한 마음과 정성을 다해야 한다. 기도를 하면 의식의 번뇌, 즉 안·이·비·설·신·의(眼·耳·鼻·舌·身·意), 색·성·향·미·촉·법(色·聲·香·味·觸·法)이 느끼는 모든 감정이 차츰차츰 봄 눈 녹듯이 녹아내리는 것을 느끼게 되는데 이것을 우리는 업이 소멸된다고 한다.

신·구·의(身·口·意) 3업으로 지은 모든 업은 알게 모르게 우리 인간의 운명과 관계가 있는데, 이런 크고 작은 업을 녹이기 위해서는 기도가 필요하다.

《금강경》 능정업분에 만약 선남자 선녀인이 이 경을 받아 지니고 읽고 외우면서 남에게 천대를 받으면 이 사람은 지난 세상에 지은 죄업으로 응당히 악도에 떨어질 것이어늘 금생에 남의 천대를 받는 탓으로 전생의 죄업이 모두 소멸되고 반드시 아뇩다라삼보리를 얻는다고 하셨는데, 기도 중 혹시 몸이 아프고 기도가 잘 안 되고 남이 시기 질투하고 까닭없이 미워하고 하는 것은 곧 전생의 지은 죄업이 감소되는 현상들이니 거기에 집착하지 말고 더욱더 기도를 열심히 해야 한다.

우리 불자님도 기도 정진하여 모든 죄업이 소멸되어 소원성취하기를 바란다.

육근(六根)과 육경(六境)

육근(六根)이란 여섯 가지 감각기관을 말하고, 육경(六境)이란 여섯 가지 감각기관을 감지할 대상을 말하며, 육식(六識)이란 여섯 가지 인식을 말한다.

《잡아함경》에 이르기를 '육근을 잘 조복하지 못하고 길들이지 못하면 반드시 미래세에 괴로운 과보를 받는다'고 경고를 하셨다. 이처럼 육근을 알아 조절해 감이 무엇보다 중요하다.

그러면 육근인 여섯 가지 감각기관이란 무엇인가?

눈으로 보고, 귀로 듣고, 코로 냄새맡고, 혀로 맛보고, 피부로 감촉을 느끼고, 의식기관(의지)을 합하여 육근이라 한다.

육근을 다시 구체적으로 살펴보면 눈은 보는 기관으로 눈을 통해 색과 모양, 빛깔, 아름다움과 추함을 느낄 수 있는 것을 안근(眼根)이라고 한다. 귀는 듣는 기관으로 귀를 통해 말소리, 음악소리, 새소리, 바람소리, 물소리 등 여러 가지로 구별되는데 이것을 이근(耳根)이라 한다. 코는 냄새를 맡는 기관으로 향기롭다, 고소하다, 기분 좋은 냄새다, 아니다 등을 판단할 수 있는 마음을 가리키며 비근(鼻根)이라고 한다. 혀는 맛을 보는 기관으로 맛있다, 맛없다, 달다, 쓰다, 짜다, 시금털털하다 등을 느끼는 마음을 설근(舌根)이라고 한다. 우리는 몸을 통해 접촉하게 되는데 추우면 따스함을 찾게 되고, 힘이 들면 편안함을 구하게 되며, 몸에 닿는 모든 것을 알 수 있는 마음을 신근(身根)이라 한다. 의근(意根)은 의식기관을 말하는데 눈, 귀, 코, 혀, 몸 다섯 기관과 다 관여하여 관리하는 특성을 지닌 정신적 기관이라 할 수 있다.

육근은 인식기관인 만큼 우리들에게 현재의 육신을 자기[我]라고 집착하고 오인케 하는 주된 근거를 제공하게 된다. 그래서 뿌리 근(根)을 사용하는데, 즉 주관하는 것이란 뜻으로 해석된다. 이 육근을 기능별로 다시 정리하여 본다면,

안근은 눈을 중심으로 색, 모양, 빛깔을 보는 기관이고[色],

이근은 귀를 중심으로 소리, 말을 듣는 기관이며[聲],

비근은 코를 중심으로 좋은 냄새, 나쁜 냄새를 맡는 기관[香],

설근은 혀를 중심으로 맛을 아는 기관이고[味],

신근은 몸을 중심으로 촉감을 아는 기관이며[觸],

의근은 의식을 중심으로 앞의 5가지를 좌지우지하는 기관으로 일종의 정신적인 기관이다[法].

이처럼 우리는 이 육근을 통하여 스스로 괴롭고 즐겁고 슬픔 등 느끼는 근거를 제공받게 된다. 이 육근에 너무 치우치고 육근에 많은 것을 투자하다 보니 진짜 주인공을 잊어버리고, 주체를 잃어버리는 격이 되기 때문에 먼저 육근을 잘 파악하는 것이 중요하다.

다음은 **육경**(六境), 즉 여섯 가지 대상을 말한다.

우리들에게 여섯 가지 감각기관인 '안·이·비·설·신·의

(眼·耳·鼻·舌·身·意)'의 감각기관이 있다면 그 감각기관을 감지할 대상을 경(境)이라 표현하고 '인식대상'을 의미한다.

색경(色境)이란 눈으로 어떤 모양을 보아서 생각하기를 자신의 신체조건이 좋고 아름답고 건강한 사람이 되길 발원함과 같다.

성경(聲鏡)이란 귀로 어떤 소리를 듣고 스스로도 연설을 잘하고, 노래를 잘하는 등 이러한 방면에 뛰어나길 원함과 같다.

향경(香境)이란 냄새를 맡되 언제나 좋은 향기 가득한 곳, 꽃향기 그윽한 고급 주택 같은 곳에서 살기를 원하는 것이다.

미경(味境)이란 혀로 맛을 감지하여 언제나 맛있는 음식을 즐길 수 있는 부자로 살기를 원함과 같으며,

촉경(觸境)이란 피부로 감촉을 느껴서 항상 좋은 옷을 입고 좋은 아내와 남편을 얻길 원함이며,

법경(法境)이란 어떤 존재들이 의존하는 원리나 명예, 지위 등이 뛰어나길 원하는 것이다. 육경 또한 육근과 마찬가지로 지나치게 많으면 수행에 방해가 될 수도 있다.

이 육경 즉 여섯 가지 대상은 무엇인가를 인식하기 시작할 때 '색·성·향·미·촉·법'에 집착 오인케 하는 장본인이 된다. 그러므로 부처님의 중도법이 가미가 되어 지나친 고행과 지나친 향락이 아닌 올바른 길로 가야 할 것이다.

다음은 십이처(十二處)에 대해 알아보도록 하자.

십이처는 12가지 본질로 십이처 또는 십이입처(十二入處)라고도 하는데 '인간과 세계의 근원적 본질'을 의미하며, 부처님은 이 세상에 있는 모든 것은 오직 이 열두 가지에 다 포함된다고 하셨다. 그 열두 가지는 곧 앞에서 살펴본 육근인 '안·이·비·설·신·의'와 육경인 '색·성·향·미·촉·법'의 세계를 합한

것을 말한다.

다시 십이처란 내적으로 본 내입처인 안처, 이처, 비처, 설처, 신처, 의처와 외적으로 본 외입처인 색처, 성처, 향처, 미처, 촉처, 법처의 열두 가지를 말한다. 이 열두 가지가 명확한 존재라고 판단하고 인식해서는 안 된다. 12처에 속지 않는 공부가 중요하다. 십이처의 두 경계인 육근과 육경에는 이를 각각 인식하는 기관이 없다. 그래서 여기에 다시 육식(여섯 가지 인식)을 가미할 필요성이 생긴다.

이때에 눈, 귀, 코, 혀, 몸, 뜻은 직접적인 조건, 즉 인(因)이 되고, 색, 성, 향, 미, 촉, 법은 간접적인 연(緣)이 되므로 이에 식(識)을 붙여서 안식, 이식, 비식, 설식, 신식, 의식의 여섯을 육식이라 한다. 이처럼 식은 인식 주체가 된다. 그리고 '안·이·비·설·신·의'와 '색·성·향·미·촉·법'을 인식하는 주체로 아뢰야식, 백정식이 있어서 육식을 관여하게 된다.

여섯 가지 감각기관인 안근, 이근, 비근, 설근, 신근, 의근과 여섯 가지 인식 주체인 색경, 성경, 향경, 미경, 촉경, 법경 그리고 여섯 가지 인식 대상인 안식, 이식, 비식, 설식, 신식, 의식을 합하여 곧 열여덟 가지가 되는데 이를 십팔계(十八界)라 한다.

우리가 무엇을 인식할 때 생겨날 수 있는 세계의 가능성은 외적으로 여섯 가지 세계와 내적으로 여섯 가지 세계, 인식 주체의 여섯 가지 세계, 결국은 십팔계가 된다는 말이다. 이 십팔계란 어떤 조건 아래 어디서나 항상 일정한 세계인 셈인데 이것도 고정불변하는 어떤 물질로 생각해서는 안 된다. 우리의 주관이나 객관이 항상 무질서하게 변해 가기 때문이다. 일정한 조건 아래서 항상 일정하게 변하게 되어 있다. 우리가 그 무엇을 갈

구한다고 해서 모두 이루어지는 것은 아니다. 때로 강한 욕망 때문에 바로 보이지 않을 수도 있다. 그럴 때는 욕심을 버리고 보면 바로 보이기도 한다.

다음은 사무량심(四無量心)에 관해 살펴보자.

대승불교의 가장 이상적인 수행자를 우리는 보살이라 한다. 보살이 중생을 향해 가지는 네 가지 한없는 마음을 사무량심이라 한다. 보살은 항상 남과 더불어 사는 생활을 하며, 이웃과 함께 하는 삶을 통해, 이웃의 고통은 나의 고통이며 이웃의 기쁨은 나의 기쁨이라고 인식하여 사회문제를 해결하고 교화하게 된다. 이 마음이 곧 사무량심인 '자·비·희·사(慈·悲·喜·捨)'의 마음이다.

첫째, **자무량심**이란 모든 중생에게 즐거움을 주려는 마음이다. 나 자신으로부터 시작해 가까운 이나 멀리 있는 이나 모든 중생에게 두루 사랑하는 마음을 가지는 것을 자무량심이라 한다.

둘째, 비무량심이란 모든 중생의 고통을 벗어나게 해 주겠다는 마음으로서 슬픔과 괴로움 속에서 신음하고 있는 이웃들을 위해 이를 제거해 주는 마음이 곧 비무량심이다.

셋째, 희무량심이란 모든 중생에게 기쁨을 얻게 하고 그 기쁨에 동참해 주는 마음을 말한다. 남의 기쁨을 진심으로 축하하고 소망하는 바를 이루어 기쁨을 주고자 하는 마음이다.

넷째, 사무량심이란 모든 이웃을 절대 평등하게 보고 어여삐 여기는 마음, 곧 일체의 차별적인 편견이나 독선과 허망한 고집, 집착이 없는 마음을 말한다.

십이연기법(十二緣起法)

연기(緣起)란 모든 것이 인연따라 생겨나서 인연따라 없어진다는 이치로 세상의 만물은 무엇이든지 서로 생겨나서 의존해 존재하며 생성과 소멸 또한 원인과 조건에 따라 일어난다는 것이다. 이것을 인연법 또는 연기법이라 말한다.

십이연기(十二緣起)는 무명(無明)에서부터 늙고 죽는 괴로움[生老死]에 이르기까지 모두 12가지인데 서로가 인과라는 구조에서 꼬리를 물고 이어진다.

진리에 대한 무지, 즉 무명에 의해서 생성작용하는 행(行)이 생기며, 생성작용에 의해 식별작용인 식(識)이 생기고, 식별작용에 의해 생성된 여섯 감각기관[六入] 안·이·비·설·신·의(眼·耳·鼻·舌·身·意)를 통해 사물이나 마음과 접촉(觸)하고 이것을 느껴서 받아들인다[受].

그 느낌에 의해 욕망인 애(愛)가 있으며 욕망에 의해 집착인 취(取)가 생기고 집착에 의해 생존이라는 유(有)가 있다. 생존에 의해 삶인 생(生)이 있고 삶에 의해 노사(老死) 및 근심 걱정이 생기게 된다.

십이연기법을 알게 되면 진리에 대한 무지인 무명이 남김없이 사라지고 그에 따라 생성작용인 행(行)이 적멸하고 또한 식별작용인 식(識)이, 그로부터 명색(名色)이, 여섯 감각기관인 육입(六入)이, 이후 촉(觸)에서 노사(老死)에 이르기까지 인과관계에 따라 순차적으로 사라지게 된다.

십이연기에 대해 더욱 구체적으로 설명하면 다음과 같다.

첫번째, 무명(無明)이란 밝음이 없다는 말로 진리에 미혹하여 사물의 도리를 옳게 알지 못하는 최초의 일념을 말한다.

두번째, 행(行)은 무명에 기인해 생겼는데 행이란 곧 신·구·의(身·口·意) 삼업을 말한다.

세번째, 식(識)은 행으로 말미암아 보고 듣고 냄새를 맡으며 몸과 뜻으로 식별하는 것을 말한다.

네번째, 명색(名色)에서 명(名)은 정신적인 것을 의미하고 색(色)은 물질적인 것을 의미한다. 곧 오온(五蘊)의 수·상·행·식(受·想·行·識)은 명에 해당되고 색온(色蘊)은 형상이 있고 부서짐이 있으므로 색(色)에 해당된다.

다섯번째, 육입(六入)은 명색으로 말미암아 일어나는 눈, 귀, 코, 혀, 피부, 의지의 여섯 감각기관을 말한다.

여섯번째, 촉(觸)은 육입인 눈, 귀, 코, 혀, 피부, 의지의 접촉을 말한다.

일곱번째, 수(受)란 접촉을 통해 받아들이는 느낌을 말하는데 괴로움, 즐거움 등이 이에 해당된다.

여덟번째, 애(愛)란 수(受) 즉 받아들인 느낌으로 생긴 갈망을 말하며, 애(愛)에는 욕구의 갈망과 물질적 갈망이 있다.

아홉번째, 취(取)란 갈망으로 말미암아 생긴 집착을 뜻하며 욕망에 대한 집착과 앎에 대한 집착이 있다.

열번째, 유(有)란 유정(有情)으로서의 존재로, 욕계(欲界)·색계(色界)·무색계(無色界)의 삼계(三界)가 있다.

열한번째, 생(生)이란 오온(五蘊)과 육근(六根)을 얻어 태어나는 것을 말한다.

십이연기 중 마지막으로 노사(老死)란 늙고 죽음을 이르는 것으로, 태어남[生]으로 겪게 되는 과(果)인 것이다. 십이연기의 시초는 무명(無明)으로 그것을 깨쳐 진리에 대한 깨달음을 얻게 된다면 업이 다 소멸되어 사라질 것이다.

불·보살

1. 아미타불(阿彌陀佛)

아미타불은 서방극락세계의 교주이시며 무량수불(無量壽佛), 무량광불(無量光佛)이라 하여 수명과 광채가 한량없는 부처님이시다. 이 부처님은 극락세계에 계시면서 중생을 교화하시므로 극락도사 아미타불이라 불리운다. 옛날 과거세에 세자재왕불(世自在王佛)의 감화를 받은 법장이라는 비구가 48가지 서원을 세워 그 소원이 성취되어 극락세계를 이룬 것이다.

《미타경》에 이르기를 서방에 한 세계가 있으니 이름이 극락(極樂)이요, 그 세계의 부처님이 아미타불이다.

왜 극락이라 하며 왜 아미타불이라 하는가?

극락의 중생은 모든 고통이 없고 지극한 즐거움만 받기 때문에 극락이며 그 부처님과 백성들은 수명이 무량하기 때문에 아미타라 하는 것이다.

누구든지 아미타불을 믿고 잠깐 동안이라도 일심으로 염불한다면 극락에 왕생할 수 있다고 한다. 염불하는 방법은 나무아미타불이라고 부르면 되는데 이것을 육자 염불(六字念佛)이라고 한다.

2. 지장보살(地藏菩薩)

지장보살은 대비(大悲), 대원(大願), 대성(大聖), 대자(大慈)하신 분으로 지옥에 있는 중생을 모두 제도하기 전에는 성불하지 않겠다는 서원을 세우고 항상 지옥문을 지키고 있는 분이시다. 지장보살은 부처님의 부촉(付囑)을 받고 부처님께서 돌아가신 후 다음 부처님이 되실 미륵부처가 탄생하실 동안까지 56억7천만 년 동안 부처님을 대신하여 지옥(地獄), 아귀(餓鬼), 축생(畜生), 아수라(阿修羅)와 인간과 하늘나라의 육도를 교화하고 구제하는 것을 서원한 보살이시다.

지장보살은 사람이 죽으면 극락세계로 인도해 주시는 분이시며 49재를 지낼 때 주로 지장전이나 명부전에서 지장보살의 위신력을 빌리기도 한다. 오늘날에는 이 지장신앙이 민중과 아주 가까이 있어 친근감 있는 보살이기도 하다.

3. 문수보살(文殊菩薩)

문수보살은 지혜를 상징하므로 중생의 어리석음과 어두운 무명장야(無明長夜)를 밝히고 씻어 주며 밝은 지혜가 드러나게 하는 상징적 보살이시다. 문수보살은 석가모니 부처님 왼쪽에 사자를 타고 있는 형상을 취하는데 그것은 용맹과 위엄을 상징하는 것이며 보현보살이 부처님의 오른쪽에 코끼리를 타고 있는 형상은 인내와 신심으로 지혜를 실천한다는 상징적인 의미가 내포되어 있다.

전설적으로 이 보살은 중국의 산서성(山西省) 오대산(五臺山)에서 1만 보살과 함께 있다고 하는데 한국에서는 강원도 오대산이 문수도량이며 팔대보살과 오만성중을 거느리고 상주하는 도량으로 알려져 있다. 우리 불자들은 문수의 지혜를 얻어서 이 세상을 지혜롭게 헤쳐 나가야 할 것이다.

4. 관세음보살(觀世音菩薩)

관세음보살은 10대 서원을 성취하여 자비를 실천이념으로 삼아 중생을 제도하시는 분인데 대자대비를 근본 서원으로 하는 보살이시다. 중생을 교화하기 위해서 근기에 따라 갖가지 모습을 나타내는데 크게 33응신으로 나누며 이러한 현상을 보문시현 원력홍심대자대비 관세음(普門示現願力弘深大慈大悲 觀世音)이라고 한다.

《법화경》 보문품에 관세음보살의 명호를 부르면 관음보살의 위신력으로 화란, 풍란, 수란, 험란, 귀란, 옥란, 적란의 칠란과 음욕, 성냄, 어리석음의 삼독심(三毒心)이 소멸하고, 세상의 복덕을 성취하게 되고 최고의 경지인 해탈에 이르게 된다고 한다. 또한 우리는 보통 관음보살을 그 자비력에 기인해 어머니에 비유하기도 한다. 관음보살이 머무는 곳은 보타락가산(補陀洛伽山)이 되는데 락가산이 주로 바다에 있기에 우리나라에서도 관음기도 도량으로 서해에는 강화 보문사, 남해에는 보리암, 동해에는 양양 낙산사를 일컬어 3대 관음 도량이라 한다.

5. 보현보살(普賢菩薩)

보현보살은 실천을 연으로 일거수 일투족 행하는 보살이시다.

흰 코끼리를 타고 연화대에 앉아 있는 형상을 취하고 있으며 문수보살과 함께 중생을 교화하시며《화엄경》보현행원품 선재동자의 스승이기도 하다.

보현의 행원이라 함은 소위 십대원으로 다음과 같다.

① 항상 제불을 공경한다(禮敬諸佛).

② 항상 모든 여래의 덕을 칭찬한다(稱讚如來).

③ 항상 제불을 섬기어 최고의 공양을 올린다(廣修供養).

④ 항상 무시(無始) 이래의 악업을 참회하고 깨끗한 계를 지닌다(懺悔業障).

⑤ 항상 불·보살 내지 육취(六趣)·사생(四生)의 온갖 공덕을 수희(隨喜)한다(隨喜功德).

⑥ 항상 제불에서 불법을 설할 것을 요청한다(請轉法輪).

⑦ 열반에 들어가려고 하는 불·보살에 대해서는 이 세상에 더욱 오래 머물도록 항상 권청한다(諸佛住世).

⑧ 항상 비로자나불(毘盧遮那佛)을 따라서 그 제불이 교화를 위해서 보이는 여러 가지를 다 배운다(常隨佛學).

⑨ 모든 중생의 류에 따라서 여러 가지로 봉사하고 공양하여 은혜를 베푼다(恒順衆生).

⑩ 이상과 같은 온갖 공덕을 일체 중생에게 돌려 모두가 불계를 완성하기를 원한다(普皆廻向).

보살이 이 행원을 실천하면 보현보살의 모든 행원해(行願海)를 완성할 수가 있고, 사람이 깊이 믿는 마음으로 이 대원을 읽고 외우고 쓰면 여러 가지 공덕을 얻는다고 한다.

불자들은 보현행을 배우고 익혀서 보다 높은 삶을 살자는 데 그 목적이 있으니 고행을 실천토록 노력해야겠다.

6. 미륵보살(彌勒菩薩)

인도 바라내국 어느 바라문 가정에서 태어난 미륵보살은 석가모니 부처님의 교화를 받고 미래에 성불하리라는 수기를 받아 석존보다 먼저 입멸하여 도솔천에 올라가 그곳의 천인들을 교화하고 56억 7천만 년이 지나면 다시 사바세계에 출현한다고 한다. 화림원(華林園) 용화수(龍華樹) 아래서 성도하여 3회 설법으로 3백억의 중생을 제도한다고 한다. 그때 인간의 수명은 8만4천 세이며 사람들의 마음도 어질고 복스러워 모두가 화합하게 되니 마치 하늘나라에 사는 것과 같다고 한다.

미륵사상에는 상생신앙(上生信仰)과 하생신앙(下生信仰)이 있는데, 먼저 상생신앙은 미륵보살의 곁에 태어나기를 희망하는, 즉 도솔천에로의 왕생하기를 기원하는 신앙이고, 하생신앙은 미륵보살이 하강하여 제도하여 주기를 희망하는 신앙이다.

미륵보살은 모든 중생들에게 희망과 용기를 주는 미래의 부처님으로서 언제나 민중들의 두터운 신앙으로 자리잡고 있다.

7. 약사여래불(藥師如來佛)

약사여래불 또는 약사불이라 하며 약사여래불의 정토인 정유리세계(淨瑠璃世界)가 동방에 있다 하여 동방만월세계의 교주라고 하며 대의왕불(大醫王佛)이라고도 한다. 이 부처님은 특히 중생의 질병고를 치료해 주시고 수명을 연장케 하겠다고 12대원을 세우셨다.

특히 건강하고 수명이 연장되기를 원하는 이가 약사불에게 귀의하면 건강을 되찾는 등의 소원을 이룰 수 있다.

110

좌우보처에는 일광변조보살(日光遍照菩薩)과 월광변조보살(月光遍照菩薩)이 있다.

8. 오백나한(五百羅漢)

오백나한은 줄여서 나한이라 하는데 인간들이 가지고 있는 온갖 번뇌 망상을 끊고 영원히 변하지 않는 진리인 고집멸도(苦集滅道)의 이치를 터득하여 모든 사람들로부터 공양을 받을 만한 공덕을 갖춘 이를 나한이라 한다. 특히 우리나라는 제주도 영실 기암에서 빈두로파라타 존자가 오백나한님과 함께 상주설법한다고 《화엄경》 보살주처품에 명기되어 있을 정도로 나한에 대한 신앙심이 깊었다.

9. 독성(獨聖)

독성은 독각의 성자라 하여 독수선정하여 깨친 이를 말하는데 흔히 나반존자(那畔尊者)라고 한다.

나반존자는 남인도 천태산에 머물다가 말세 중생의 복덕을 위하여 출현한다 하여 복을 구하는 신도들이 이를 신앙하는데 특히 운문사 사리암 독성기도가 유명하다. (이분도 나한에 속한다.)

10. 산신(山神)

산신은 산을 보호하는 신으로서 우리나라는 특히 산이 많은 연유로 산신에 치성을 드리는 행위를 불교에서 수용하게 되었다. 산신은 불교 외호 수호신의 임무를 띠고 있으며 지리산은 여 산신이고 태백산은 남 산신님이 계신다고 한다.

11. 칠성(七星)

　칠성은 북두칠성을 신앙해서 인간의 부귀와 장수를 기원하는 것으로 이를 불교에서 수용하여 7월 7일 칠석날 칠석 불공을 올리기도 한다.

　전각을 지어서 독성, 산신, 칠성을 삼성각이라 칭하는데 우리 주위에 가까이 계시면서 우리를 깨우쳐 주는 불·보살 외호분들이시다.

지옥(地獄)

　우리 중생들이 사는 세계는 육도 윤회 중 인간의 세계이고 이외에 지옥·아귀·축생·수라·천상 등의 세계가 있는데 이 중에서 가장 고통스런 세계가 지옥이다.

　우리 인간들은 욕심 때문에 서로 많은 것과 좋은 것을 소유하고 지배하려다 보니 알게 모르게 죄를 짓게 되는데 이런 이들에게 경고하고자 부처님께서는 경전에 지옥을 언급해 놓으셨다. 중생들은 모두 자신이 지은 대로 받을 수밖에 없는데 이것을 인과응보(因果應報)라 한다.

　《장아함경》에 지옥은 우리 인간들이 사는 세계에서 지하로 이만유순 위치에 있다고 하고 지옥 중 가장 하층에 있는 지옥을 무간아비지옥이라고 한다.

　지옥은 크게, 상대지옥·흑승지옥·퇴압지옥·규환지옥·대규환지옥·소적지옥·대소적지옥·무간지옥 등 8종으로 분류된다.

　죄를 지은 이는 그 업력에 따라서 차츰차츰 위에서 아래로 내려가 무간지옥에 이르는데 이것은 오직 중생들 각자의 스스로 지은 업에 의해서 그 세계에 다다르게 된다. 곧 자작자수(自作自

受)의 인과법칙에 준해서 받게 되는 고통스런 세계가 지옥인 것
이다.

1. 상대지옥(相待地獄)

상대지옥을 등활(等活)지옥이라고도 하는데 지옥중생들이 죽었
다가 다시 살아난다는 뜻에서 등활이라고 칭하는 것이다. 이곳
에 태어나는 중생은 성질이 급하고 진심도 잘 내며 특히 싸움을
좋아하여 싸우다가 죽게 되더라도 다시 찬바람이 불어와 몸은
원상태로 돌아가 지옥고를 되풀이해야 한다고 한다. 여기에 다
시 16지옥이 있는데 흑사지옥·비시지옥·철정지옥·기아지옥·
칼산지옥·일동복지옥·다동복지옥·식마지옥·농혈지옥·량화지
옥·회화지옥·철환지옥·근부지옥·사량지옥·검수지옥·한방지
옥이다.

2. 흑승지옥(黑繩地獄)

흑승지옥에서는 죄인을 뜨거운 철 노끈으로 묶어 벌을 주고
도끼와 톱으로 고통을 가한다고 한다. 이곳에도 16지옥이 속해
있는데 이곳에서도 죄인의 고통은 한량이 없어 여기에 빠진 사
람은 비명을 지르며 기절하여 죽은 듯하지만 전생의 악업이 남
아서 다시 살아나 고통을 받게 된다고 한다. 사람을 죽이고 도
둑질한 자가 이 지옥에 떨어진다고 한다.

3. 퇴압지옥(堆壓地獄)

퇴압지옥에는 큰 돌로 된 대석산(大石山)이 있어 양쪽에서 죄
인의 몸을 누른다고 한다. 전생에 부모에게 불효한 자는 이 지

옥에 들어가 고통을 받는데 골육이 두부처럼 납작해진다 한다. 이곳에서도 16지옥이 있다.

4. 규환지옥(叫喚地獄)

규환지옥의 죄인은 물이 끓는 큰 가마솥에 들어가거나 뜨거운 쇠집 속에 들어가 고통당하는데 그 괴로움으로 울부짖는다 하여 규환지옥이라 한다. 이 또한 소지옥이 16개에 이른다고 한다.

5. 대규환지옥(大叫喚地獄)

대규환지옥은 규환지옥보다 고통이 더욱 크기 때문에 대규환지옥이라 이름 붙여졌다. 이곳에 속한 소지옥이 16곳이 있고 죄인은 솥에 콩을 볶듯 열탕에 집어 넣어 삶아지는 고통을 당한다 한다.

6. 소적지옥(燒炙地獄)

소적지옥은 흑사지옥이나 한빙지옥 등 16개의 소지옥에 둘러싸여 있는데 죄인을 잡아서 철로 된 성 가운데에 두고 불을 질러 육신이 모두 타게 만드니 그 고통이 한이 없다. 이런 고통을 당한 만큼 전생의 죄업이 점차 없어져 결국은 소적지옥을 탈출하여 보다 나은 락(樂)의 세계에 출생할 수 있다고 한다.

7. 대소적지옥(大燒炙地獄)

대소적지옥은 소적지옥보다 형벌의 규모가 더욱 크고 이 또한 16개의 소지옥에 싸여 있다. 이곳의 죄인들은 전생의 많은 죄로 인해 포박되어 철로 된 성 가운데에 갇히고 불에 태워진다.

죄업은 아뢰야식(阿瀨耶識) 내에 잠재하고 있는데, 첫번째 소지옥인 흑승지옥에서 마지막 한빙지옥에 이르기까지 16개 소지옥의 형벌을 완전히 받고 난 후 지옥고를 면하게 된다. 아뢰야식에는 전생의 선업이 보관되었다가 그 선업이 원동력으로 작용, 죄인의 영혼을 이끌고 가게 되면 축생계나 인간·천상·아수라계 등에 출생할 수 있다.

8. 무간지옥(無間地獄)

무간지옥은 앞서 설명한 어떤 지옥보다도 고통이 막중한 곳을 이른다.

무간지옥의 죄인은 인간계의 여느 사람과 달라서 눈으로 보는 대상이 모조리 나쁘게 보이고 귀로 듣는 소리조차 악성으로 들리며 코로 맡는 것 모두가 나쁜 냄새만 접하게 된다. 또한 입으로 먹는 것 모두가 불덩어리로 변하여 먹지 못하게 되고 마음으로 생각하는 것마다 나쁜 악법만 생각하여 스스로 고통을 야기시키니 이 지옥은 고통을 받지 않는 시간이 없다 해서 무간지옥이라 칭해진다. 이곳에서는 갖가지 끔찍한 형벌이 죄인에게 쉴새 없이 가해진다.

이같은 고통을 겪지 않기 위해서라도 절대로 지옥에 가지 않겠다는 서원을 세워 착하고 선하고 인간답게 살도록 노력해야 할 것이다.

목련존자는 지옥에 빠진 어머니 청제 부인을 위해 제를 지내고 공양을 올려서 천상에 태어나도록 하였다. 그렇다면 일반 중생이 지옥에서 벗어나는 방법은 어떤 것이 있을까?

십제일을 지키는 것을 그 첫째로 제시할 수 있다. 십제일날 명호를 천 번씩 외우고 전생의 죄를 참회 발원하면 업장이 소멸되기도 한다.

불자들은 염불·기도·참선을 통해 열심히 제일을 지키면서 선업을 쌓아야 할 것이다.

경전 (經典)

1. 반야심경(般若心經)

《반야심경》은 반야바라밀다심경(般若波羅蜜多心經)의 약칭으로 600권에 달하는 《대반야경》에 담겨 있는 사상을 260자로 간략히 줄인 것이다.

경전 가운데 가장 짧은 경인 《반야심경》에는 오온, 십이인연, 사제의 법을 들어 온갖 법이 모두 공(空)하다는 이치를 기록하고 보살이 이 이치를 관철할 때는 일체 고액을 면하고 열반에 들어 아뇩다라 삼먁삼보리를 증득한다고 말하고 있다.

2. 법화경(法華經)

《법화경》은 부처님의 지혜를 열어 사람들로 하여금 깨닫게 하고 부처님의 지혜에 들게 함을 목적으로 편찬된 경인데,《법화경》에는 여인까지도 성불할 수 있다고 설해져 있다. 내용과 사상면에서 볼 때 이 경은 대승불교의 태동과 맥을 같이해 생겨난 경이다. 재가 보살들이 중심이 되어 자치단체를 구성, 새로운

불교운동을 전개하여 회삼귀일(會三歸一)의 일불사상과 구원성불
(久遠成佛)을 근간으로 편찬된 것이 《법화경》이다.

〈화택의 비유〉, 〈궁자의 비유〉, 〈약초의 비유〉, 〈화성의 비
유〉 등은 《법화경》에서 방편설로 등장하고 있다.

3. 인왕경(仁王經)

《인왕경》은 인왕반야바라밀경의 약칭으로 《법화경》, 《금광명
경》과 함께 호국삼부경의 하나로 꼽힌다. 특히 우리나라에서는
신라 때부터 고려시대에 이르기까지 열렸던 인왕백고좌회(仁王百
高座會)의 근거가 되는 경이다.

백고좌(百高座)라 함은 일백 명의 스님, 일백 분의 불상, 일백
분의 보살상을 모셔 놓고 신도들이 모인 가운데 반야바라밀을
강의한 법회를 말한다.

4. 금광명경(金光明經)

《금광명경》은 《인왕경》과 함께 신라와 고려에서 매우 존중
된 호국 경전의 하나이다. 《인왕경》에 근거해서 인왕백고좌회를
연 신라인이나 고려인들은 《금광명경》을 근거로 금광명 도량(金
光明 道場)을 열었다. 특히 이 경전의 사천왕품에서는 국가의 보
호와 국민들의 어려움을 사천왕이 물리쳐 준다는 내용으로 사천
왕의 정법수호를 역설하여 신라 때 사천왕사 건립이나 사찰 입
구에 사천왕을 모시게 된 연유가 유래되었다.

5. 화엄경(華嚴經)

《화엄경》은 부처님의 성도 후 깨달음의 내용을 그대로 표현

하고 있는 경전으로 40화엄과 60화엄, 80화엄 3본이 전해지고 있다.

육십화엄에 따르면 일곱 곳에서 여덟 번 집회하고 설한 내용이 있는데, 첫째 모임에서는 보리수 밑에서 깨달음을 이루고, 둘째는 부처님께서 보광법당(普光法堂)의 사자좌로 옮기고 문수보살이 고집멸도(苦集滅道)의 사성제를 설한다.

셋째 모임에서는 장소가 지상에서 천상으로 옮겨져 도리천에서 십왕(十往)이 설해지고, 넷째 모임은 야마천궁(夜摩天宮)에서 십행(十行)이 설해진다. 다섯째 모임은 도솔천궁에서 십회향(十廻向)이, 여섯째 모임은 타화자재천궁(他化自在天宮)에서 십지(十地)가 설해진다. 일곱째 모임은 천상에서 지상으로 내려온 보광법당(普光法堂)에서 지금까지 설한 것을 요약해서 설하고 있다. 여덟째 모임은 지상의 기원정사에서 입법계품(入法界品)을 설하고 있는데, 여기에는 선재(善財)라는 동자가 53인의 갖가지 종류의 사람, 즉 보살, 비구니, 소년, 소녀, 의사 및 장자, 바라문, 창녀 등을 만나 도를 구하는 상황이 문학적으로 설해져 있으며, 이러한 내용은 곧 대승불교 수도의 이상을 나타낸 것으로 계급도 종교도 초월해야 함을 시사한다.

6. 열반경(涅槃經)

《열반경》은 부처님께서 쿠시나성 사라나무 숲 속에서 열반에 들기 전 말씀하신 최후의 법문이다. 경전의 중심 사상은 열반(涅槃), 상락아정(常樂我淨), 일체중생 실유불성(一切衆生悉有佛性) 등으로 반드시 부처가 될 수 있다는 내용을 담고 있다.

7. 능엄경(楞嚴經)

《능엄경》은 선가의 요체를 강조하면서 밀교사상이 더해진 10
권의 경전으로 무한하게 큰 깨달음을 성취한 부처가 되고자 보
살들이 닦는 완전 무결한 수행법을 말씀하신 경이다.

부처님의 제자인 아난존자가 마등가라는 여인의 꾐에 빠져 계
를 범할 즈음에 부처님의 신통력으로 구해내게 되는데, 능엄주
에 의해 악마를 물리치고 참선에 전념해 생사의 괴로움을 벗어
나자는 것이 이 경의 목적이다.

8. 반주삼매경(般舟三昧經)

《반주삼매경》은 부처님이 발타화보살의 요청에 따라 반주삼
매의 법문을 설한 경전이다.

정토경전의 선구로서 사문이나 속인이 아미타불을 듣고 그곳
의 부처님을 일심으로 염원한다면 하루 낮밤, 혹은 7주일 밤낮
동안 아미타불을 뵙게 된다는 내용이 담겨 있다.

9. 원각경(圓覺經)

《원각경》은 석존이 문수·보현·보안·금강장·미륵·청정혜
(淸淨慧)·위덕자재(威德自在)·변음(辯音)·정제업장(淨諸業障)·보각
(普覺)·원각(圓覺)·현선수(賢善首) 등 12보살들과 문답을 통하여
대원각(大圓覺)의 묘리와 그 관행을 설한 경전이다.

10. 능가경(楞伽經)

《능가경》은 선종의 초조인 달마대사가 2조 혜가대사에게 전

수한 경으로 금강·원각·능엄·능가 선원에서 애용되고 있는 경전이다.

11. 아미타경(阿彌陀經)

《아미타경》은 아미타불의 공덕과 서방극락정토의 장엄함을 설하고 있는데, 아미타불을 마음속으로 굳게 간직하여 칭송·염불하면 정토에 갈 수 있다고 나와 있다.

매우 짧아 일반 대중이 쉽게 볼 수 있는 경전이기도 하다.

12. 미륵상생경(彌勒上生經)

《미륵상생경》은 미륵육부경의 하나로 미륵이 56억 7천만 년 후에 탄생한다는 내용과 도솔천에 왕생하는 것, 동시에 미륵보살로부터 설법을 듣고 반드시 생사 해탈·성도한다는 미륵신앙의 경전이다.

13. 미륵하생경(彌勒下生經)

《미륵하생경》은 부처님이 멸하신 후, 다음 세상에 도솔천으로부터 인간세상에 내려와 용화수 아래서 성도한 뒤 3회 설법으로 중생을 제도할 것을 설한 경이다. 용화수 아래서 성도 후 첫번째 법회에서 96억 인을, 두번째 법회에서 94억 인을, 세번째 법회에서 92억 인을 제도한다고 나와 있다.

그때 인간의 수명은 8만 4천 세이고 오백 세에 결혼하게 되며 사람의 마음 또한 어질고 복스러워 모두가 화합하게 되니 마치 하늘나라에 사는 것과 같다고 하는데 이것을 용화세계 미륵세상이라 칭한다.

14. 무량수경(無量壽經)

《무량수경》은 《관무량수경》, 《아미타경》과 더불어 정토삼부경의 하나로 극락세계에 상주하시는 아미타불을 신앙하여 선근공덕을 닦고 일심으로 아미타불을 염불하면 극락세계에 왕생할 수 있다는 신앙으로서 아미타불의 48원이 이 경전에 담겨 있다.

15. 관무량수경(觀無量壽經)

《관무량수경》은 아미타불과 그 화신으로 관세음보살, 대세지보살 그리고 극락정토의 장엄을 마음의 대상으로 관찰하는 방법이 모두 16관(觀)으로 정리되어 설해지고 있다. 또한 근기에 따라 9품(品)으로 구분하여 상·중·하로써 세간의 근거에 따라 선을 닦아 극락왕생하는 내용이 설해져 있다.

16. 지장보살본원경(地藏菩薩本原經)

《지장보살본원경》은 지장보살이 팔만사천의 방편으로 육도중생들을 교화하고자 노력하는 동시에 죄를 짓고 고통받는 중생들 모두를 해탈하도록 큰 서원을 세운 것을 13품으로 나누어 설한 경을 이른다. 지장신앙은 죽은 자의 천도를 위해 우리의 가까이서 우리에게 참된 행복을 제시해 주고 있는 믿음이다.

17. 대일경(大日經)

《대일경》은 진언 3부경의 하나로 밀교의 근본 경전이며 대일여래(비로자나불)가 체험한 성불의 경지와 비로자나불이 나타나 보여주는 신변가지를 설하고 있다. 또한 신라 혜통이 당나라의 선무의 법사로부터 전수받은 경전이기도 하다.

18. 천수경(千手經)

《천수경》은 경전 가운데 가장 많이 독송되고 있는 경전으로 천수천안관세음보살께서 중생의 수명을 늘리고 질병을 없애 주며 풍요로움을 얻게 할 뿐만 아니라 일체 악업 중죄와 모든 장애를 여의고 일체 청정한 법과 공덕을 증장시키며 일체 모든 일을 성취시키고 모든 두려움을 여의는 등의 내용을 담고 있다.

19. 범망보살계경(梵網菩薩界經)

《범망보살계경》은《범망경》이라고도 하는데 중생이 계를 받으면 곧 모든 부처님 품안으로 들어가고 자기 안에 있는 부처님 성품을 개발하는 것을 목적으로 한다고 하여 불성계라고도 이른다. 불성계의 십중대계와 사십팔경계야말로 깨달음의 사다리와 같아 출가 재가 모두가 지켜야 할 과제와 같다.

고 승

불법이 우리나라에 처음 들어온 뒤 수많은 고승들에 의해 그 사상과 이념, 수행력의 금자탑이 오늘에 이르고 있는데, 그러한 선배 고승들의 발자취를 한번 살펴보도록 하자.

인도 불교를 흔히 원천불교라 하고 중국 불교를 종파불교, 한국 불교를 회통불교라 하는데 모든 고승들의 시대적 배경이 상이함에도 불구하고 시대마다 다양한 불교 사상을 회통시키려는 노력을 엿볼 수 있다.

불교는 삼국시대에 전래되었는데, 고구려 제17대 임금인 소수림왕 2년, 서기 372년 중국의 전진의 왕이 부견 등 사신들과 함께 승려 순도를 보내면서 그 편에 불상과 경문을 보내게 되었다. 이듬해인 375년 성문사를 지어서 순도스님을 거주케 하였고 또 이불란사를 개창하여 아도스님이 거주하시니 이것이 우리나라 최초의 불교 전래이다.

백제에서는 고구려보다 12년 늦은 백제 15대 침류왕 1년, 서기 384년에 인도 고승 마라난타가 바다 건너 동진으로부터 불교를 전래해 왔다. 왕은 마라난타를 맞이하여 궁내에 머물게 하고 공경심으로 대우하니 이로부터 불법이 백제에 전파되었고 새 도읍지인 한산주에 절을 세우고 또한 열 명의 승려를 두었다고 한다.

신라에서는 법흥왕 15년, 서기 528년에 공식적인 법회가 있었다 하는데 그보다 먼저 불법을 전래한 이는 19대 눌지왕, 서기 417년에 묵호자란 승려라 할 수 있다.

고구려로부터 일선군(선산지역)에 온 묵호자는 고을 사람인 모례장자가 집안에 굴을 파서 만든 방에 머물렀다고 한다. 이때 양나라에서 의복과 향을 보내왔는데 뭇 신하들은 향을 가지고 두루 돌아다니며 쓰임새를 알려고 하였는데 그 용도를 알아내지 못하였다.

묵호자가 이것을 보고 말하기를 '이는 향(香)이라는 것으로 태우면 향기가 아름답게 퍼져 신성에게 정성이 통할 수 있으며 반드시 영험이 있을 것입니다'라고 말했다.

마침 이때 왕녀가 병에 걸려 위독하자, 임금은 묵호자를 불러 향을 피우고 축원을 하니 얼마 안 가서 왕녀가 건강을 회복하게 되었다. 임금은 몹시 기뻐하며 묵호자에게 많은 예물을 주었다고 한다. 묵호자는 이 예물을 모례장자에게 주면서 나는 따로 갈 곳이 있다며 작별 인사를 하고는 산으로 들어가 암자를 짓고 살았는데 이때 눈 속에서 오색이 찬란한 복사꽃이 피었으므로 암자 이름을 도리사라 하였다.

신라 제23대 법흥왕(514~539) 시절 불교를 일으키려 했으나 신하들의 반대로 어렵게 되자 이차돈의 순교로 불교가 공인되자 그로부터 흥륜사와 절 여덟 곳을 짓고 5백 선찰이 차례로 건립되었다 한다. 이렇게 삼국에 전파된 불교는 역사 속에서 꽃을 피워 기라성 같은 고승, 국사, 법사, 율사가 배출되는데, 먼저 승랑대사에 대해 살펴보자.

승랑대사는 고구려 요동 사람으로 장수왕 후반기에 중국 장안으로 유학하여 계율과 화엄학, 삼론학에 뛰어난 역량을 발휘하게 된다. 우리나라 최초의 고승이자 불교학자이기도 한 그는 해박한 지식과 다양한 인증으로 인도 대승사상 확립자인 용수보살과 함께 추앙을 받았다. 인도 불교를 널리 홍포한 이가 아소카왕이라면 중국 불교를 널리 홍포한 이는 양무제라 할 수 있다. 이런 양무제가 승랑대사의 가르침을 전수받았고, 삼론학을 집대성한 가상대사가 곧 승랑대사의 가르침으로 인해서 중국 대승사상은 찬란히 빛날 수 있었다.

원광법사는 신라인으로 중국 유학을 다녀와서 가슬산에 머물면서 당대 큰 영향을 미친 인물로 꼽힌다. 새로운 아이디어를 창출하여 사상면에서 큰 충격을 주었고, 미래지향적인 삶을 추구하고자 하는 뜻에서 세속 5계를 제정, 귀산과 추향이라는 두 젊은 화랑인에게 전수하였다. 북으로는 강한 고구려가 버티고, 서쪽으로는 찬란한 문화를 뽐내는 백제가 있으니 이에 사면초가의 상태에 빠져 있었다.

신라인은 통일을 위해 모든 의식을 한 곳으로 집약했으며 이에 원광은 백고자 법회를 주관하여 통일의 밑바탕을 다지게 된다. 원광은 12년 동안 중국에 머물면서 대·소승 불교를 두루 섭렵하여 귀국, 창의적인 제도 개선을 통해 삼국통일에 결정적인 역할을 담당한다. 점찰 선악 업보경이라는 부처님 가르침으로 점을 쳐서 전생의 허물을 알아내고 그것을 참회하는 일종의 참법을 이끌어냈다.

이 점찰법회는 오늘날 윷놀이와 흡사하여 간자 열 개를 잘라서 살·도·음·망·주 10악의 죄목을 열거한 다음 허공으로 던져서 그때 나타난 죄목을 보고서 나의 전생의 업을 참회한다는 것이다. 여기에는 두 가지 중요한 의미가 있는데, 첫째는 일종의 레크레이션 기능이고, 둘째는 이 법회의 골자가 참회 정신으로 승속에게 두루 적용되는 포교 방법이었다는 것이다. 그리고 이 점찰보는 약 200년 후에 진표율사에 의해 새롭게 조명되어 대구 동화사, 보은 법주사, 김제 금산사 등은 점찰의 근본 도량이 되었다.

자장율사는 신라인으로, 그의 부모님은 자식이 없자 천수관음에게 자식 하나를 얻게 해 달라고 축원 기도하여 아이를 낳으니 후일 자장율사가 된다. 그러나 일찍이 양친을 사별하고 인생무상을 실감한 나머지 움막 속에서 백골관을 닦으면서 지독한 고행을 하였다. 그러던 중 조정에서 대신의 자리에 자장을 불렀으나 나아가지 않았다. 그러자 왕은 조칙을 내려 취임치 않으면 목을 베리라 하였다. 그러나 자장은 뜻을 굽히지 아니하고 '내 차라리 계를 지키다 죽을지언정 계를 파하고 백년 살기를 원하지 않노라'고 그 뜻을 굽히지 않으니 끝내는 국왕도 자신의 의지를 굽히고 만다.

자장율사는 선덕여왕 5년에 당나라에 건너가서 청량산 운제사에서 문수 기도를 한 후 그곳에서 부처님의 가사와 부처님의 정골사리, 그리고 경책을 얻어 신라에 귀국, 영취산 통도사를 창건하게 된다. 이어 사자산 법흥사, 태백산 정암사, 설악산 봉정암, 오대산 상원사 등 5대 적멸보궁에 사리를 나누어 봉안하니 이를 5대 적멸보궁이라 한다. 그리고 신라 최대의 국찰인 황룡사 9층

목탑을 세우게 되는데, 이것도 자장스님의 호국관에서 비롯되었다고 할 수 있다. 신라 불교의 계율 사상이 정립되었다고 해서 자장스님을 자장율사라 칭하기도 한다.

원칙법사는 신라의 고승이자 우리나라 최초의 유식학자로 일찍이 중국 유학을 다녀오고, 유식학, 섭대승론, 구유식학을 연구하였고, 6개 국어에 능통한 스님이었다고 한다. 신라의 최치원은 당나라에 있는 원칙법사를 귀국시켜 달라고 신문왕에게 건의하였으나 중국의 측천무후가 법사를 부처님처럼 모시면서 이를 거절함으로써 결국은 중국 운제사에서 거주하시다 고국에 돌아오지 못하고 84세의 나이로 입적하셨다. 사리 49개가 나와 사리탑을 종남산 공덕사에 세웠다고 한다. 그는 한국의 얼을 중국에 심은 분으로도 유명하다.

지장법사는 신라의 왕자로 일찍이 머리를 깎고 중국으로 들어가서 석장을 짚고 여러 곳을 유관하다가 구화산을 보고 마음에 들어 그 봉우리 깊이 찾아가 살게 되었다.

지장은 어느 날 독한 벌레에 물리게 되었는데 단정히 앉아서 무념에 빠져드니 아리따운 부인이 찾아와 예배하고 약을 발라 주는 것이었다. 부인은 속죄의 의미로 샘물을 만들어 주겠다는 말과 동시에 사라지니 이후 스님이 계신 곳 근처에 샘물이 솟게 되었다. 이것은 구화산 산신의 영험이 아닌가 짐작된다.

제갈절이란 분이 노인들을 데리고 산기슭으로 올랐다가 산이 워낙 깊고 험하여 다른 사람은 살지 못하고 오직 지장 한 사람이 초연하게 돌집에서 눈을 감고 앉아 참선하는 모습을 보게 되었다. 부러진 솥이 있고 솥 가운데에는 흙에 약간의 쌀이 담겨 있음을 보고 노인들은 지장이 참선할 수 있도록 절을 하나 지어 주었는데 몇 해 안 가 큰 가람이 되었다.

이 소식을 듣고 지장의 본국인 신라로부터 바다를 건너 찾아오는 무리가 너무 많아서 지낼 만한 양식이 부족할 지경이었다고 한다. 이에 지장은 돌을 치우고 흙을 파니 그 흙빛이 맑고 희어 국수가루와 같기에 그것을 대중이 먹고 살았다 하며 또 대중들은 지장의 설법을 들음으로써 신심이 돈독하여 더욱더 많은 대중이 모여들었다고 한다.

어느 날 지장은 갑자기 이별을 고하고는 사라져 어디로 갔는지 아무도 알지 못하였다. 지장이 가부좌를 한 채 입적하니 그때 나이가 99세였다. 시신을 함 속에 넣어 두었다가 3년이 지나서 다시 꺼내니 얼굴빛이 살아 있는 듯 보였다고 한다. 중국에서는 지장법사, 육조대사 등 등신불이 보존되어 참배할 수 있다.

원효대사는 신라에 불교가 전래된 지 일백 년 만에 나타난 불교 사상가이자 학자로 사회 지도자였다. 원효대사는 불교를 생활화하는 대중불교 운동을 전개하였고, 이 운동을 적극 지지한 혜공대사, 혜숙대사, 대안대사 등 훌륭하신 분들로 말미암아 이 시기에는 대중불교가 흥하게 된다.

원효는 서민과 함께 무애박을 두드리며 무애가를 부르고 서민에게 미타정토신앙을 가지면 극락왕생이 미륵정토인 도솔천왕생보다 훨씬 수월하다고 미타신앙을 권유하신 분으로도 알려져 있다. 당나라로 유학을 떠나던 도중 원효와 의상은 무덤에서 하룻밤을 지내게 됐는데 밤중에 깬 원효가 몹시 갈증이 나서 머리맡 바가지에 담겨 있는 물을 마시게 되었다. 이튿날 원효는 자신이 마셨던 그릇이 해골바가지임을 알고 마음이 사라지면 해골물과 깨끗한 물이 서로 다르지 않음을 통해 '일체유심조' 사상을 깨우치게 된다. 이에 원효는 당나라 유학을 포기하고 신라로 돌아와서 《화엄경》을 주로 설하였다.

어느 때는 미치광이 행세를 하며 거리에서 노래 부르기를 '누가 자루 없는 도끼를 빌려줄 건가, 하늘을 받칠 기둥을 깎으려 하네'라고 하자 대부분의 사람들은 원효의 뜻을 잘 이해하지 못하였으나 태종무열왕은 그 노래를 알아듣고 요석궁에 홀로 된 공주와 하룻밤을 유숙시켜 그 인연으로 설총이 탄생하게 된다. 후에 설총은 우리 고유말인 이두문자를 만들고 나아가 신라 십현 중 한 사람으로 꼽히는 훌륭한 인물이 된다. 원효가 입적하자 설총은 아버지의 모습을 초상으로 만들어 분황사에 봉안하기도 한다.

의상대사는 신라인으로 원효대사와 같은 시대를 살았다. 661년에 당나라로 유학가 스승인 지엄화상에게서 7년간 수학, 화엄일승법계도기로서 법성계 법성도 인가를 받게 된다. 의상대사는 귀국 후 영주 부석사를 창건하고 많은 제자들을 수학케 한다. 십대 제자가 있었는데, 제자인 진정스님이 모친상을 당하여 비통해 있는 것을 보고 90일간의 화엄법회를 열어 천도해 주시는 자상함을 보이기도 하였고, 화엄십찰을 창건하여 많은 교화와 수행에 전력하였다. 문무왕이 잘못된 제도를 시행하는 것을 보고 민중의 노역이 과중함을 국왕에게 편지로 보내어 시정하기도 하였다. 의상의 신앙은 40화엄, 60화엄의 염불, 삼매로 여러 곳에 드러나며 강조되고 있다. 입법계품에서는 40화엄이 미타회향으로 끝을 맺는데, 즉 아미타불이 극락세계에 왕생하여 일체중생을 이익케 한다는 보현보살의 게송이 담겨 있다.

중국 지엄화상의 임종게에 '지금 잠시 정토에 왕생했다가 다음에 연화장 세계에 유희하리라. 그대들은 나를 따르라'라는 대목에서도 지엄화상의 신앙을 엿볼 수 있다.

《관무량수경》에는 삼배사상이 있는데, 삼배는 곧 9품 연대로 극락정토의 최고의 경지라 할 수 있다. 의상스님이 찬술한 백화도량발원문의 내용은 곧 관음신앙이다. 의상스님의 관음신앙은 정대 아미타를 강조하는 면이 두드러진다. 의상스님은 법성계 30구 게송이고 지엄은 72구보다 낮다고 하여 의상을 칭찬했으며, 그래서 신라 땅 봉황산 부석사에다 《관무량수경》에 있는 삼배사상의 근본 도량을 개창했다고 볼 수 있다.

진표율사는 신라 중대의 마지막을 장식했던 경덕왕(742~765), 혜공왕(765~780) 대의 승려이다. 김대성의 주관하에 재위 기간 중 불국사와 석굴암이 지어졌고, 영묘사 장육존상이 조(租) 2만 3천 7백 석의 비용으로 개금되었으며, 황룡사종, 봉덕사종, 분황사 약사상도 이때 조성되었다. 그 당시 만불상이 조각되기도 하였으며 월명사는 경덕왕을 위해 안민가, 도솔가, 찬기파랑가를 지었다. 그리고 유가승인 대현과 화엄승인 법해가 도력을 과시한 시기이기도 하다.

또한 유가계스님과 화엄종인 60화엄과 부석사계 80화엄 중심인 황룡사계가 각기 분파를 낳으면서 신앙이 만연하였고 미타신앙이 그 절정에 이르러 쇠퇴의 길로 들어서기도 하였다.

진표는 12세에 금산사 승제법사 문하로 출가하여 그곳에서 십년간의 기초적인 수학을 마치고 더 나은 깨달음을 위해 길을 떠나게 된다. 처음은 부사의 방에서 정진했으나 계를 얻지 못하고 다시 발분망식의 망신참(亡身懺) 수행으로 신·구·의(身·口·意) 3업을 청정히 하고 오체투지 수행 끝에 지장보살로부터 계를 받고 미륵보살에게 189개의 간자를 받게 되며 수행력으로 많은 사람들로부터 추앙을 받으면서 포교활동을 펼치게 된다. 먼저 서해안 일대 사람들을 대상으로 자기가 머물렀던 금산사를 중창하고 계단을 열어 교화를 폈다. 그리고 이어서 포교를 위해 속리산 법주사와 대구 동화사를 창건, 그 법이 높아만 갔다.

진표는 《점찰선악업보경(점찰경)》 수행과 교화에 역점을 두었는데 역사적으로는 신라와 고려에서도 점찰법회가 크게 유행하였으며, 진표는 법상종 승려로서 참회행을 중요시해 수행 위주의 생활로 포교활동을 전개하신 분이다.

도의국사는 신라 하대 사람으로서 제37대 선덕여왕(780~784) 때 활약한 스님이다. 도의국사는 최초로 남돈선을 전한 조계종조이다. 중국 육조 혜능의 남돈선을 신라에 가장 먼저 전래한 스님으로, 대한 불교 조계종에서 종조로 추앙되고 있는 분이기도 하다. 남돈선 혜능선사, 북돈선 신수선사 이전인 4조 도신에게서 전법하여 신라승 법랑으로 소급하게 된다.

북종선을 처음 신라에 수입한 신행선사(704~779년)는 호리산에 은거하던 법랑에게 심인을 받고 다시 입당하여 신수 706년, 북종선의 제2조 보숙선사의 문인 지공(志空)의 관정수기를 받고 귀국하게 된다. 지리산에서 교화하다가 단속사에서 입적하였고 779년 신행의 계통은 수범·혜은을 거쳐 지증대사 도헌에 이르러 회향산맥파의 중요한 위치를 차지하게 된다.

그러나 북종선은 점수점오(漸修漸悟)를 주장하고 있어 돈오점수(頓悟漸修)를 주장하는 남종선으로 넘어가는 과도기적 시기라 할 수 있다.

남종선이 발전하면서 북종선은 쇠멸하고 자연히 불립문자(不立

文字), 교외별전, 직지인심, 견성성불을 표방하는 선종이 발전하게 된다.

그래서 실질적인 선법 전래는 도의국사의 귀국으로부터 시작하여 남돈선이 주류를 이루었다.

남돈선은 제6조 혜능(638~713), 남악회양(677~744), 마조도일(709~788)로 전승하는 홍주종의 계통이었다. 마조도일은 선사상을 혁신하여 진정 중국인을 위한 종교를 만든 이로 일상생활 속에서 진실을 보고 심상한 마음의 작용에서 진리 자체를 보고자 했다.

선은 특수한 불교적 실천이 아닌 것으로 누구나 모르는 사이에 행하고 있는 일상생활 자체를 의미한다.

전남 장흥군의 보림사는 도의국사의 진영이 숨쉬고 있는 조계종의 성지이다. 종헌 제2장 6조에 '본종은 신라 헌덕왕 5년 조계 혜능선사의 증법손 서당지장 선사에게 심인을 받은 도의국사를 종조로 하고, 고려 태고 보우국사를 중흥조라 하고 청허와 부휴 선사 양맥을 계계승승한다'라고 하였고, 제4장 제13조 의식과 법회에서는 '본종의 의식은 불조의 유훈과 전래의 백장청규에 의존한다'라고 하였다. '하루 일하지 않으면 하루 먹지 않는다'는 사상은 선종 사원의 경제적 자립을 지탱하는 사상적 기반이 되기도 하였다.

복(福) 이야기

매년 새해가 되면 '복 많이 받으세요, 복된 나날이 되십시오'라는 인사말을 즐겨 쓴다. 이는 누구나 인생을 보내는 데 있어 복되게 살고자 하는 마음이 있기 때문일 것이다.

그렇다면 누구나 좋아하는 복이란 무엇인가? 열심히 일하고 노력한 대가로 먹고 입으며 어느 정도 평안하고 만족한 삶을 살고 있다면 그는 복을 누리는 사람이고 그와 반대라면 복이 적은 이라 할 수 있을 것이다.

우리가 흔히 말하는 오복에는 장수와 부귀, 강녕과 유호덕, 고종명이 있다.

첫째, 장수(長壽)를 누리기 위해서는 다른 생명체를 죽이지 말고 저주하지 말고 살생하지 말아야 한다.

둘째, 부귀(富貴)의 복을 누리고자 한다면 훔치지 말라는 계를 지켜야 한다. 스스로가 넉넉하고 부유하기 위해서는 타인의 재물 또한 지켜 주어야 하는 법이다.

셋째, 강녕(康寧) 즉 건강의 복을 받기 위해서는 삿된 음행을 해서는 안 된다.

넷째, 유호덕(攸好德) 즉 덕을 가까이 하고 좋아하려면 거짓말을 해서는 안 된다.

다섯째, 고종명(考終命) 즉 건강하고 제명을 다 누리고 생을 마감하려면 술과 같은 해가 되는 음식을 절제해야 한다.

세상 사람들이 좋아하는 복은 불교인이라면 누구나 지켜야 할 도리와 서로 연관이 있어서 5계를 부처님께서 제정하시게 되었다. 복은 입과 마음으로 구하고 서원을 세워서 실천에 옮기고 노력하는 가운데 있다. 우리 인간의 입은 굉장히 중요하다. 말을 잘못하면 구시화문(口是禍門) 즉 모든 재앙이 입으로부터 올 수 있기 때문이다. 그리고 한마디 말로 천냥 빚을 갚는다는 말도 있다. 복(福)은 파자로 보면 시일구전(示一口田), 즉 한 입으로 밭을 가꾸는 것을 본다는 의미를 갖고 있는데, 한 알의 씨앗이 열매를 맺는 것과 같이 한마디의 부드러운 말, 한마디의 서원, 인자한 모습 등이 다 복을 짓는 밭이 되기도 한다. 복이란 제 손으로 씨를 심고 제 손으로 기르고 제 손으로 거두어들이는 것으로 불교에서는 인과응보(因果應報)라 하기도 한다.

복은 마음속으로 원하기만 해서는 쌓을 수 없고 마음과 더불어 손과 발과 몸으로 행할 때 인과로써 오는 것이다. 옛말에 '소문만복래(笑門萬福來)'라는 말이 있는데 복은 대우받기를 좋아하는 성질이 있어서 그 집 대문 앞을 살펴보고 가정이 화목하고 친척이 우애 있고 집안이 깨끗하면 그 집으로 들어가 머물면서 대접을 받는다고 한다.

옛날에 이서방의 집에서는 항상 평화롭고 웃음 소리가 끊어지지 않으며 큰소리가 나지 않는데 박서방의 집에서는 서로 잘했다고 다투니 조용한 날이 없었다고 한다. 박서방은 이서방의 평화로운 모습을 보고 '저 집은 어째 저리 조용한가' 하여 살펴보니 서로 자기가 잘못했다고 하고 미안합니다라고 먼저 말을 하니 가정이 자연히 화목하고 평화로운 가정이 되더란다.

이와 같이 우리도 서로 양보하고 이해하며 부드러운 말로 '복 많이 받으세요, 안녕하세요' 등 보현보살행을 행한다면 복은 그 사람에게 들어올 것이 분명하다. 그것은 불교에서 말하는 인과응보이기도 하다.

우리가 가정생활과 직장생활, 사회생활을 성실하고 부지런히 했다면 사회적으로 어떠한 위기가 있을지라도 그는 무사할 것이다. 그것은 곧 성실한 인에 과가 있기 때문이다. 그러므로 목표를 가지고 부지런히 노력하고 일한다면 누구나 복을 누리고 갖고 싶은 것을 소유할 수 있게 될 것이다. 이것을 불교에서는 자업자득(自業自得)이니 자작자수(自作自受)라 하며 어디까지나 스스로 만든 원인에 따라서 결과가 나타난다고 보는 것이다. 그리고 복이란 훈훈한 인정과 함께 오고 가는 것이기도 하며 말로는 쉽지만 실행하기가 쉽지 않다.

많은 재산이나 지식도 중요하지만 이것보다도 더 중요한 것은 따스한 인정이 넘치는 말, 인자한 말을 통해 얻어지는 복일 것이다. 복된 말이란 진실이 담긴 말이며 따뜻한 마음이 담긴 부드럽고 온화한 말이다. 말에 진실이 없다면 그것은 말이 아니라 소리요 소음일 뿐이다.

《금강경》에 이르기를 '진실을 말하는 사람은 법다운 말을 하는 사람이고 속이지 않는 말을 하는 사람이며 두 가지 말을 하지 않는 사람이다'라고 했다. 가능한 한 말을 적게 하고 말을 할 경우에는 반드시 나의 마음을 전하는 진실된 말, 부드럽고 온화한 말을 해야 할 것이다.

최상의 행복에 대해《대장엄논경》에 이르기를 '만족을 아는 사람은 비록 가난해도 부자로 살 수 있고 만족을 모르는 사람은 많이 가졌어도 가난하다' 하셨다.

중국의 도림선사는 팔대 문장가인 백낙천의 물음에 답하기를 '악한 짓을 하지 말고 착한 일을 받들어 행하라' 하셨다. 이는 《대열반경》 범행품에 나오는 말로서 여러 가지 악을 짓지 말고 많은 선행을 행하란 구절에 근거를 둔 이야기이다. 이처럼 실천에 핵심이 있음을 알아 행하며 나의 것으로 만들어 가야 할 것이다.

벽암 스님의《벽암록》에 '날마다 좋은 날이 되소서[日日是好日], 해마다 기쁜 해가 되소서[年年是好年]'란 말이 있다. 즉 우리 인간들은 본래 청정무구한 본성을 갖추고 있다. 그러한 본성을 하늘에 비유할 때 비오는 날, 구름 낀 날, 바람 부는 날이 있겠지만 곧이어 맑은 햇살과 싱그러운 바람이 불어오리라는 희망이 있다면 비가 오면 오는 대로, 바람이 불면 부는 대로, 구름이 끼면 끼는 대로 좋을 것이다. 이처럼 희망을 가진 낙관적인 삶의 자세야말로 행복한 삶으로 나아가는 지름길이라 할 것이다.

보시공덕

《금강경》전문은 모두 오천여 자로 양나라 소명태자는 그것을 32분으로 나누었는데, 이 경의 주된 요지는 '무상보시 무아중생 무주생활 무증이수'의 열여섯 자로 표현된다.

여기서 '무상보시'란 보시한 후 보답을 바라는 마음을 가지지 않는 것을 말한다. 무주상 보시라고도 하는데 3륜이 청정한 것을 말한다. 이리저리 신경 쓰며 기른 꽃이 자라지 않기도 하고 무심코 땅에 꽂아 둔 버드나무가 무성하게 자라나기도 하는데, 이렇듯 어떠한 대가나 목적을 바라지 않고 행한 착한 일이 무상보시이다.

명예를 구하기 위해, 개인의 이익을 얻기 위해, 자신의 건강이나 복을 빌기 위해서 행하는 보시는 유상보시라 하는데 유한한 공덕에 속한다. 일상생활 가운데 말하고 일하고 밥 먹고 옷 입는 등의 사소하게 보이는 일에 있어서도 자비의 마음을 갖기만 하면 남을 도울 수 있고 대중들을 복되게 할 수 있다. 그러나 나와 너를 따지고 보시의 많고 적음을 마음에 두고 있어서는 안 되고 단지 무상보시를 할 경우에만 무한한 공덕이 있고 금강반야와 부합될 수 있다.

중생제도에 있어서 나 스스로에게 집착한다면 많은 보시를 한다 해도 그 공덕은 크지 않다. 중생을 제도함에 아(我)라는 생각이 있으면 자애로운 마음이 자라지 못하기 때문이다. 무아의 대비심을 내야만 널리 모든 중생을 제도할 수 있는 것이다.

중생은 한없이 많고 무량무한하다. 사홍서원의 중생무변서원도처럼 중생을 제도하는 일은 몇 사람만을 제도하는 것이 아니다. 마음을 크게 내어 모든 중생을 다 제도해야 한다. 참된 중생제도란 모든 사람이 다 무여열반(無餘涅槃)에 들 수 있게 하고 사람들 모두 생사해탈의 경계에 이를 수 있게 하는 것이다. 중생을 제도하기 위해서는 넓고 상대심이 없는 마음을 내야 하고 최상승심과 무전도심을 내야 한다. 오로지 무아의 정신 아래 크게 발심해야만 중생을 제도할 수 있을 것이다. 《금강경》에서는 무아중생 제도만이 반야와 상응할 수 있고 반야공성에 들어갈 수 있다.

흔히 말하는 무아란 지혜상에서 일종의 경계이며 유형적인 상대 관계의 속박에서 벗어나 남과 내가 없고 상대성이 없는 우주에 안주하여 자기를 허공 우주와 동등화함을 말한다. 마음속의 부처와 중생이 본래 차별이 없으니 일체중생은 내 마음속의 중생이고 모든 부처는 내 마음 가운데 부처이며 모든 만물이 다 내 마음속에 있으니 마음 외에 어디에 중생이 있다는 말인가? 이렇게 생각한다면 중생을 제도하고 있다고 해도 제도한 중생은 없는 것이다. 나를 초월한 사상을 가진 이만이 반야공성(般若空性)의 실천자이다.

무주생활이란 오욕육진의 바깥세계에 미혹 집착하지 않고 모든 의식주 생활에 탐착하지 않는 것이다. 중국의 방온거사와 인도의 유마거사, 신라의 부설거사 같은 분들은 비록 재가에 있으나 항시 수행 정진하며 무주생활을 실천하였다.

무주생활이란 일반 도를 깨우친 분들만 할 수 있는 것이 아니라 우리들도 적극적인 생활태도를 가진다면 누릴 수 있는 생활이다. 곧 무주생활은 산에 있는 꽃과 새소리, 시냇물 소리, 바깥 풍경을 통해 자기 마음이 동요되지 않도록 이끄는 것이다. 생활에서 이러한 모습으로 살아갈 수 있다면 탐착하지 아니하고 속이지 않을 것이며 거짓말하지 않을 것이다.

이것은 곧 우리가 생활하면서 자기의 이익을 위해서 갖가지 경계를 마음에 두지 말라는 것이다.

수행 정진할 때 굳이 물과 산이 있는 곳을 고집하자는 것이 아니라 단지 시끄럽고 복잡한 생각만 일으키지 않으면 저절로 탐욕의 불길은 꺼지게 된다. 이러한 태도는 바로 자기를 무주생활에 들게 하는 경계라 할 것이다. 그래서 《금강경》에서는 무주생활이 실로 가장 아름다운 생활이라 표현하였다.

무득(無得)이란 참된 득이며 진정으로 깨달음을 얻는 것을 말한다. 우리 자성은 본래 청정하니 무엇을 더하거나 고쳐야만 밝아지는 것이 아니다. 우리 본래의 면목은 부처와 평등하지만 닦음이 있고 깨닫는 것이 있으며 득하는 것이 있다면 본래 면목이 아니다. 단지 무득하나 득한 것이어야 참된 득이며 닦음이 없는 닦음[無修而修]이어야 참된 닦음이고 깨달음이 없는 깨달음이어야 참된 깨달음이라 할 수 있다.

여기서 말하는 무(無)란 아무것도 없다는 것이 아니며 실은 쓸모없는 것의 필요함이야말로 절대적인 쓸모가 있다는 말이다.

이와 관련한 재미있는 이야기가 있는데, 어느 날 눈썹과 눈, 귀, 코, 입 다섯 기관이 회의를 열었다고 한다.

눈이 말하기를, 눈으로 좋고 나쁜 것을 보고 높고 낮은 것을 알 수 있으니 눈이 제일 중요하다고 하며 이처럼 소중한 눈 위에 눈썹이 있다고 불평을 했다. 그러자 코가 말하기를, 냄새의 좋고 나쁨을 구별하고 숨을 쉬니 다섯 기관 중 코가 가장 중요하다고 말했다. 이어서 입이 말하기를, 입으로 음식을 먹고 생명을 유지하게 되니 가장 중요한 입이 제일 위로 가야 한다고 말했다. 이어서 귀가 말하기를, 자기가 없다면 물소리, 바람소리 등 소리를 들을 수 없으니 자신이 제일 중요하다고 말했다. 다섯 기관 각자가 불평하여 상대 기관을 공격하자 그 말을 듣고 있던 눈썹이 말하기를 '여러분, 그만하십시오. 눈썹이 가장 쓸모가 없는 줄은 제 자신도 인정을 하니, 지금부터 저는 여러분들 밑에 있도록 하겠습니다' 하고 제일 아래로 내려가게 되었다. 마침내 비가 오고 바람이 부니 가장 먼저 눈이 불편을 느끼게 되고 코, 입, 귀 또한 불편해 하며 다시 회의를 하여 제자리로 돌아가자고 결론을 내게 되었다. 그들은 그러한 일을 통해 본래의 제자리로 돌아가는 것이 가장 잘 어울리며 가장 쓸모없게 보이던 것이 가장 유용한 존재임을 알게 되었다.

《금강경》의 종지는 무아(無我), 무상(無相), 무수(無修), 무증(無證)이다. 무(無)는 곧 공(空)이다. 여기서 말하는 공은 세간에서 흔히 말하는 그런 텅 비어 있음이 아니다. 공(空)한 것이야말로 유(有)를 건설할 수 있는 토대이고 공(空)과 유(有)를 다 포용하는 무(無)인 것이다. 이 무한진공이 진정으로 최구경 반야이다.

이처럼 《금강경》에서 말하는 진공은 세간에서 말하는 텅 비었음이 아니고 유(有)는 바로 공이며 공(空)은 바로 유(有)인 것이다. 이러한 이치를 우리의 주먹에 비교해 알아보자.

다섯손가락을 움켜쥐었을 때는 주먹이지만 다섯손가락을 펴게 되면 주먹은 사라진다. 눈에 분명히 보이던 주먹이 안 보이니 사라졌다고 말할 수 있는가? 다시 움켜쥐면 주먹이 생기니 없다고도 할 수 없다. 그래서 《금강경》에서 말하는 유(有)와 무(無)는 한가지이다. 있는 것이 없는 것이고 없는 것이 곧 있는 것이다.

다시 말해서 공이 곧 아미타불이고 아미타불이 곧 공이다. 그것은 아미타 부처님은 곧 진리이고 진리가 곧 아미타불이기 때문이며, 그래서 아미타불을 공이라 하는 것이다. 아미타불의 명호 한마디에는 무량의 뜻이 담겨 있다.

우리 불교인들은 아미타불 한마디를 항상 마음으로 생각하고 항상 입으로 부르는 것이 중요하며 이런 이를 진정 불교인이라 할 것이다. 아미타불을 꼭 마음속 가슴 깊이 새겨서 아미타 부처님과 같은 포용력을 가져 봄이 어떠할까?

《금강경》 서두에 '그때 세존께서는 공양 때가 되어 가사를 수하시고 바루를 들고 사위성으로 탁발을 들어가셨다. 성에서 차례로 탁발을 마치시고 본래의 처소로 돌아와 공양을 마치시자 가사와 바루를 거두시고 발을 씻고는 자리를 펴고 앉으셨다'고 했다.

여기서 가사를 수하시고 바루를 든 것은 지계바라밀을 설명한 것이고, 사위성에 들어가 음식을 구하는 것은 보시바라밀을 설명한 것이다. 또한 성안에서 차례를 거쳐 탁발을 마치심은 인욕바라밀을 설명한 것이고, 공양을 마치고 가사와 바루를 거두고 발씻기를 마치심은 정진바라밀을 말하는 것이다. 또 자리를 펴고 앉으심은 선정바라밀을 설명하는 것이다. 부처님은 일상생활 가운데서 육바라밀을 배합하여 불법을 몸소 실행하셨다.

우리는 불법을 생활 속에서 사용해야 한다. 금강반야가 있음으로 해서 생활은 바뀔 수 있는데, 마치 어두컴컴한 길을 걸어가고 있을 때 밝은 빛으로 앞길이 환해지는 것과 같다.

반야는 우리를 번뇌에서 해탈시켜 주고 인간관계의 시비 속에서 자재로움을 얻을 수 있도록 해 준다. 반야를 생활 속에 응용한다면 우리의 생활은 크게 달라질 것이다.

운명 (運命)

　우리 보통 사람들이 가장 관심을 갖고 있는 문제는 자신의 운명에 대한 것이라 짐작된다. 운명은 사람마다 달라 시련과 좌절을 만나면 자신의 처지를 원망하는 사람이 있는가 하면 체념을 하는 사람도 있다. 또한 가난과 궁핍을 편안한 마음으로 받아들여 분수를 지키며 사는 사람도 있고, 불행은 하늘의 뜻이라 여겨 걱정하거나 두려워하지 아니하고 나름대로 만족해 하는 사람도 있다. 그러나 보통 사람의 대부분은 전적으로 자신의 운명이 하늘에 달려 있다고 생각지 않으며, 어려움과 마주하고 스스로 개과천선하여 자신의 일생을 창조해 나가기도 한다.

　우리 불교에서는 과연 인간의 운명을 어떻게 보고 있는지 몇 가지로 나누어 살펴보도록 하자.

　첫번째, 사람은 왜 운명이 있는 것일까?

　사람의 일생은 여러 인연에 의해 바뀌게 된다. 어느 한 사람 때문에 개인의 운명이 바뀌기도 하고 재물 때문에 목숨을 잃기도 하며 어떤 사건 때문에 전혀 다른 인생을 걷기도 한다.

　'말 한마디로 천냥 빚을 갚는다'란 말도 있듯이 한 생각이 갖가지 천차만별의 서로 다른 운명을 만들 수 있다. 미국의 유명한 자동차왕 포드가 젊었을 때 그의 부친에게 받은 약간의 돈으로 오늘날 세계적인 자동차 회사를 세울 수 있었고, 우리나라 재벌 가운데 정주영 씨 또한 스스로의 가난한 운명을 헤치고 재벌이 되었다. 옛말에 '동전 한 닢으로 영웅을 죽음으로 몰고 간다'라고 했듯이 부조리와 뇌물에 의해 일생을 망치는 이도 있다. 오늘날 어떤 청소년들은 근면과 노력에 의해 돈을 버는 대신 남의 것을 빼앗고 훔치고 속이기를 일삼아 결국은 자기 자신을 망치기도 한다. 옛부터 수많은 신하들, 의로운 선비들은 자신의 원칙을 지키기 위해 결코 돈에 유혹당하지 않았다.

라이트 형제는 비행기를 발명했고 중국의 육조 혜능 스님 같은 분은 방아쌀을 찧어 자성을 가리고 있는 번뇌를 제거했다. 여기서 중요한 것은 한 가지 일에 심혈을 기울일 때 우리는 어떤 경지에 들어갈 수 있다는 것이다.

두번째, 말 한마디로 일생을 바꿀 수 있다.

중국 당나라 때 단하선사는 과거시험을 보러 가던 중 출가 스님을 만나게 되었다. 출가 스님이 그를 보고 말하기를 '과거시험 보러 가는 것은 세간의 부귀와 영화를 얻기 위해서이지만 그것은 부처를 뽑는 시험에 참가하여 출세간의 해탈을 성취하는 것보다는 못하지요'라고 하였다. 이 말 한마디에 단하선사는 생각이 바뀌어 출가를 하고 당대의 유명한 고승이 되었다.

부처님의 제자인 사리불과 목건련은 출가 이전에 바라문교의 지도자였다. 두 사람이 좌선을 하고 있을 때 아설시라고 하는 부처님 제자가 탁발을 하면서 '모든 법은 인연에 의해서 생기고 인연에 의해 멸한다'는 게송을 외우자 이를 듣고 사리불과 목건련이 발심하여 출가하게 되었다.

우리는 항상 부드럽고 인자한 말로 상대방을 대하도록 노력해야 할 것이다. 사섭법 가운데 애어섭은 보현보살처럼 늘 칭찬하는 말을 아끼지 않았듯 말이다.

세번째, 한 생각이 일생을 바꾸기도 한다.

헬렌켈러 여사는 농아이면서 맹아였다. 그는 어려서부터 빛도 없고 소리도 없는 정적의 세계에서 대부분의 시간을 보냈는데 선생님의 지극하고 간곡한 가르침에 보답하기 위해 피나는 노력을 하여 세계적인 인물이 되었다.

우리 불교사에도 어떠한 어려움도 두려워하지 아니하고 불법을 전하는 데 헌신한 고승대덕이 많다. 원광법사, 원효대사, 의상대사, 자장율사 등 수많은 고승 대덕의 노력에 의해 오늘날 불교의 맥이 도도히 흐르고 있는 것이다.

네번째, 운명을 지배하는 것은 우리 자신이다. 우리 자신을 가만히 지켜보면 습관이 운명을 지배할 수도 있다는 사실을 알 수 있는데 번뇌를 끊기도 어렵지만 습관을 버리기는 더욱더 어렵다고들 한다. '세 살 버릇 여든까지 간다'는 말이 있듯 나쁜 습관은 우리의 일생을 좌우할 수 있으므로 습관이 고질적으로 변하여 보리를 이루는 데 장애가 되지 않도록 고쳐야 할 것이다.

성격이 포악하여 욕을 잘하고 화를 잘 내며 남을 비방하는 좋지 않은 습관이 있는 사람은 결국 사람들과의 인연을 맺지 못해서 자신의 일을 수행하는 데 지장이 생기기도 한다. 또 어떤 이는 술과 여자와 도박으로 가산을 탕진하고 가족이 뿔뿔이 흩어지게 되는데 이것은 곧 자신의 손으로 행복을 거부한 것이다.

사업을 하는 이가 당장 눈앞의 이익에만 급급하여 속임수와 감언이설로 진실치 못하면 당장의 이익은 있을지 모르나 뒷날 사업이 번창하기는 어려울 것이다. 그러므로 스스로를 잘 다스려 행복의 문에 들어서는 운명을 가꾸어 가야 할 것이다.

다섯번째, 업력이 운명을 지배하기도 한다.

업이란 행위의 결과로써 입으로는 말하는 것이요, 몸으로는 짓는 것이요, 마음으로는 생각하는 것이 이에 해당된다. 선과 악의 극에 다다르면 마침내 과보가 오는데 다만 그 속도의 빠르고 늦음의 차이가 있을 뿐이다. 업은 선업과 악업으로 나누는데 비록 업력이 운명을 지배한다 해도 업력을 지배하는 것은 다름 아닌 우리 자신이므로 스스로 생활태도를 바꾸어 악업을 짓지 말고 널리 선근을 심으면 운명이 밝아질 것이고 따라서 모든 일이 순조롭게 풀려 나갈 것이다.

그래서 불교인들은 뜻대로 일이 잘 풀리지 않을 때 부처님께 참회 기도를 하는데, 이것은 곧 업력을 약하게 하자는 데 의의가 있다. 또한 계율을 잘 지키면 운명이 바뀔 수 있는데 불살생(不殺生)의 계를 지키면 수명을 늘일 수 있고, 불투도(不偸盜)의 계를 지키면 궁핍한 살림이 풍족해진다. 불사음(不邪婬)의 계를 지키면 행복한 가정을 지킬 수 있고, 불망어(不妄語)의 계를 지키면 사람들로부터 찬사를 받을 수 있으며, 불음주(不飮酒)의 계를 지키면 항상 건강한 신체와 맑은 정신으로 생활할 수 있다. 운명은 이미 정해진 것이 아니라 변할 수 있으니 불교에서는 모든 법은 인연에 의해 생기고 운명 또한 인연에 의해 변한다고 하셨다. 창조해 나가는 데 주저하지 말고 앞에서 살펴본 다섯 가지를 생각해 자기 운명을 개척하여 후회없는 삶을 살도록 하자.

염불과 절

인간이 종교를 가지게 되는 것은 현실의 불안감에서 해방되고자 하는 미래 지향적인 욕구 충족의 일부라고 볼 수 있다. 진정한 종교는 신앙인을 위해 현실의 삶에 빨리 적응하고 만족감을 줄 수 있어야 할 것이다. 만족을 준다는 것은 자기 수행에 의하여 스스로 만족할 줄 아는 마음을 배우는 것이다. 만족할 줄 아는 마음을 배우는 것은 곧 마음을 비우는 것이다.

그러나 마음을 비우려고 노력할수록 번뇌 망상이 더욱 활개치며 마음을 장악하는 경험을 해 보았을 것이다. 이럴 때 불자들은 염불과 절로써 수행하여 이를 극복해 나가야 할 것이다.

우리 인간의 삶에서 제일 중요한 것이 복과 덕인데, 그 중에서도 오복에 대해 알아보자.

먼저 불살생(不殺生)을 지킴으로써 장수하게 되고, 불투도(不偸盜)로써 부귀를 얻을 수 있고, 불사음(不邪婬)으로 건강을 지킬 수 있고, 불망어(不妄語)로써 덕망과 신용을 지키며, 불음주(不飮酒)로써 무병할 수 있는 이것이 오계(五戒)이며, 곧 오복(五福)이기도 하다.

즉 불교에서 말하는 오계를 지키면 자연히 5복이 갖추어지게 되는 것이다.

오복은 인간의 염원 속에서 성숙하는 것이니 매사에 장애가 많고 일이 뜻대로 되지 않는 사람이 있다면 염불과 절을 통해 장애를 소멸하고 뜻을 성취할 수 있을 것이다.

염불에는 고성염불 십종공덕(高聲念佛 十種功德)이라는 말이 있는데 이는 높은 소리로 염불하면 열 가지 공덕이 생긴다는 의미이다.

첫번째, 일자공덕 능배수면은 능히 졸음을 없애 주는 공덕이다. 큰소리로 말을 하거나 떠들면 일시적으로 잠이 달아난다. 그러나 계속 떠들면 언다상기(言多喪氣)라 하여 피로를 느끼게 되지만 염불은 일정한 음률로 하기 때문에 도리어 머리가 상쾌해진다.

두번째, 이자공덕 천마경포는 하늘 마구니가 두려워하고 놀라서 도망하므로 공덕이 위대하다. 마구니는 곧 마음의 작용에서 생긴 것이다.

세번째, 삼자공덕 성변시방은 염불 소리가 사방에 두루 퍼지므로 공덕이 큰 것이다.

네번째, 사자공덕 삼도식고는 염불을 함으로써 지옥·아귀·축생의 고통을 쉬게 하므로 공덕이 큰 것이다.

다섯번째, 오자공덕 외성불입은 외부의 다른 소리가 들어오지 않는 공덕이다. 한 가지 뜻을 계속 반복하여 염불을 통해 마음이 흩어지지 않고 정신이 통일된 무아의 경지로 들어가 수행자는 외부 잡음으로부터 자유로워진다.

여섯번째, 육자공덕 염심불산은 염불하는 마음이 흩어지지 않는 공덕이다.

일곱번째, 칠자공덕 용맹정진은 용맹스런 정진을 통해 성취하는 공덕이 크다.

여덟번째, 팔자공덕 제불환희는 모든 부처님이 기뻐하며 공덕이 큰 것이다. 염불을 큰소리로 하면 마음이 안정되어 기쁘게 되니 이것은 모든 부처님의 기쁨이기도 하다.

아홉번째, 구자공덕 삼매현전은 삼매가 뚜렷하게 드러나는 공덕이다.

열번째, 십자공덕 왕생정토는 극락세계에 왕생하는 공덕이다.

극락은 번뇌가 없고 생멸이 없는 세계를 뜻하며, 한 가지 염불을 열심히 꾸준히 하면 마음의 번뇌가 없어지고 분별을 일으키는 생사가 없어지므로 정토에 가게 된다고 한다.

마음따라 극락을 가게 되니 염불공덕이 크다고 할 수 있다.

다음은 절과 합장에 관해 알아보자.

불교에서는 사찰을 절[寺]이라 했듯이 절[拜]은 수행자에게 있어 최고의 수행 방법으로 꼽을 수 있다. 철학적인 자기 수양 방법으로서의 절은 자신의 교만과 아만을 버리지 않고는 행할 수 없는 의식이다.

《육방예경》에 싱갈라라는 사람은 동·서·남·북·상·하 여섯 방위에 절을 했다고 나와 있다. 그것은 공경하는 마음으로 행해졌는데 동쪽은 부모요, 남쪽은 스승이며, 서쪽은 아내이고, 북쪽은 친지이며, 위는 덕 높은 성현이요, 아래는 종업원으로 이들에게 자기 수양을 위해 절을 한 것이다.

근기가 약한 사람에게는 대상이 없으면 수행하는 데 지장이 있으므로 첫째, 자신의 모든 상(아상, 인상, 중생상, 수자상)을 꺾고 자기 겸손에서 오는 경건한 마음의 발로로써 탐내고 성내고 어리석은 마음의 삼독을 조복받는 데 절을 하는 이유가 있다. 그리고 어색한 생각, 쑥스러운 생각, 겸연쩍은 생각, 교만한 생각, 거만한 생각이 있으면 절을 할 수 없게 된다. 절을 하게 되면 모든 관절이 순리적으로 꺾이듯이 사상(아상·인상·중생상·수자상)이 꺾이게 된다.

둘째, 절은 불·법·승 삼보께 귀의하는 지극한 정성의 뜻이며, 정성은 사상이 꺾인 뒤에 생기는 것이다. 모든 부처님과 성현, 모든 진리와 진리를 가르치는 스승에게 순응하고 귀의한다는 뜻을 담고 있다.

절은 모든 관절이 순리적으로 꺾이는 것같이 자연 순리에 역행하지 않고 순리에 따라 행하는 마음의 자세를 닦는 것이다.

셋째, 신·구·의(身·口·意) 세 가지 업으로 지었던 과거의 잘못을 뉘우치고 앞으로 닥쳐올 잘못을 미리 예방하며 죄를 짓지 않겠다는 생각으로 절을 하는 것을 참회라 한다.

절과 합장은 몸과 마음으로 수련하기에 정신을 통일시킬 수 있을 뿐 아니라 신체적 건강과 아울러 모든 신진대사 기능을 원활하게 해 두뇌 발달에 좋다. 합장은 흩어졌던 마음, 교만했던 마음, 건방지고 방일했던 마음을 평정시키고 행동이 안온해지고 겸손해져 자신을 조복하는 경건한 마음을 조성시킨다. 또 합장은 기(氣)를 순화시켜 신(神)을 모으는 자세로 손바닥은 심장혈과 연결되고 발바닥은 신장혈에 연결되어 수승화강이 자연스럽게 이루어지며 원만하여진다. 그리고 절은 인도의 요가와 양생법과 내공법이 담겨져 있는 신비한 운동으로 이에 염불을 곁들이면 모든 업장이 소멸되고 모든 병마를 벗어 건강을 되찾게 된다. 즉 요가와 양생법이 모두 척추운동과 유연성을 중요시하였으니 가령 108배, 천배, 삼천 배를 하는 것이 참회가 되어 업장이 소멸되고 소원을 성취하게 된다. 각양각색의 종교의식 가운데 척추운동을 순리적으로 하는 방법은 오직 절하는 방법이니, 디스크환자나 암환자 등 각종 질병을 앓고 있는 이들에게 절의 수행법을 권하고 싶다.

미국의 요가연구소 창시자 꾸부다 박사는 '모든 인간은 척추만 유연하고 정상적이면 노쇠하지 않는다'라고 정의했다.

우리가 급박한 상황이나 생명의 위기에 처했을 때 흔히 등골이 오싹했다라는 표현을 쓴다. 거기서 연유하여 척추를 영대라고 부르기도 한다.

불교에서 하는 절은 사회에서 하는 절과는 사뭇 다르다. 즉 의학을 초월한 방법이라 할 수 있다.

합장을 하게 되면 손바닥 한가운데에 있는 노궁이라는 혈에서 심기(心氣)가 서로 상통하게 된다. 또한 엄지발가락의 발톱 옆에는 대돈이라는 경혈이 있는데 비장과 간기능을 좋게 한다. 절을 할 때는 이처럼 다섯발가락이 굴신운동을 하게 되므로 오장육부의 전체 경혈이 연결 순환되는 것이다.

양손과 양발에는 12가지의 경락이 연결되어 있다.

발바닥 한가운데는 용천이라는 신경으로 통하는 혈이 있다. 심장의 불기운과 신장의 물기운이 서로 왕래하고 심장의 신과 신장의 정이 서로 교체되므로 우리는 이를 정신이라 한다.

그래서 합장하고 절하는 데에는 요가의 수련이 포함되어 있고, 도가의 양생법과 불가의 내공력이 포함되어 있다. 이러하기에 종교의식 가운데에서 절은 최고의 수련법으로 손꼽힌다.

복은 말로 되는 것이고 덕은 행동으로 나타난다.

덕은 열네 가지 길이 한마음으로 돌아가는 것으로 곧 일심(一心)이다. 절을 통해 우리 몸에 있는 경혈 임맥, 독맥을 자극해 어떠한 병도 치료가 되며 자신의 노력과 수양에 의한 치유력이 재생된다.

이상 살펴본 바와 같이 많이 할수록 본인에게 이익이 되고 남에게 도움을 주는 것이 곧 염불과 절인 것이다.

불교는 행하는 종교이다

　불교는 지극하고 깊은 믿음과 완전한 도덕을 중요시하는 종교
이다. 그러나 불교에서 무엇보다 중요한 것은 실천 수행과 정진
이라 할 수 있다.

　실천 수행과 정진이라는 것은 참되게 닦고 참되게 지켜 나가
는 것을 말한다. 대체로 많은 사람들이 말로는 불법의 도리를
능수능란하게 입에 담고 흉내를 내지만 불법의 이론을 그대로
실행하는 사람은 별로 많지 않다.

　예를 들어, 불교의 근본정신이 자비임을 알고는 있지만 실제
생활에서 자비심을 베푸는 데는 인색하다. 그리고 베풀 때에도
소극적이고 이기적인 자세로 탐욕에 가득 차 있는 모습을 흔히
볼 수 있다.

　이렇듯 아무리 불법에 대해 많이 안다고 해도 수행하고 지키
지 못한다면 무슨 소용이 있겠는가? 어떤 이는 혼자서 불교를
다 아는 것처럼 말하지만 결국은 아무런 소용이 없게 된다.

　《선가귀감》에 말 못하는 학은 될지언정 말 잘하는 앵무새는
되지 말라는 말이 있다. 실천 없이 불교이론에 집착하는 것은

앵무새처럼 입에 발린 소리를 읊조리는 것에 지나지 않는다. 진정한 실천 수행은 생활 속에 계·정·혜(戒·定·慧)를 나타내는 것이고 모든 말과 행동 가운데 탐·진·치(貪·瞋·癡)가 없는 것을 말한다.

《금강경》에 이르기를 ‘불법이라 하는 것은 불법이 아니다. 또한 불법이 아닌 것 모두가 불법이다’라는 말이 있는데, 곧 불법이라 이름짓는 것이 어떤 경우에는 불법이 아니기도 하지만 또 반대로 불법이 아닌 것이 어느 때는 도리어 불법이 된다는 것이다. 예를 들어, 염불하고 절하고 경 읽고 좌선하며 보시하고 계를 지키는 모든 것이 불법이다. 그러나 만약 염불하고 절하고 경 읽고 좌선하는 가운데 마음속으로 줄곧 헛된 생각과 탐·진·치를 일으킨다면 이는 불법이기는 하지만 곧 불법이 아니기도 하다. 그래서 만약 보시를 한다면 무주상 보시를 해야 된다고 《금강경》에 설해져 있다.

불법을 실천할 때 그 수행의 종류에는 여러 가지가 있을 수 있으나 대중 각자의 근기에 잘 맞는 방법을 선택해야 한다.

몸으로 닦는 것을 수신(修身)이라 하고 마음으로 닦는 것을 수심(修心)이라 한다. 먼저 몸으로 닦는 것에는 수안(修眼), 수이(修耳), 수비(修鼻), 수설(修舌), 수신(修身)이 이에 포함된다.

우리는 눈을 통해 분별심을 기르는데 그러므로 수안(修眼), 즉 눈을 바르게 해야 하며 또한 귀로 소리를 듣고 분별심을 일으키는데 듣기에만 좋은 말만을 따르면 문제가 발생한다. 옛말에 ‘충성된 말은 귀에 거슬리고 몸에 이로운 약은 입에 쓰다’라고 하였듯이 수이(修耳)의 중요성이 여기에 있다.

입으로 구업을 짓기도 하고 복을 짓기도 하므로 우리는 이 입을 잘 다스려야 하는데 수설(修舌)의 필요성이 여기에 있다.

우리가 평생 지니고 살아야 하는 몸은 본능적으로 안일을 추구한다. 또 추우면 춥다고 더우면 덥다고 배고프면 배고프다는 등의 요구를 해 오는데 이러한 몸을 잘 다스려 가야 할 것이다. 이렇듯 수안, 수이, 수비, 수설, 수신은 곧 몸을 닦는 것이다.

우리 속담에 '시집살이 십년(十年)에 입 막고 삼 년, 귀 막고 삼 년, 눈 막고 삼 년 한다'는 말이 있는데 이는 몸가짐의 중요성을 나타낸 말이다. 유교에서는 예의에 벗어난 것은 보지도 말고 듣지도 말고 말하지도 말며 행동 또한 하지 말라는 말이 있다. 또한 중국 승찬대사가 지은 《신심명》에 이르기를 '말이 많고 생각이 많으면 진리로부터 점점 멀어진다. 말과 생각이 끊어지면 어느 곳인들 통하지 않으리'라고 수신(修身)하는 데 있어 무엇보다도 언어인 말이 중요함을 나타내고 있다.

다음은 수행자가 말함에 있어 경계해야 할 것들이다.

첫째, 훌륭하게 설명된 것만을 입에 담고 잘못 설해진 것은 말하지 않는다. 둘째, 진리만을 말하고 진리 아닌 것은 말하지 않는다. 셋째, 좋은 것만 말하고 좋지 않은 것은 말하지 않는다. 넷째, 진실만을 말하고 거짓된 것은 말하지 않는다. 말에는 생명력이 있기에 진실된 말을 해야 할 것이다.

먼저 수신(修身)할 때는 말을 함부로 하거나 악담, 거짓말, 이간질, 험담 등을 해서는 안 된다고 강조하고 있다.

필자가 합천 해인사에서 성철 큰스님을 모시고 선원에서 공부할 때 성철 큰스님께서는 신문·잡지 및 라디오·TV 등을 못 듣고 못 보게 하셨다. 그런 연유는 공부에 전념하는 데 방해가 되기 때문이 아니었나 짐작된다.

이번엔 수심(修心)에 대해서 자세히 살펴보자. 우리의 마음은 도적과 같아서 길들이기가 힘든다. 누구나 절에 가면 벽에 걸려 있는 심우도를 한번쯤은 보았을 것이다. 우리 마음도 마치 그림 속의 길들이지 않은 소와 같아서 자꾸 길을 들여야만 나중에는 주인이 없더라도 도망가지 않고 그 자리에 있게 된다.

자기 뜻대로 일이 잘 안 될 때는 불평하고 상대방에게 화내기도 하지만 사실 말을 가장 안 듣는 것은 바로 우리들 자신이다. 이리저리 변덕을 부리는 마음을 다스리기란 무척 힘이 든다. 그러나 마음을 닦아 스스로의 마음이 주체가 되어 자신을 지휘하고 통제해야 한다.

우리의 마음은 총사령관과 같아서 모든 마군과 마장을 통솔하며, 탐·진·치와 의심, 번뇌 등을 몰아내기도 한다. 우리 모두는 각자 스스로가 마군의 통솔자가 되어 정복해야 할 것이다. 마음을 잘 다스리는 것이 곧 참된 신앙이자 도덕이며 자비와 계율인 것이다.

사람은 늙고 병들고 죽게 되는 고(苦)를 겪는데 고(苦)에는 생·로·병·사의 4고와 원증회고, 구부득고, 오음성고, 애별리고를 합한 8고와 심리상인, 탐·진·치 등 108번뇌가 있다.

신체상의 생로병사는 쉽게 그 실체를 알 수 있지만 심리상의 탐·진·치와 원증회고, 구부득고, 오음성고, 애별리고 등은 파악하는 것뿐만 아니라 다스리는 것 또한 힘이 든다. 힘이 들더라도 우리는 몸과 마음, 즉 안과 밖이 일치되도록 수행하여야 할 것이다.

사람은 왜 수행을 해야 하는가? 수행은 곧 사람의 의지를 굳게 만드는 훈련이기 때문이다.

수행하는 사람은 자비를 힘으로 인내를 역량으로 한다. 여러분 각자는 수행을 통해 자신에게는 얼마만큼의 역량이 있는가를, 자비는 어느 정도에 이르렀고 인내심은 어느 정도인가를 테스트해 보는 것도 좋으리라 생각된다. 그래서 보살은 정진하는 것으로 힘을 삼는다. 행하기 어려운 것을 행하고 참기 어려운 것을 참아내는 정진 수행을 하는 것이다.

그러나 몸만 수행하고 마음을 닦지 않으면 삼계인 욕계·색계·무색계를 벗어날 수가 없다고 한다. 그러므로 행하기 어려운 것을 행하고 어렵고 힘든 것을 참아내어 자기의 힘으로 하는 과정을 몸과 마음이 함께 해낼 수 있어야 한다.

그렇다면 재가 신도들은 어떻게 수행하는 것이 좋은가?

먼저 삼귀의와 5계, 팔관재계 혹은 보살계를 받고 지켜야 한다. 그리고 한 걸음 더 나아가 대승의 종파와 관계 있는 참선, 염불, 기도, 주력 등에서 자기 근기에 맞는 것을 골라 실천 수행해 나가면 된다.

그런 가운데 근기가 생기는데, 근기라는 것은 과거세의 수행이 쌓여 내려온 것으로 그 힘으로 각자 처지에 맞게 한 발 한 발 앞으로 정진해 나가면 된다.

또한 안으로 닦는 것을 내수(內修)라 하고 밖으로 닦는 것을 외수(外修)라 하는데, 외형적인 형식에 치우치지 말고 내실을 위해 자기 자신의 마음을 닦아 가며 내외일여(內外一如)함이 무엇보다 중요하다.

세 가지 종류의 보시법

불교에서는 무엇보다도 먼저 보살행이 강조된다. 보살행 가운데 4섭법이 있는데 이 중에서 보시섭(布施攝)이 제일 먼저라 할 수 있다.

보시(布施)에는 재시, 법시, 무외시가 있는데 이것을 3시라 한다. 재시(財施)는 가난한 사람, 배고픈 사람, 헐벗은 사람에게 식량과 물품을 베풀어 주는 것을 말하고, 법시(法施)는 흔히 법보시라 하는데 교를 설해 주는 것을 말하며, 무외시(無畏施)는 모든 두려움을 제거하여 편안한 마음을 가질 수 있도록 해 주는 것을 말한다.

그러면 먼저 재시(財施)에 대해 자세히 살펴보자.

중국 춘추전국시대에 맹상군이란 제후가 있었는데 권세도 높고 재물도 많았던 그는 어느 해 생일날 호화판 잔치를 베풀게 되었다.

그곳에는 상다리가 휘어지도록 산해진미가 가득하였고 무희들은 아름다운 풍악 소리에 맞추어 춤을 추었으며 방안은 손님들이 가져온 선물들로 가득하였다.

이에 맹상군은 유쾌히 술잔을 들면서 말하기를, '좋다. 정말 좋구나. 이렇게 좋은 날 나를 슬프게 만들 수 있는 사람이 있을까? 나를 슬프게 만들 자가 있다면 후한 상을 내리리라' 했다.

그러자 눈먼 장님 한 사람이 앵금을 들고 나와 맹상군 앞에 다가서면서 '비록 재주는 없으나 제가 한번 해 보겠습니다' 하고 말했다.

그리고 장님은 앵금을 타기 시작하여 처음에는 천상의 소리처럼 아름다운 선율을 연주하다가 얼마 지나지 않아 지옥의 고통이 가득한 소리를 만들어냈고 연이어 애간장을 녹이듯 창자를 애끊게 하는 연주를 계속했다. 모두가 앵금의 소리에 넋을 빼앗길 즈음 장님은 기가 막힌 음성으로 노래를 부르기 시작했다.

> 빈손으로 왔다가 빈손으로 가나니
> 세상의 모든 일 뜬구름과 같구나.
> 무덤을 만들고 사람들이 흩어진 후
> 적적한 산 속에 달은 황혼이어라.

노래가 끝나고 장님이 앵금을 세게 퉁기자 줄이 탁 하며 끊어지고 동시에 맹상군이 통곡을 하였다. 그리고는 무언가 좋은 일을 하면서 한생을 살아야겠다고 결심하게 되었다.

그날 이후부터 맹상군은 자기 집에 큰 식당을 만들어 놓고 아침마다 국밥을 끓여 무료로 제공했는데, 그 국밥은 누구든지 와서 먹을 수 있었으며 3천 명의 식객이 음식을 먹는 소리가 20리 밖에까지 들렸다고 한다. 장님의 노래 소리에 인생의 실체를 깨달은 맹상군은 보시를 통해 삶의 의미를 느끼게 된 것이다.

불자들은 비록 맹상군보다는 못할지라도 베푸는 일에 익숙해져야 할 것이다. 베풀 것이 조금이라도 있을 때 베풀어야 한다. 돈을 많이 모은 다음에 좋은 일을 하겠다고 미룰 일이 아니다. 적으면 적은 대로 보시할 줄 알아야 한다.

베풀 때 탐욕의 길, 투쟁의 길, 삿된 길들은 저절로 사라지게 되고 지옥, 아귀 등의 추한 세계도 없어지게 될 것이다.

두번째, 법시(法施)는 흔히 법보시라고 하는데, 사람들이 온전한 정신을 가질 수 있도록 진리를 베푸는 것을 말한다. 곧 재물을 베풀어 주는 것에서 한 단계 더 나아가 재물을 보시할 수 있는 근본정신을 나누어 주는 것이다.

우리에게 무엇보다 중요한 것은 물질적인 것보다 정신적인 풍요로움이다. 물질적인 것에만 관심을 가져 밖으로만 치장을 하고 가꾸다 보니 정신적으로는 더욱 빈곤한 요즈음, 우리는 부처님의 올바른 정신으로 법보시를 베풀어서 더욱더 건강하고 편안하며 안락한 생활을 영위해 나가야 할 것이다.

《금강경》에 이르기를 '삼천대천 세계를 칠보로 보시하는 것보다 금강경 사구계 한 구절을 일러주는 것이 낫다'라는 말이 있는데 이것은 곧 법시의 중요성을 이른 말이라 하겠다.

《금강경》에 이르기를 '모양이 있는 것은 모두 다 허망하다'고 했다. 우리는 형식의 허울에 빠져 있는 사람들에게 성심성의껏 부처님의 가르침을 전하여 그들의 참정신을 일깨워 주어야 할 것이다.

또한 법보시를 한다면 진리를 분명히 깨우칠 수 있는 쉬운 책이나 글을 법보시하는 것이 좋다.

세번째, 무외시(無畏施)는 모든 두려움을 제거하여 편안한 마음을 가질 수 있도록 해 주는 보시이다. 든든한 믿음을 가진 사람이라면 두려울 게 없다. 즉 생사의 두려움까지 다 해탈시켜 준다면 그것이 곧 최상의 무외시이다. 성현의 가피를 입는 것 또한 무외시가 된다. 언제 어디서나 부처님께서 자신을 지켜주고 보살펴 주신다는 확실한 믿음만 있다면 그 사람은 두려울 것이 없다. 어느 사람은 전쟁터에서 관세음보살을 불렀더니 두려울 것이 없어지게 되었는데 그것 또한 일종의 무외시이다.

무외시에는 한마디의 축원, 한마디의 따뜻한 말, 한마디의 덕담의 동기 부여 등도 해당된다.

다음은 보시에 인색했던 사람에 관한 이야기이다. 16나한님 가운데 첫번째로 꼽히는 빈두로 파라타존자는 세속에 있을 때 우진왕의 신하였다.

빈두로는 우진왕을 도와 백성을 다스리다 우연히 석가모니와 인연이 되어 스님이 된다. 어느 날 신하들이 모함하여 빈두로가 우진왕에게 인사를 하지 않는다고 자꾸 아뢰자 왕도 그렇게 생각하고 그것을 확인해 보고 사실이라면 목을 베어야겠다는 마음으로 그가 공부하는 곳으로 찾아가게 되었다.

그것을 미리 알아챈 빈두로 파라타존자는 문 앞까지 나와서 영접하니 우진왕이 묻기를 '스님은 평소에는 제가 인사를 드리면 앉아서 그냥 받더니 오늘은 어찌해서 문앞까지 나와서 받습니까' 하니 존자가 대답하기를 '8복전 가운데 삼보는 공경복전이라 공경함으로써 복을 받는 것입니다. 평소에 앉아서 그냥 받은 것은 대왕께 복을 지어주기 위함이고 오늘은 밖에 나가서 영접함은 대왕의 업을 미연에 방비하기 위해서입니다' 하니 우진왕이 자신의 어리석음을 깨닫고 그를 존경하게 되었다.

어느 날 빈두로가 그 동네에서 제일 구두쇠로 유명한 집을 택해 탁발을 가게 되었다. 마침 구두쇠 할머니가 만두를 찌고 있어 빈두로가 만두를 탁발하려고 하자, 욕을 쏟아놓으며 끝내는 보시를 하지 않는 것이었다.

빈두로는 그 자리에 앉아 멸진정에 들었고 가만히 정좌한 모습에 죽었나 싶어 겁이 난 할머니는 빨리 다른 곳으로 가면 만두 하나를 주겠다고 약속했다.

빈두로는 정에서 깨어났고 할머니는 막상 보시를 하자니 아까운 생각에 제일 작은 만두를 골랐는데 그것이 옆의 큰 만두와 붙어 떨어지지 않는 것이었다. 할머니는 떼어내려 노력하다 할 수 없자 그제야 이 스님이 보통 스님이 아니고 도를 깨달은 훌륭한 스님임을 깨닫고 잘못을 뉘우치고 진심으로 보시를 해 큰 공덕을 받았다고 한다.

부처님께서는 수많은 경전을 통하여 이제까지 우리가 살펴본 세 가지 보시 중 어떠한 보시라도 해야 한다고 말씀하시면서 또한 그 자세에 관해서도 언급하고 계신다.

보시는 평등한 마음에 바탕을 두어야 하고 베풀면서 마음을 닦고 환희심을 기르도록 하며 겸해서 각자에 맞는 염불, 기도 및 참선을 통해 마음자리를 밝히도록 노력해야 한다.

일대사 인연

석가모니 부처님께서 이천오백여 년 전 일대사 인연(一大事 因緣)으로 이 세상에 오시게 되었는데, 여기서 일대사 인연이라 함은 곧 불법을 말하고 부처님께서 깨달은 진리를 말한다. 석가모니 부처님께서 보리수 나무 아래 금강좌에 앉아서 샛별을 보고 무상정등각을 깨우친 것이 인연법이다.

경에 이르기를 모든 법은 인연에 의해서 생겨나고 인연에 의해 멸한다고 하셨다. 인연이라 함은 곧 사람과 사람 사이에 존경과 사랑, 경쟁과 각축 등 모든 관계를 말한다. 인연을 이해하면 세간 중생들의 온갖 세간 생명이 연에 의해 생기고 연에 의해 멸하는 것을 이해하게 되고 인생의 진리를 깨닫게 된다.

인연은 4가지로 설명할 수 있는데 첫번째는 무인무연(無因無緣), 즉 인이 없으니 연도 없다는 것이다. 사람들은 흔히 그렇게 되도록 운명지어져 있어서 혹은 신의 뜻에 의해 모든 일이 결정되는 것으로 생각하여 숙명 탓 운명 탓을 하는데, 이는 인생에 대한 개인의 노력을 철저하게 무시하는 것으로 올바른 인연론이 아니다.

두번째, 무인유연(無因有緣) 즉 인은 없고 연만 있다고 하는 것으로 이런 생각을 가진 삶은 이 세상에서 과거에 인한 인연과보란 절대적으로 존재하지 않으며 일체 모든 것은 현실적인 조건이 모여 이루어진 것이라고 주장한다.

예를 들어, 어떤 학생은 성적이 좋고 또 다른 학생이 성적이 나쁠 때 노력이 부족한 탓으로만 돌리고 타고난 재능과 총명함의 차이를 보지 못하는 것이니 이러한 인연관 또한 문제가 있는 것이다. 곧 하나만 알고 둘은 모르는 것과 같다.

세번째, 유인무연(有因無緣) 즉 인만 있고 연이 없다고 생각하는 것이다. 어떤 이는 인과 연은 전혀 별개의 것으로 알고 어떤 일이 발생할 때 인이 있다고 해서 반드시 연이 있는 것이 아니라고 생각하는데, 이는 불법의 인연생명의 오묘한 이치를 알지 못하는 것이다. 속담에 선에는 선과가 따르고 악에는 악과가 따른다는 말이 있듯 인에 대한 과를 받지 않는 것이 아니라 아직 받을 때가 오지 않은 것뿐인 것이다.

앞에서 말한 세 가지 인연은 모두 한쪽으로 치우친 견해로 결코 올바른 인연관이라 할 수 없다. 불교의 인연과보는 고리처럼 서로 맞물려 있고 상생하면서 서로 어우러져 있기 때문에 일체 모든 것에 인이 있으면 연은 당연히 존재한다.

네번째, 유인유연(有因有緣), 인이 있으면 연이 있다는 것이다. 불교에서 일체법은 모두 인연에 의해서 연결된다고 한다. 그래서 《능엄경소》에 이르기를 '성인의 가르침은 얕은 것에서부터 심오한 것에 이르기까지 일체 법을 말씀하시되 인연이란 두 글자를 벗어나지 않는다고 했다. 집을 짓는 것을 예로 들 때 목재, 시멘트, 기와 등 많은 조건이 결합해야만 비로소 집이 완성될 수 있는 것과 같다.

인연이 있어야 일체의 모든 일이 원만히 이루어지는 것이기 때문에 스스로 인연을 깨뜨리면 무슨 일이건 원만히 성취하기가 어렵다.

우리는 살면서 여러 사람과 관계를 맺게 되는데 삶에 있어 대인관계가 굉장히 중요하다. 대인관계가 원만하면 어떤 일이 생겼을 때 처리하기가 쉬워지고 대인관계가 원만치 않으면 일이 더 꼬이기도 하는데 이러한 관계가 곧 인연이다.

우리는 살아가는 데 있어 사람과의 인연에 감사할 줄 알아야 하며 결코 인연을 끊어서는 안 될 것이다.

중국 양무제와 달마 스님과의 고사는 바로 인연이 맞지 않은 경우이다.

선종 초 달마는 인도로부터 배를 타고 중국 광주땅에 오게 된다. 양무제는 사람을 보내 그를 맞이하고는 자신의 공덕을 과시하고 싶은 교만심이 생겨 달마에게 물었다.

"나는 일찍이 무수한 사원을 짓고 수많은 경전을 편찬했으며 여러 스님들께 공양을 올렸는데 내가 지은 공덕이 얼마나 되오?"

달마가 한마디로 대답하기를,

"공덕이 없습니다."

라고 했다.

양무제는 다소 불쾌했지만 다시 질문을 했다.

"공덕이 이처럼 많을진대 어찌하여 공덕이 없다 말하시오?"

달마가 말하기를,

"폐하의 공덕은 단지 인천의 작은 과보일 뿐이며 유류인에 불과합니다. 마치 그림자가 몸을 쫓아다니듯 실체가 없는 것으로 헛것에 지나지 않습니다.”
라고 말했다.

그러자 양무제는 스스로를 불교의 대공덕주로서 명성이 자자하다고 여겨 온데다 스스로에 대한 과시욕이 가득 차 이런 조롱을 참을 수 없다 하여 달마 스님을 조정에서 내쫓기에 이른다. 이리하여 달마와의 인연 맺을 기회를 놓치고 만 것이다.

《화엄경》에 이르기를 ‘대해의 물은 마실 수 있고 극미진수만큼 많은 생각도 헤아릴 수 있으며 허공중의 바람도 붙들어 매어 둘 수 있지만 불법의 세계는 말로 다 할 수 없다’고 했듯이 우리는 모든 일이 인연의 성숙이 빠르고 늦음에 의해 변화 발전해 가고 이어져 가는 것이라는 것을 알아야 한다.

이것은 마치 봄에 씨를 뿌리면 곧이어 꽃을 피우는 것이 있고, 어떤 것은 가을에 피며 어떤 것은 내년에 피고 또 어떤 것은 씨를 뿌리고 나서 몇 년이 지나야만 꽃을 피우고 열매를 맺는 것과 같다.

> 눈앞에 모든 이가 인연 있는 사람으로
> 서로 만나 친하니 어찌 환희로 가득 차지 않겠는가.
> 세상의 모든 괴로움은 스스로 짓고 스스로 받는 것,
> 어찌 넓은 가슴으로 포용하지 않으리.

부처님의 가르침에 의하면 인간은 지수화풍(地水火風) 사대인연으로 이루어졌다고 하는데, 이 사대가 곧 인(因)이다. 몸에 병이 난다는 것은 사대의 조화가 깨져 혈기가 순조롭지 못한 것이다. 꽃에도 거름이 약하면 꽃송이를 제대로 피울 수 없듯 연(緣)이

부족하면 무슨 일이든 제대로 열매 맺을 수 없다. 무슨 일을 하든지 일이 순조롭게 풀리지 않을 경우에는 절대로 남을 원망하지 말고 어디에 인연이 부족한가를 곰곰이 생각하고 반성해서 자기 스스로 그 허물에 대한 책임을 져야 할 것이다.

미란타왕과 나선비구의 질문 요지에 보면 '인연은 결코 따로따로 나눌 수 없으며 한쪽으로 치우친 견해와 편견으로는 결코 파악될 수 없다'고 했다. 여러 인연이 모여서 집도 되고 사람도 될 수 있는 것이다. 그렇기에 가는 곳마다 좋은 인을 심고 언제나 좋은 연을 맺는다면 우리의 인생은 하는 일마다 순조롭게 풀리고 만사가 형통해질 것이다.

인연이란 지식이나 연구토론으로 알 수 있는 것이 아니라 자기 스스로 사리에 맞게 수행할 때 비로소 깨닫게 되는 것이다.

이와 같이 진실한 수행과 깨달음의 과정을 거쳐 이해되는 것이 바로 유인연이며, 이러한 유인연법은 너와 내가 평등해서 우주가 내 마음이요, 내 마음이 우주일 때 비로소 올바로 이해할 수 있다.

지장보살은 '원력으로 연을 삼아 중생을 다 제도한 후에야 보리를 증득하리라. 만약 지옥이 완전히 비워지지 않으면 결코 성불하지 않겠노라'고 하셨다. 지장보살의 이 무량한 원력은 오늘날까지 중생들의 마음속에 성불의 길을 밝히고 꺼지지 않는 등불로써 내려오고 있다.

문수보살은 지혜를 연으로 삼아 장광설을 발하고 무상법을 설하며 눈먼 자를 위해 광명을 비춰 주고 어리석은 자를 위해 법음을 들려준 인연으로 지혜를 상징하게 되었다.

보현보살은 실천을 연으로 삼으니 그의 일거수 일투족(一擧手

一投足) 모두가 불법 아님이 없으며 그래서 보현행원품은 오늘날 신도들 사이에 많이 읽혀지고 있다.

관음보살은 자비를 연으로 삼아 널리 중생을 제도하시고 일체 중생이 자비를 받아 자비심을 성취토록 하시는 분이다. 그리고 인도 수달장자는 보시로 연을 맺어 부처님께서 설법할 기원정사를 지어 주셨고, 중국의 영명영수선사는 방생으로 연을 맺어 무수한 물고기와 짐승들의 재난을 면하게 해 주었으며, 우리나라 초의선사 같은 분은 차로써 연을 맺어 오늘에 전해지고 있다.

우리는 행복한 삶을 위해 일체 인연에 감사해야 하고 금생의 좋은 인연은 일체 중생들뿐만 아니라 미래에도 좋은 인연을 맺을 수 있도록 해야 할 것이다.

인연을 낳고 인연을 창조하여 인연에 수순할 때 모든 사람에게 도움을 주게 되어 만사가 형통하게 될 것이다.

윤회 (輪廻)

윤회가 없다면 과거도 미래도 없을 것이고 미래가 없다면 목숨 또한 한순간에 불과할 것이다.

윤회가 있음으로 해서 우리 인생은 삶의 방향을 바꿀 여지가 있고 이루지 못한 꿈을 실현할 수도 있으며 우리의 생명 또한 다음 차를 탈 수 있는 기회가 주어지는 것이다.

세간의 일체 현상은 윤회의 이치를 벗어날 수 없으니 우주의 물리적인 운전도 윤회요, 육도를 유전하며 받는 생도 윤회며 생사의 전환 또한 윤회에 해당된다.

우주의 자연현상인 춘하추동 사계절의 변화와 과거·현재·미래 삼세의 유전 그리고 밤낮의 변화 이 모두가 시간의 윤회이며 동서남북, 이곳저곳 또한 공간의 윤회이다.

이렇게 볼 때 우리 주변의 일 가운데 윤회 현상 아닌 것이 없다. 바람과 구름이 엉켜서 비가 되고 태양열에 증발된 빗물이 구름으로, 구름은 다시 비로, 이와 같은 자연의 순환 또한 윤회에 속한다.

어떤 과학자는 우리 몸이 7년마다 한 번씩 체질이 완전히 바뀌어 다른 사람으로 된다고 한다. 불법에서는 모든 생물은 세포로 이루어져 있으며 시시각각으로 움직이고 생성 변화하는데 육체상의 생로병사와 정신상의 생주이멸, 그리고 7년마다의 체질의 뒤바뀜과 같은 현상 모두를 윤회로 보고 있다.

그리고 희로애락의 감정 변화 또한 시시각각 윤회중에 있으며 단지 사람마다 빠르고 늦음의 차이가 있을 뿐이다.

중생은 생각을 지어내는 힘, 즉 업력에 의해서 시작과 끝이 없는 생명의 흐름에 휩쓸려 천상계, 인간계, 수라계, 지옥계, 아귀계, 축생계의 여섯 가지 다양한 현상으로 변화되니 이것을 곧 육도 윤회라 한다.

육도 윤회의 깊은 도리는 결코 단순한 신앙의 체계나 이론이 아니다. 윤회는 전생과 내생을 해석하는 정밀하고 정확한 과학이자 철학이요 종교인 것이다. 그러므로 중생들은 윤회가 존재한다는 것을 이해하고 믿어야 할 것이다. 과거를 되돌아보고 미래에 대한 희망을 가질 수 있도록 윤회에 대해 좀더 자세히 알아보자.

인간은 이생을 살면서 윤회가 있기에 백년의 짧은 세월을 결코 짧지 않게 보낼 수 있고 미래의 희망을 맞이할 수 있다.

이생이 끝나면 다음 생이 시작되고 늙고 병들고 죽으면 다시 태어나고 이렇게 끊이지 않고 생이 계속되니 우리는 이것을 희망이라 부를 수 있는 것이다.

단숨에 모든 것이 끝난다면 이생을 노력하며 살아가는 것이 무슨 의미가 있겠는가? 윤회는 곧 희망이다.

만약 우리가 인생의 경험을 미래의 후손에게 전할 수 없다면 우리의 모든 노력은 헛되고 무익한 것이 될 것이다. 그러나 귀중한 문화재산을 자손들에게 물려줄 수 있으니 역사의 생명 또한 무한하게 된다.

사람들은 만인이 법 앞에 평등하다고 말하지만 법망은 넓고 성글어서 힘있고 돈있는 자들은 법의 심판을 받지 아니하기도 한다. 그러나 불교에서는 인과와 윤회를 피해 갈 수 없다.

귀족이나 평민 어느 누구 할 것 없이 생사윤회를 벗어날 수 없는 것이다. 누군가 말하기를 '시간은 이 세상에서 가장 공명정대한 판사이고 생로병사는 아무도 차별하지 않는 재판관이며 인과와 윤회는 거스를 수 없는 세상의 법칙'이라 했다.

경에 '설사 백천겁이 지나더라도 지은 업은 없어지지 않으며 때가 오면 반드시 그 과보를 받는다'고 했다.

오취와 육도 윤회, 어리석거나 지혜로움, 빈부귀천은 스스로 과거에 지었던 업이 금생에 나타난 것일 뿐이다.

어떤 이는 태어나면서부터 천재라는 소리를 듣는다. 그것은 결코 금생에서 구축된 것이 아니라 과거생부터 익혀 온 것이 드러난 것이다. 그러니 우리가 흔히 자질이나 소질, 재능이라 하는 것도 모두 인과 윤회와 관련이 있다.

인생은 마치 쳇바퀴와 같아서 다시 태어남으로써 영원하고 밝은 생명을 유지할 수 있고 죄업 또한 수레바퀴가 선회하듯 참회하고 고쳐 나갈 때 언젠가는 소멸하게 될 것이다. 이처럼 윤회는 죄업을 소멸해 나갈 수 있다는 점에서 중생에게 무한한 희망을 주기도 한다.

추운 겨울이 지나면 따뜻한 봄날이 오듯 윤회를 통해 현재의 힘겨운 삶을 벗어날 수도 있는 것이다.

이처럼 우주의 제반 현상과 관련돼 있는 윤회에 대해 사람들은 왜 모르고 있는 것일까?

희랍의 철학자인 플라톤에 의하면 '영혼은 모태에 잉태되기 전 열사의 사막을 지나게 되는데 목이 몹시 말라서 막수하(莫穗河)의 강물을 마시고 다시 세상에 태어나는데 과거생의 모든 기억들을 전부 잊어버리게 되는 것은 격음지미(隔陰之迷) 때문이라고 한다.

음(陰)은 중음신을 의미하는 것으로 곧 우리의 몸을 말한다. 이 중음신은 육근이 구족되어 있고 신통이 갖추어져 오고감에 걸리는 것이 없으나 오직 어머니의 자궁과 부처님의 금강좌만은 지나갈 수가 없다고 한다. 우리는 결국 격음지미가 있어 과거를 다 잊고 사는데 사람의 인생에 있어 어떻게 보면 다행한 일일 것이다.

윤회현상이 명백한 사실이라면 조상과 가족과 친구가 세상을 떠났을 때 경을 읽어 주는 일은 영가에서는 더할 나위 없는 위로가 될 것이다. 우리 불교에서 독경의 공덕은 중생을 불국토에 왕생토록 해 준다.

우리의 생명은 어느 순간 이것이 되었다가 다시 어느 사이 윤회하는데 그 순환하는 실체는 우리의 신체 즉 몸이 아니라 '아뢰야식'을 말한다. 아뢰야식은 윤회의 근본 주체로서 숨이 끊어지면 최후로 육신을 떠나게 된다.

우리는 날마다 신·구·의(身·口·意) 삼업을 끊임없이 짓는데 선업의 힘이 강할 때는 천상·인간·아수라인 삼선도(三善道)에 태어나고, 악업의 힘이 강할 때는 지옥·아귀·축생계 즉 삼악도(三惡道)에 태어나 고통을 받는다. 기독교나 천주교에서의 종교의 목적이 천당에 가서 하나님과 함께하는 영생을 얻는 데 있고, 도교는 장생불사(長生不死)에 있으며, 민간신앙에서는 영원히 죽지 않는 데 있고, 불교에서는 태어남이 없는 경계를 증득하는 데 있다고 한다.

태어남이 없는 경계란 윤회를 벗어나 다시는 생을 받지 않는 경계를 말한다. 우리 불교는 윤회를 벗어나는 데 목적이 있다.

범부 중생들이 윤회하는 까닭은 업력의 끄달림 때문이며 중생은 그 업력의 선과 악에 따라서 과보를 받는데 이러한 윤회를 어떻게 하면 벗어날 수 있을까? 부처님께서는 팔만사천 법문 모두가 더 이상 생을 받지 않고 윤회를 벗어날 수 있는 아무 걸림이 없는 경계를 증득하는 등불이라 하셨다.

윤회를 타파하고자 하는 의지가 있고 윤회를 두려워하지 않는다면 비록 윤회의 소용돌이 속에 머물더라도 결코 윤회에 오염되지 않게 된다. 티벳의 라마승들은 입적 후 반드시 인간세계에 환생한다고 하고, 부처님의 본생담에 보면 부처님은 천신·축생·사문·왕족으로 끊임없이 윤회하여 보살도를 닦으시고 중생 교화에 힘썼다고 한다.

이와 같이 윤회에 끄달리지 않기 위해 평상시 수행의 힘이 필요한 것이다. 이처럼 윤회는 미래의 희망을 끌어내는 발전적인 의미를 담고 있다.

자유자재한 죽음

　부처님께서는 삼계(三界)가 불타는 집이요 사생(四生)이 괴로움의 바다라고 하셨다. 삼계는 중생이 사는 이 우주 전체를 일컫는 말이요, 사생은 태생(胎生)·난생(卵生)·습생(濕生)·화생(化生)으로서 모든 생명을 일컫는 말이다. 삶이란 불타는 집에서 고생만 하다가 조그마한 부귀영화를 누리고는 끝내는 것이라고 했다.

　옛날이나 지금이나 서로들 죽지 않고 오래 살기 위해 갖가지 노력을 아끼지 않지만 별수가 없다. 이에 불교에서는 이러한 문제를 어떻게 보고 있는지 살펴보도록 하자.

　중국의 진시황은 6국을 통일한 후 아방궁의 아름다운 궁녀들 속에서 생활하다 보니 죽고 싶지 않은 욕망이 생기게 되어 동남동녀 각 3천을 거느리고 불로초를 구하고자 애썼으나 결국은 죽고 만다. 한국의 삼천갑자동박삭이는 3천 년을 살았다 하지만 그 역시 죽고 말았으며, 중국의 팽조 또한 팔백 살을 살았다 하나 결국에는 죽음을 거부할 수 없었다.

　다만 죽음의 모양이 천차만별일 뿐 태어남이 있으면 삼계와 사생의 일체 중생은 반드시 죽게 된다. 반드시 닥치는 죽음에도 다음과 같은 차별이 있다.

첫번째, 수명이 다한 후에 맞는 죽음이 있는데 곧 기름이 다 타고 나면 자연히 불이 꺼지는 이치와 같다. 죽은 후에 사람은 선도에 태어나 향락을 받을 것이요 악업을 지은 사람은 삼악도에 윤회하는 고를 받게 된다. 불교에서는 또한 습(習)은 평소의 습관을 좇아서 다음 생을 받는다. 평소 염불한 사람은 그 공덕으로 서방극락세계에 왕생하게 되는데 뜻을 좇아서 생을 받기 때문이다. 그래서 평상시 원과 생각이 중요한 것이다.

그러므로 평상시 성불의 원, 정토의 원, 사람으로 태어나겠다는 원을 염원하는 것이 무엇보다도 중요하다.

불교에서는 사람이 죽은 후 8시간 이내에는 함부로 시신을 옮기지도 않고 울음 소리도 내지 않는다. 옛날 어느 왕의 임종시에 모기가 코에 있는 것을 보고 손바닥으로 때려 죽이니 진심(瞋心)이 일어나서 다음 생에 구렁이 몸을 받게 되었다고 한다. 사람이 죽은 후 신체 부위를 보고 왕생측도를 알 수 있는데 임종 후 시신은 발바닥에서 머리로 식어 올라가는데, 머리 꼭대기가 여전히 따뜻하면 성인의 과를 이루는 표시이고 눈이 따뜻하면 승천하게 될 것이고 심장이 따뜻하면 아귀도에 떨어짐이요 무릎이 따뜻한 사람은 축생도에 떨어지게 되며 발바닥이 따뜻하면 지옥에 떨어진다고 한다. 다음 생의 과보를 알고자 하면 금생에 지은 것을 보면 알 수가 있다.

두번째, 복이 다하여 죽는 죽음이 있다. 경에 이르기를 '세간 사람들은 생사를 모르고 육안으로는 죄와 복을 알지 못하며 일체 중생의 목숨은 마치 물거품과 같다'라고 했는데 시간이 지나면 결국은 죽게 된다.

세번째, 뜻밖의 죽음이 있는데, 일반적으로 말하는 횡사는 주로 교통사고, 타살, 사고로 인한 죽음 등이 이에 해당하며 미리 알지 못한 죽음을 말한다.

사람이 죽는 날도 환생법과 관련이 있다고 한다. 자축일에 죽으면 천도에 태어나고, 오미일에 죽으면 불도에, 인신일에 죽으면 인도에, 모유일에 죽으면 귀도에, 진술일에 죽으면 축도에, 사해일에 죽으면 지옥에 태어난다고 한다.

다음은 자유자재한 죽음이 있는데 앞에 거론한 죽음은 모두 예측할 수도, 자기가 마음먹은 대로 할 수 없지만 자유자재한 죽음은 사전에 알 수 있고 마음대로 할 수 있기에 생사 자재한 죽음이라 한다.

이렇듯 자유자재한 죽음을 맞았던 여러 선사들이 있는데, 먼저 중국의 동진 도안대사는 '나는 이제 떠나야겠네'라는 말을 마치고 공양드신 후 잠을 드신 듯 입적을 하셨으며, 단하 천연선사는 지팡이를 짚은 채 입적하셨다. 또한 당나라 양개선사는 가고 옴이 자유로워서 죽음을 앞둔 어느 날 칠일을 더 살아 달라는 부탁에 칠일을 더 살고 입적하셨으며, 신찬선사는 제자들에게 '너희들은 무엇을 일러 무성삼매라 하는지 아느냐?'라고 묻고는 제자들이 모른다고 답하자 입을 꼭 다물고 그대로 입적하셨다고 한다.

중국의 방온거사 일가족 네 명이 임종을 맞았던 이야기는 유명하다. 딸 영조는 부친이 입적하려는 것을 알고서 공부하면서 앉은 채로 입적하였고, 아버지 방온거사는 하는 수 없어 누워서 입적하였는데, 아들은 밭에서 김을 매다가 부친이 돌아가셨다는 말을 듣고 괭이를 짚고 죽었으며, 방온거사 부인은 가족들이 모두 죽은 것을 보고 모두 장사를 지낸 후 갈라진 돌 틈새로 들어가 죽었다 한다.

선종의 5조 홍인대사의 환생 이야기 또한 많이 알려져 있다.

홍인은 전생에 파두산 아래 소나무를 재배하는 재송노인이었는데, 4조 도신스님을 앙모하여 머리를 깎고 출가를 희망했으나 도신스님은 파거불행이요 노인불수(破去不行 老人不修)라 몸을 바꾸어 오라고 했다. 만약 몸을 바꾸어 다시 태어난다면 세상에 머물면서 홍인을 기다린다 했다. 그래서 노인은 물러나와 개천에서 빨래하는 아가씨를 보고 하룻밤 묵어갈 것을 청하였다. 아가씨의 집안이 대대로 불교 집안이므로 재송노인은 오빠의 승낙을 구하고 마침내 하룻밤 신세를 지게 되었고, 그것이 인연이 되어 재송노인은 그 거추장스런 육신을 우물에 버리고 바로 새로운 생(生)을 받게 된다. 그 아이가 후대에 5조 홍인대사이다.

조선조 제22대 정조대왕은 대를 이를 왕자가 없자 대구 파계사에 계시던 용파스님과 인연을 맺고 대사는 백일 기도에 들게 된다. 용파스님은 수락산 내원사에서 기도하고 농산스님은 세검정 금선암에서 기도 중 혜안으로 살펴보니 왕자로 태어날 인연이 없는 것이었다. 농산스님은 할 수 없이 본인이 죽어서 왕자로 태어나기로 결심하고 내원사에 있는 용파에게 알리고 대궐을 향해 분향 재배한 후 고요히 열반에 들게 된다. 그 후로 태기가 있어 왕자가 탄생하니 이분이 바로 순조 임금이다.

중국에서는 사람이 죽으면 유체를 탑에 모시는데 4조 도신대사, 5조 홍인대사, 6조 혜능대사, 그리고 신라 스님이신 김교각 스님(지장스님)의 유체가 중국 구화산 구화사에 안치되어 있다.

일본 고야산에 있는 홍법대사 같은 분은 열반에 드신 후 썩지 않아 탑에 모셨는데 한 달에 한 번씩 손톱과 발톱이 생시와 같이 자라서 그 어머니가 깎아 주었다고 한다.

우리나라에서는 육신으로 보존하기보다는 화장문화가 발달하여 사리(sarira), 신골, 유골, 영골로 보존하는데 해인사에 계시던 성철스님을 비롯하여 많은 분들의 사리가 전해지고 있다.

이와 같은 고승대덕의 자유자재한 죽음을 통해 불법의 불가사의하고 오묘한 법력이 세상에 드러나기도 한다.

생명은 어디서 왔는가

우리들이 생활을 하며 가장 관심을 기울이는 것은 현재이다. 과거는 지나간 시간으로 별로 관심을 두지 않으며 미래도 막연하여 확실히 알 수가 없으므로 짐작을 하기 힘들다. 그러니 모두들 현재가 가장 절실하다고 느끼게 된다.

우리는 누구나 다 과거가 있다. 생명은 갑자기 생겨난 것이 절대 아니다. 그렇다면 우리의 생명은 도대체 어디서부터 왔으며 어디로 가는 것일까?

생명의 과거는 바로 모든 사람들의 역사이다. 생명의 미래도 있다. 모든 사람들에게는 개개인 나름대로 희망이 있는데 마치 해가 지면 다음날 다시 해가 밝아 오는 것과 같다.

그러면 생명은 어디서 오는 것일까?

우리나라 사람들은 대부분 생명이 부모한테서 온 것이라고 생각하고, 중국 고대인들은 기(氣)로부터 나왔다고 한다. 또 인도에서는 사람의 생명이 범천(梵天)에서 나온 것이라고 말한다. 이렇듯 생명의 기원에 대한 다양한 의견들이 있다.

불교에서 생명은 인연에서부터 온다고 본다. 곧 인(因)은 생명의 근원이고 연(緣)은 생명을 존속시킬 수 있는 조건이 되는 것이다. 생명은 갑자기 생기는 것이 아니고 독단적으로 존재하는 것은 더욱 아니며 많은 조건이 서로 어우러져야 비로소 생성된다. 불교의 인연설은 일반의 생명기원설과는 다른 성격을 지니고 있다. 일반의 생명기원설은 직선적인 반면 불교인연설은 곡선적이다.

우리의 생명은 과거는 무시(無始)였고 미래에는 무종(無終)이다. 그러므로 우리의 생명은 시작도 없고 끝도 없는 것이다. 바꿔 말하면 인간의 생명은 소멸되지 않는다고도 얘기할 수 있다.

인연의 중심된 성질은 이것이 있으니 저것도 있고 저것이 있으니 이것이 있다는 것이다. 세상의 어떠한 사물이든 서로 의지하면서 존재하게 된다. 우리가 생존하기 위해서는 물도 필요하고 식량이나 의복도 필요하며 남들의 관심 또한 필요하다.

결국 모든 존재는 인연(因緣)이란 두 글자를 벗어날 수 없다. 석가모니 부처님께서 12년간 고행정진하여 보리수 아래 금강좌에서 깨달음을 얻은 것이 곧 인연법이다. 생명은 단지 인연을 따라서 변화할 뿐이고 우리의 업력을 따라 끊임없이 계속된다.

이렇게 생명이 전환된다고 볼 때 사람의 한 생이 끝나게 되면 어디로 가는 것일까?

사람들은 죽어 육도(六道)를 맴돌면서 비록 형체는 다르다 하나 그 생명은 과거와 이어져 끊임없이 계속되게 된다. 이와 유사한 예를 든다면 한 알의 씨앗이 그것을 그냥 두면 씨앗이요, 그 싹을 틔울 수 있는 환경, 즉 토양·수분·햇빛이 있는 곳을 만들어 주면 그 씨앗은 싹을 틔우고 자라나게 된다. 그리하여 사람이 죽어서 다시 사람으로 태어난다는 보장도 없고 모두 다

귀신이 된다는 법도 없으며 오직 어떠한 인연인가에 따라 받는 과보가 달라지게 된다.

《법화경》에 이르기를 '사람이 다시 사람으로 태어나기가 어렵다'고 했다. 경전에 '사람의 몸 잃어버리기는 넓은 대지와 같고 사람의 몸 받기는 동물의 발톱에 흙같이 적다'고 하였다. 이처럼 받기 어려운 사람의 몸을 받았으니 우리는 삶이 이어지는 동안 올바른 인을 쌓아 좋은 과를 받도록 해야 할 것이다.

순환하는 우리의 생명을 연결시키는 요소에 대해 살펴보도록 하자.

첫번째, 심식(心識)의 역량이다. 심식은 생명의 주체이고 생명의 근원이다. 사람들은 간혹 초능력이나 텔레파시가 통한다는 얘기를 한다. 불교인들은 이것이 마음보다 더 깊이 있는 식(識)이라 말한다. 즉 《반야심경》의 안(眼)·이(耳)·비(鼻)·설(舌)·신(身)을 5식(識)이라 하고 마음을 6식이라 하며 의(意)는 제7식, 아뢰야식은 제8식으로 진정한 생명의 의지처가 된다.

우리들의 육식은 안·이·비·설·신 즉 오식을 이끌고 갖가지 활동을 하는데, 전 5식을 통해 갖가지 업을 짓고 제7식인 의(意)로 하여금 제8식 아뢰야식, 즉 장식에 그 동안 지었던 모든 선악업을 저장해 두게 된다. 사람이 죽을 때 안·이·비·설·신 모두가 작용을 못하지만 식(識)은 가장 늦게서야 육신을 떠나게 된다.

두번째, 중음신은 우리의 생명을 연결시키는 작용을 하는 것으로 정혈(精血)이 화합돼 이루어진 것도 아니요, 피와 살이 어우러진 몸도 아니요, 다만 생사(生死)지간에 있기에 중음신이라 한다.

  그것은 곧 한 덩어리 기운 혹은 그림자 한 조각이라 할 수 있고 식(識)에 의지하다가 그 근기에 따라 정해지게 된다.《열반경》에 이르기를 상근기의 경우 전생하는 것은 일념지간이고 중근기는 보름이 필요하며 하근기는 사십구일이 걸린다고 한다. 절에서의 49재나 천도재 등의 의식은 이런 의미에서 유래되었다고 한다.

  중음신이 남녀 교합하는 것을 보고 모친에 대해 흠모하는 마음을 품으면 남자아이로 탄생하고 부친에 대해 사랑을 받고자 하면 여자아이로 태어나게 되는데, 이 과정을 입태(入胎), 출태(出胎)라 한다. 지옥에 떨어진 중음신이 추위에 시달리다가 뜨거운 지옥의 불길을 보고 좋아하면 팔열(八熱) 지옥에 떨어지게 되고 만약 뜨거움에 시달리다가 시원함을 얻고자 하면 팔한(八寒) 지옥에 빠지게 된다고 한다. 그래서 중음신은 전생과 금생을 나누어 놓기도 하지만 금세와 전세를 연결시키기도 한다.

  세번째, 업은 생명을 연결시키는 힘이라 할 수 있다. 업력(業力)은 생을 기름지게 하고 싹트게 하는 두 가지 힘이 있는데, 업력이란 곧 일상생활 가운데서 몸이 지은 것, 입으로 지은 말, 마음속으로 생각한 것을 통해 형성된다. 즉 신업(身業), 구업(口業), 의업(意業)을 말한다.

  업에는 또한 선한 업, 악한 업, 무기업이 있다. 사람이 죽어 전생하며 업보를 받을 때는 가장 무거운 업을 먼저 받고, 평소 생각을 따라서 업보를 받기도 하며, 어떤 경우에는 평상시 습관에 의한 업보를 받는다고 한다.

  가령 어떤 이가 무거운 업을 지어 지옥에 떨어져야 마땅하다 하더라도 평상시 아미타불을 언제 어디서나 외운다면 이러한 염불 습관으로 인해 극락 왕생할 수 있다고 한다. 그래서 생각과 습관은 다음 생을 받는 데 있어 아주 중요한 요소라 할 수 있다. 또 어떤 선한 이는 죽어라 고생만 하는 등 무슨 인과 응보가 있느냐고 의심하기도 하는데, 선에는 선한 응보가 있고 악에는 악한 응보가 있다. 그러한 경우는 응보가 없는 것이 아니라 아직 응보를 받을 때가 아닐 뿐이다. 인과응보 가운데에는 현세보, 내생보, 다생보가 있는데 마치 우리가 꽃과 나무를 심었을 때 어떤 것은 꽃을 그해에 피우기도 하고 3년 혹은 5년이 걸리기도 하고 심지어는 십 년이 지나야 꽃과 열매를 맺는 것과 같은 이치이다.

'전생의 인(因)을 알고 싶다면 금생에 받는 바로 이것이다. 내생의 과(果)를 알고 싶다면 금생에 짓는 바로 그것이다'라고 《경전》에 있듯 법이 우리의 삼세 인과와 불가분의 관계에 놓여 있음을 알아야 한다.

네번째, 십이인연(十二因緣)은 생명의 과거에서부터 현재, 미래까지 돌아가는 열두 가지 순서를 말한다. 십이인연은 ①무명(無明) ②행(行) ③식(識) ④명색(名色) ⑤육입(六入) ⑥촉(觸) ⑦수(受) ⑧애(愛) ⑨취(取) ⑩유(有) ⑪생(生) ⑫노사(老死)이다.

십이인연법 가운데에서 무명(無明)과 행(行)은 과거인이고, 식(識), 명색(名色), 육입(六入), 촉(觸), 수(受)는 현재 오과(五果)이다. 애(愛), 취(取), 유(有)는 현재 삼과(三果)이고, 생(生)과 노사(老死)는 미래 이과(二果)로써 이것을 합쳐 십이인연의 도리라고 한다.

그렇다면 사람에게 있어 십이인연은 어떠한 작용을 하는가?

첫째, 사람은 본래 십이인연의 속박을 벗어날 수 있는 존재이나 탐·진·치, 아집과 번뇌로 말미암아 십이인연의 유전을 벗어나기가 쉽지 않다.

둘째, 십이인연은 마치 씨앗이 싹트고 자라서 꽃이 핀 후 열매를 맺게 되면 그 열매에서 나온 씨앗이 또다시 성장을 반복하듯 우리의 과거생, 현생, 내생으로 몸이 오취육도 가운데서 쉬지 않고 윤회하지만 생명의 흐름을 전후로 서로 계속되고 그 주체는 일치되는 것과 같다.

이로써 심식은 생명의 주체이자 근원이고, 중음신·업·십이인연을 통해 생명은 어디서 왔으며, 어디로 가는가에 대해 살펴보았다.

심상이 중요하다

불교에서는 인(因)이 먼저이고 과(果)가 다음이니 마음에 덕이 있으면 얼굴이 아름답고 몸이 건강해짐과 같은 이치이다. 공자께서도 '심상과 복덕이 오직 마음에 있으며 그것이 나타나 보이는 곳이 곧 얼굴이다'라고 했으며, 《법구경》에서도 '성 안 내는 그 얼굴이 참다운 공양이요, 부드러운 말 한마디가 미묘한 향이로다'란 말이 있다. 그러한 마음의 덕 위에 드러나는 웃는 얼굴, 편안한 얼굴에 심상이 겸하면 금상첨화일 것이다.

우리는 흔히 누군가에 대해 말한다. 저 사람은 마음이 넓다, 저 사람은 마음이 좁다, 저 사람은 선이 굵은 사람이다, 저 사람은 선이 가는 사람이다, 저 사람은 딱딱한 사람이다, 저 사람은 감촉이 부드러운 사람이다, 저 사람은 모가 졌다, 저 사람은 둥글둥글한 사람이다 등등…….

이것은 마음의 형태에 대한 다양한 표현이다. 그래서 사람은 뭐라 해도 관상과 골상 그리고 심상이 좋아야 한다.

관상학에서는 웃는 상, 우는 상, 슬픈 상, 추운 상, 악한 상 등으로 분류하는데 무엇보다 중요한 것이 마음의 상이라 하겠다.

부처님께서도 《화엄경》에 '일체유심조(一切唯心造)'라 했는데 인간의 마음은 모든 악업을 짓고 선악을 만들어 가는 주인이기에 그 마음에 대해 가장 많이 강조하고 계신다.

사람의 형상은 밝고 맑은 것이 좋은데 마음을 선하고 인자하게 사용한다면 그 마음의 형상을 따라서 얼굴상이 만들어지게 된다. 공자도 불혹의 나이에 가진 얼굴은 본인의 책임이라 했듯이 각자 사람마다 마음의 행위에 대한 미추가 하나씩 형상화되어 외적으로 나타나게 된다고 한다. 인간에게 있어 밖으로 드러나는 고결한 인품과 천박한 인품도 역시 모두 마음의 소산이다. 옛날 사람들은 골격과 기색, 수염과 머리카락, 눈썹과 피부, 눈빛까지도 심덕(心德)의 유무에 따라 변모한다고 믿었다.

올바른 심상의 표본이 되는 마음 자세가 있는데 이는 다음과 같다.

첫째, 쌀 한 톨이라도 진귀하게 여기는 마음은 부의 근본이 되고,

둘째, 글자 한 자, 종이 한 장이라도 소중히 여기는 마음은 귀의 근본이 되며,

셋째, 작은 잘못이라도 화냄이 없이 너그러이 용서하는 마음은 덕의 근성이 된다.

넷째, 작은 벌레라도 살생하지 않고 사랑하는 마음은 수의 근본이 된다.

이와 같은 네 가지 마음 자세로 올바른 심상을 길러야 할 것이다.

결국 자기 얼굴은 본인 스스로 책임을 져야 한다. 우리의 얼굴 인상은 자신의 운명을 드러낸다고 하는데 상당히 중요한 의

미를 담고 있다. 즉 우는 얼굴에 벌이 쏘고, 벌레 씹은 얼굴, 우거지상에는 불행의 흑마가 찾아온다고 하고, 웃는 얼굴에는 복이 온다고 한다. 이처럼 좋은 인상을 가지기 위해서는 스스로의 몸가짐을 단정히 하는 것도 하나의 방법이다. 그러나 무엇보다 중요한 것은 어떠한 마음을 쓰느냐이다.

고맙습니다라고 하는 감사의 마음,

미안합니다라고 하는 반성의 마음,

덕분입니다라고 하는 겸허의 마음,

제가 하겠습니다라고 하는 봉사의 마음,

네 그렇습니다라고 하는 유순한 마음,

이 다섯 가지로 잃어버린 본심을 찾아 우리들의 마음의 상에 아름답게 화장해 보는 것이 어떠할까.

옛날 수행을 잘 하시는 어느 스님에게 시봉하는 사미가 하나 있었는데 혜안으로 그 사미를 관하여 살펴보니 앞으로의 수명이 7일 정도밖에 남아 있지 않은 것이었다. 가엾기도 하고 불쌍하기도 하여 스님은 시자에게 그 부모님을 한번 뵙고 오라고 7일간 휴가를 주게 되었다.

그런데 그 사미가 길을 가다가 개미떼가 물에 떠내려가는 것을 보고 막대기로 그것을 건져 주었더니 그 인연으로 죽음을 모면할 수 있게 되었다. 결국 그 사미는 착한 마음, 착한 행동으로 스스로의 운명을 바꿀 수 있게 된 것이다.

이와 같이 한 마음이, 중요한 인과를 만들어 모든 결과가 달라지기도 한다. 그래서 우리 불교에서는 '일체유심조(一切唯心造)' 즉 모든 것은 마음이 좌우한다라고 하는 것이다.

마음가짐의 중요성을 드러내 주는 중국의 유명한 배도와 배탁 형제 이야기가 있다.

중국 당나라 때 배휴라는 유명한 정승이 있었는데 쌍둥이로 태어났다. 그것도 등이 맞붙은 기형아로 태어나 그의 부모가 칼로 등을 갈라 살이 많은 자는 형(배도)으로, 살이 적은 자는 동생(배탁)으로 삼았다. 어려서 부모를 여읜 배도와 배탁은 외삼촌 집에서 몸을 의지해 살고 있었다.

어느 날 일행선사라는 밀교의 고승이 집으로 찾아와서 그 형제를 유심히 바라보더니 외삼촌과 이야기를 나누게 되었다.

"저 아이는 누구입니까?"

"저의 생질인데 부모가 일찍 죽어 제가 키우고 있습니다."

"저 아이를 내보내세요."

외삼촌이 의아하여 그 연유를 묻자 고승은,

"저 아이의 관상을 보니 앞은 거지상이요 뒤는 거적대기상입니다. 워낙 복이 없어 거지가 되지 않을 수 없고 그냥 놓아 두면 저 아이로 말미암아 이웃이 가난해집니다. 저 아이가 얻어먹는 신세가 되려면 이 집부터 망해야 하니 그렇게 되기 이전에 아이를 내보내세요."

라고 말했다. 외삼촌은 안타까운 마음이 들어,

"그렇지만 부모가 없는 아이를 어떻게 내보냅니까?"

라고 탄식하자,

"사람은 복대로 살아야 하는 법, 이 집이 망한다면 저 애들의 업은 더욱 깊어질 것이오."

라고 고승이 말했다.

이런 대화를 엿들은 배도는 선사가 돌아간 뒤 외삼촌에게 말하기를,

“외삼촌, 저의 형제는 이 집을 떠나려고 합니다. 허락하여 주십시오.”
라고 하자 외삼촌이,
“가다니, 도대체 어디를 가겠단 말이냐?”
하며 만류하였다.
“아까 일행 선사와 나누는 말씀을 들었습니다. 우리 형제가 빌어먹을 팔자라면 일찍이 빌어먹을 일이지 외삼촌 집안까지 망하게 할 수는 없는 일 아닙니까? 떠나겠습니다.”
자꾸만 만류하는 외삼촌을 뿌리치고 배도는 배탁과 함께 외삼촌 집을 나오게 되었다.
배도와 배탁 두 형제 거지는 하루하루 구걸하며 살다가 어느 날 머리를 맞대고 상의하기를,
“우리가 이렇게 산다면 일찍 돌아가신 부모님 혼령도 편안하지 못할 것이다. 산으로 들어가서 숯이나 구워 팔면서 공부도 하고 무술도 익히자!”
라고 하였다.
그래서 그들은 산으로 들어가 숯을 굽고 틈틈이 글읽기를 하며 검술도 익혔다. 그리고 넉넉하게 구운 숯은 다발다발 묶어 단정한 글씨로 쓴 편지와 함께 집집마다 나눠 주었다.
“이 숯은 저희들이 정성을 들여 구운 것입니다. 부담 갖지 마시고 마음놓고 쓰십시오!”
하루 이틀 한 달 두 달 이렇게 꾸준히 숯을 보시하자 처음에는 의아하게 생각하던 마을 사람들도 감사하게 생각하여 그 형제들이 먹을 만큼의 양식을 주게 되었다. 이렇게 하여 두 형제의 소문이 온 고을에 퍼져 그 소문을 듣고 찾아온 외삼촌은 잠

깐만이라도 좋으니 집으로 돌아가자고 간청하여 그들은 집에 돌아가게 되었다. 때마침 지나가던 일행선사가 배도를 보더니 깜짝 놀라며,

"애, 너 정승이 되겠구나!"

라고 말하였다. 배도는,

"스님, 언제는 저희 형제보고 빌어먹겠다고 하시더니 오늘은 어찌 정승이 되겠다고 하십니까? 거짓말하지 마시오."

라고 반발하였다.

"이전에는 너의 얼굴에 거지팔자가 가득 붙었더니 오늘은 정승의 심상이 보이는구나. 그 동안 무슨 일을 하였느냐?"

배도와 배탁이 그 동안의 일을 이야기하자 일행선사가 무릎을 탁 치면서 기뻐하였다.

그 뒤 배도는 정승이 되어 배휴라 하고 동생 배탁은 대장군의 벼슬을 마다하고 황하강 뱃사공이 되어 오가는 사람을 건네주며 고매하게 살았다고 한다. 배도와 배탁 두 형제의 가까운 사람에게 폐를 끼치지 않겠다는 마음가짐과 가난한 이웃에게 베푼 선행이 거지팔자를 정승팔자로 바꾸어 놓았듯 우리 또한 항상 베풀고 노력하여 행복하고 편안한 삶을 살도록 하자.

부디 보이지 않는 상이라 하여 업(業-카르마)을 함부로 하지 말고 기꺼이 받겠다는 자세로 멋진 삶, 후회없는 삶을 영위하여야 할 것이다.

과거 칠불과 십대 제자

석가모니 부처님 탄생 이전에 과거 7불이 계셨는데 그분들의 공통된 게송이 곧 '제악막작(諸惡莫作) 중선봉행(衆善奉行) 자정기의(自淨其意) 시제불교(是諸佛敎)'라 했다.

이와 관련한 유명한 이야기가 있는데, 중국 당나라 도림선사께서 백낙천에게 좌우명으로 일러준 게송이 바로 이것이다. 그러면 과거 칠불을 하나하나 구체적으로 살펴보도록 하자.

먼저 '비바시불'은 칠불 중 첫번째 부처님이다. 그는 파탈리 나무 아래서 깨달음을 얻고 한번 설법에 16만 명을, 2회 설법에 10만 명을, 3회 설법에 8만 명을 제도했다고 하며《화엄경소》제17권에 비바시불에 대한 설명이 나와 있다. 그는 '참음이 제일의 진리, 무위가 으뜸이라 말씀하시네. 출가하였으나 남을 수고롭게 하면 수행자라 할 수 없다'는 게송을 남기셨다.

두번째, '시기불'은 푼다리카 나무 아래서 정각을 이루어 중생을 제도하고 과거 31겁에 출현하였으며, 그때 인간의 평균 수명은 7만 세였다고 한다. 첫회 설법에서 비구 10만 명을 제도하고 다음 설법에서는 7만 명을 제도하였으며 으뜸되는 제자로는 아비부와 삼바바가 있다. 그가 남긴 게송은 '눈 밝은 사람은 험악한 길을 피해 갈 수 있듯이 세상에 총명한 사람은 능히 모든 악을 여의네'이다.

세번째, '비사부불'은 과거 장엄겁 천불 가운데 최후로 출현한 부처님이다. 그때 인간의 평균 수명은 6만 세이며 사라수 아래에서 성도하셨다. 첫회 설법에서 7만 명을, 제2회 설법에서 6만 명을 제도하였다고 한다. 그 중 소나와 웃타라카를 좌우 제자로 삼았다. 그가 남긴 게송은 '비방도 질투도 말고 마땅히 계율을 받들어라. 음식을 절제할 줄 알고 항상 고요하고 한가함을 즐기라. 마음이 반드시 정진하기를 좋아하면 이것이 부처님의 가르침이라'이다.

네번째, '구류손불'은 사라수 나무 아래서 성불하셨고 1회 설법에 4만 명을 교화하셨다. 그때 인간의 수명은 5만 세이며 제자는 8만 명에 이르렀다 한다. 그가 남긴 게송은 '꿀벌이 꽃에서 꿀을 취할 때 빛과 향기를 그대로 두고 다만 그 맛만을 취하듯 수행자는 마을에 들어가서 계율을 지키고 다른 일에 신경을 쓰지 않으며 스스로 몸과 행동을 살핀다'이다.

다섯번째, '구나함모니불'은 인간의 수명이 3만 세일 때 오잠바 나무 아래서 도를 이루고, 한번 설법에 3만 명을 제도한다고 한다. 그가 남긴 게송은 '마음에 방일하지 말라. 성스러운 법 부지런히 행하라. 이리하여 근심이 없어지면 마음은 마침내 열반에 들리라'이다.

여섯번째, '가섭불'은 지금으로부터 2백만 년 전에 출현한 부처님으로 니그로다 나무 아래서 성도하였으며 제자는 2만 명에 이르렀다 한다. 당시 인간의 수명은 2만 세였다고 한다.

《삼국유사》에 의하면 신라 월성 동쪽 용궁의 남쪽에 가섭부처님이 앉아 계시던 자리가 있는데, 그곳은 과거 부처님 시대의 가람 터이니 지금 황룡사 지역은 과거 7불이 머무시던 일곱 절터 중의 하나라고 한다. 그가 남긴 게송은 '악일랑 짓지 말고 선일랑 행하라. 그 뜻을 스스로 깨끗이 하는 것 이것이 불교이니라'이다.

일곱번째, '석가모니불'은 불교의 교조로 석가, 석존이라 칭한다. 기원전 623년 중인도 가비라국 정반왕의 아들로 룸비니 동산에 있는 무우수 나무 아래에서 탄생하였는데 태어나자마자 7보를 걸으면서 '천상천하 유아독존'이라 말했다고 한다.

그에게는 십대 제자와 1,250명의 제자가 있었으며 그가 남긴 게송으로는 '입으로는 말을 조심하고 뜻은 항상 깨끗하게 하며 몸은 악을 짓지 않음이 삼업의 도를 청정히 함이다. 이와 같이 행할 수 있다면 이를 위대한 선인의 도라 하리라.

다음은 십대 제자를 한 분 한 분 살펴보도록 하자.

먼저 '지혜제일인 사리불'은 인도 왕사성 근처 한 바라문의 아들로 태어나 7일간의 단식 끝에 출가하였다.

그 당시 명성을 떨치던 회의론자인 산자야의 문화에서 수행하였고, 그 뒤 부처님의 제자 앗사지를 만나 연기의 가르침을 듣고 산자야 문하생 250명을 데리고 부처님께 귀의하였다.

두번째 제자인 '신통제일 목건련'은 사리불이 있는 인근 마을에서 태어났다. 산자야 문하에서 공부중 사리불의 권유로 산자야 250명을 데리고 부처님께 귀의하였다.

말년 어느 날에는 외도들에게 몽둥이로 얻어맞고도 가만히 있는 목건련을 보고 의문이 난 사리불이 물으니까 '나는 전생에 부모를 괴롭힌 과보를 받는 것뿐'이라고 말했다는 일화가 있다.

세번째 제자인 '두타제일 마하가섭'은 적은 것에 만족하며 의식주에 대한 집착을 없애고 고된 수행에 힘쓴 이로서 힘겨운 수행을 잘 견뎌내 두타행으로는 아무도 따를 자가 없었다고 한다.

부처님이 입멸하신 뒤 불교 교단의 중심 인물이 되어 칠엽굴에서 500명의 비구를 뽑아 경전의 결집을 주도하기도 하였다.

네번째 제자인 '천안제일 아나율'은 지혜의 눈이 밝아서 천안제일로 불린다. 비록 시력을 잃어 눈이 보이지는 않았으나 정신의 맑고 밝은 지혜의 눈을 얻게 된다.

설법 중 졸다가 꾸지람을 들은 아나율은 참회하고 다짐한 이후로는 열심히 정진, 결국은 시력을 잃게 되지만 지혜의 눈을 얻어서 천안제일이라 불린다.

다섯번째 제자인 '해공제일 수보리'는 공을 가장 잘 이해했다고 하여 해공제일이라 부르며, 남과 논쟁을 하지 않는다 하여 무쟁제일이라고도 불린다. 수보리는 기원정사를 부처님께 기증한 수달장자의 아우인 수마나의 아들이며 《반야경》에서는 공을 설하는 부처님의 상대자로 나온다.

여섯번째 제자인 '설법제일 부루나'는 언변이 가장 뛰어나 설법제일로 불린다. 부처님의 성도 소식을 듣고 출가하여 제자가 된 후 지혜의 눈을 뜨고 9만9천 명의 사람을 교화했다고 한다. 부루나는 목숨까지 버릴 각오로 포교활동에 임했던 분으로 유명하다.

일곱번째 제자인 '논의제일 가전연'은 해박한 불교이론가로서 교설의 이치를 문답하고 분별하는데 뛰어난 재능을 보인 분이다. 그는 불교 전도에 큰 업적을 세웠으며 특히 갖가지 어려움을 무릅쓰고 변방 포교에 큰 힘을 기울였다.

여덟번째 제자인 '지계제일 우바리'는 그 당시로 볼 때 천민 출신이었으나 불교 교단에서는 계급이나 빈부 차이가 전혀 문제가 되지 않았기에 부처님의 제자가 되었다.

우바리는 부처님께서 열반하신 뒤 마하가섭 500명과 함께 칠엽굴에서 경전의 결집에서 율에 관한 일을 도맡아 했으며 율을 가장 잘 외우는 이로 유명하다.

아홉번째 제자인 '밀행제일 라훌라'는 남의 시선에 상관없이 묵묵히 실천 수행하는 밀행제일로 불리웠다.

부처님의 친아들이며 어려서는 계율에 아랑곳하지 않고 장난치고 놀기를 좋아하였으나 나이 20세에 비구계를 받고 철저히 수행하신 분으로 알려져 있다.

열번째 제자인 '다문제일 아난다'는 부처님의 사촌동생으로 출가하여 부처님이 열반에 드실 때까지 25년 동안이나 옆에서 정성을 다해 시중을 드신 분이다. 그래서 부처님의 가르침을 가장 많이 기억한다 하여 다문제일로 불리운다.

부처님께서 열반에 드신 뒤 칠엽굴에 모여서 《경전》을 편찬할 때는 참석하지 못하였다가 그 후 용맹 정진 후 깨달음을 이룬 후에 책임자가 되었다.

그래서 《경전》에는 '나는 이와 같이 들었다'로 서술이 시작된다. 즉 부처님께서 코살라국 사위성 기수급 고독원 대비구 천이백오십인과 함께 계셨다는 구절이 경전의 서두인데 육성취라 한다. 육성취는 즉 믿음의 성취(이와 같이), 들음의 성취(나는 들었다), 시간의 성취(어느 때), 설법자의 성취(부처님), 장소의 성취(사위성 기수급 고독원), 청중의 성취(대비구 천이백오십인)를 일컫는다.

삼삼조사

인도에서 발생한 불교는 북쪽으로 전해지면서 중앙아시아를 거쳐서 중국에 전래되고 이어서 고구려, 백제, 신라, 일본 등지로 전파되어 각 나라마다 독특한 불교문화를 형성하였다. 이러한 전래 과정에서 불교의 맥을 이은 분들을 살펴보도록 하자.

먼저 인도에서는 28대 조사가 배출되고 중국에 전래되고부터는 초조에서 6조까지 이르는 찬란한 불교문화가 매우 융성하게 되었다.

먼저 인도의 28조를 살펴보면 다음과 같다.

초조 마하가섭, 2조 아난다, 3조 상나화수, 4조 우바국다, 5조 제다가, 6조 미차가, 7조 바수밀다, 8조 불타난제, 9조 복태밀다, 10조 협존자, 11조 부나야사, 12조 마명, 13조 가비마라, 14조 용수, 15조 가나제바, 16조 라후라다, 17조 승가난제, 18조 가야사다, 19조 구마라다, 20조 사야다, 21조 바수반두, 22조 마나라, 23조 학륵나, 24조 사자, 25조 비사사다, 26조 불여밀다, 27조 반야다라, 28조 보리달마가 있다.

이 중 28조인 보리달마대사는 중국에 건너와 초조에서 6조까지의 의발을 전하게 된다.

초조인 달마대사가 중국에 온 시기는 남북조 시대로, 이 시대에는 많은 불교 경전이 번역되고 학문적으로 연구되어 교리가 성행하는 시기였다. 바로 이때 월남의 하노이 지방과 중국 광주에 달마대사가 오게 된다.

달마는 인도 향지왕의 셋째 왕자로 태어나 27조 반야다라의 법을 전수받고 스승에게 '나는 이미 법을 얻었으니 이제 어느 나라에 가서 불사를 지으리까?' 하고 여쭈니, '남천축에 가 있다가 내가 열반에 든 6~7년 뒤 중국에 가서 법을 펴라'는 유언에 따라 중국에 도착하여 양무제와 대면하기에 이른다.

그러나 대사는 인연이 맞지 아니함을 알고서 낙양 북쪽에 있는 숭산 소림굴에 들어가서 홀로 오직 9년 동안 면벽좌선만을 실천하게 된다. 그 후 150년 뒤 도선율사는 속고승전에 달마스님을 평하여 말하기를 '대승의 벽관이야말로 공덕이 최고로 수승하다'고 극구 칭송하였다.

9년 면벽하는 것을 보고 제자 되기를 원하는 이가 있으니 바로 2조 혜가스님이다.

혜가대사는 중국 선종의 2대조가 되는 분으로 107세에 입적하신 분으로 유명하다. 어릴 때 총명하여 전적에 막힘이 없으니 하루는 뜻한 바 있어 향산사 보정선사에게로 출가하게 된다. 그는 소림으로 가서 눈 위에서 팔을 끊고 믿음을 보임으로써 달마의 법을 전해 받고 혜가라는 불명을 얻게 된다.

혜가대사는 달마대사를 6년간이나 조용히 시봉했던 분으로 그는 당대의 대강백인 변화법사가 《열반경》을 강하고 있는 광구사로 가서 그 문간에서 법문을 하게 된다. 변화법사의 강석이

텅 비게 되자 이에 앙심을 품은 법사는 그 고을 재상에게 무고하여 혜가대사는 사바의 연을 다하게 된다.

승찬대사는 중국 선종의 3대조로, 활약한 시기는 6세기 후반에 해당된다. 이때에 북주무제가 법난을 일으키고 이때의 폐불은 불교계에 심각한 타격을 주게 된다. 이 서글픈 시대를 보낸 이가 승찬대사이다. 그는 신심명을 지었는데 오늘날 선원에서 많이 읽혀지고 있다.

도신대사는 중국 선종의 4대조로 《능가경》 중심의 선사상을 《금강경》 중심으로 개량한 분이시다. 역대 법보기에 도신은 60년 동안 장좌불와(長座不臥, 허리를 땅에 대고 눕지 않는 것을 장좌불와라 한다) 하였다고 한다.

달마는 숭산 소림사를 중심으로 낙양 일대에서 활동을 했고 2조 혜가는 하남지역에서 활동을 했으며 3조 승찬은 광주지방으로 남하했다가 환공산·가공산 등으로 운수행각을 하였다.

도신은 호북 길주에서 머무르다가 강서의 길안과 여산으로 옮겨 마지막에는 황매현 쌍봉사에 정착하였다.

달마대사에서 승찬대사까지는 은거생활을 했거나 머물렀던 일정한 장소가 없었다. 그러나 도신에 와서는 쌍봉산에 30년 이상 주석하면서 모여들었던 남북의 학자가 500여 명에 이르렀다고 한다.

이 시기는 대략 수나라 말 당나라 초쯤으로 혼란한 시기였으나 4조가 대집단 생활을 무리없이 꾸려 갈 수 있었던 것은, 첫째는 스님들의 자급자족은 노동 때문이었고, 둘째는 사찰 인근의 농민들로부터 받았던 신뢰와 존경 덕분이었다.

달마가 혜가에게 권한 경이 《능가경》이었다. 이후 《능가경》의 중심사상을 승찬에게 승계, 도신에 이르러 《마하반야바라밀경》을 지속토록 권유하였고, 홍인과 혜능대사에서는 소외 경전인 《금강경》으로 정착된다.

도신은 달마선을 반야사상으로 탈바꿈시킨 사람이다. 삼론의 공사상과 천태의 지관사상, 반야공을 중심사상으로 한 염불 일행삼매(一行三昧)와 맥락을 함께 한 것이다.

도신의 일행삼매가 유명한데 일행삼매에 들려면 먼저 반야바라밀을 수행해야 한다고 했다. 그러한 연후에 조용한 장소를 택해 마음을 흐트러뜨리지 말고 일체의 상과 모양을 취하지 않은 채 오직 부처님만을 마음에 집중시켜 이름(명호)을 외우라고 했다. 일행삼매는 혜능에 의해 상행일직심으로 발전하게 된다.

홍인대사는 중국 선종의 5대조이다. 파두산에서 학인을 지도하던 어느 날 도신은 황매현에서 우연히 한 소년을 만나게 된다. 나이 7세, 그가 후일에 자라서 12세에 사사하여 홍인이라는 불명을 얻게 된다.

그는 항상 사역과 노동에 힘쓰고 밤에는 좌선을 게을리하지 않았다. 그러한 자세로 도신의 옆을 떠나지 않고 30년을 모시게 된다.

전법게와 함께 달마 이래에 전해 오는 전법의 의발을 홍인에게 전해 준다. 홍인의 좌선법이 구체적인 실천을 요구하고 있는 것은 밤에는 좌선을, 낮에는 온갖 노동을 부지런히 행한 그의 생활과 관계가 있다.

백장스님에 이르러 일일부작(一一不作)이면 일일불식(一一不食)이라는 청규가 생기게 되었는데 이것이 중국의 선이다.

혜능대사는 중국 선종의 6대조로서 글자를 모르는 나무꾼이었는데 《금강경》에 나오는 '응무소주 이생기심'을 읽고 의심이 나 홍인대사를 찾게 된다. 그곳에서 방아를 찧는 행자로 있다가 야반 삼경에 법을 전수받고 12년 동안이나 보림을 하기에 이른다. 그는 다시 조계산의 거목이 되고 그 이후에 기라성 같은 인재가 많이 배출된다.

남악회양, 영가현각, 화택신회, 청원행사, 남양혜충, 마조도일 등으로 인해 중국 불교는 전성기를 맞이하게 된다.

삼처전심(三處傳心)

　‘삼처전심’이란 선종(禪宗)에서 주장하는 것으로 석존이 가섭에게 이심전심(以心傳心)의 법으로 마음을 전할 때 세 곳에서 이루어졌다 하여 이렇게 이른다. 그 첫째는 ‘다자탑전분반좌(多孜塔前分半座)’로, 비야리성의 서쪽에 있는 다자탑에서 대중들에게 설법 중 두타제일 가섭존자가 법회에 늦게 도착하여 비난을 받게 되었다. 그러나 부처님께서는 당신의 자리를 나누어 같이 앉게 하였는데 이를 다자탑전분반좌라 한다.
　두번째, ‘영산회상 염화미소(靈山會上 拈華微笑)’란 부처님께서 어느 날 왕사성의 영취산에서 많은 대중에게 설법하시다가 묵묵히 연꽃을 들어 보이시자 가섭존자가 보고는 미소를 지었다. 선가에서는 이를 영산회상 염화미소 즉 이심전심의 경지라 한다.
　세번째, ‘사라쌍수의 곽씨상부’란 구시나가라성 밖 사라쌍수에서 부처님께서는 열반에 드시게 된다. 가섭존자는 부처님께서 열반에 드신 지 7일이 지나서야 구시나가라에 도착, 관 앞에서 슬피 우니 부처님께서 관 밖으로 두 발을 내밀어 보여주시니 이것을 사라쌍수의 곽씨상부라 한다.

십육 국사

　보조국사는 33세 때 팔공산 거조사에서 정혜 결사를 조직하여 불교 혁신운동을 시작했다.

　더욱 정진을 가하던 중 전남 순천 송광사로 정혜 결사를 옮기고 수선사로 개칭, 여기서 16국사가 배출되어 고려가 망할 때까지 법제자가 끊이지 않았다.

　16국사란 보조지눌, 진각혜심, 청진몽여, 진명혼원, 원오천영, 원감충저, 자정, 자각도영, 담당, 혜감만항, 지원, 혜각, 각진, 정혜, 홍진, 고봉법장을 말한다.

　순천 조계산 송광사는 이러한 16국사 배출로 인하여 승보사찰로 불린다.

오백 나한

나한은 원래 아라한의 준말이며 소승불교 수행자 가운데 가장 높은 지위에 있는 사람으로 온갖 번뇌를 끊고 영원히 변하지 않는 진리를 밝혀 모든 사람의 존경과 공양을 받을 만하고 공덕을 두루 갖춘 성자를 말한다.

나한은 주로 세 가지로 번역되는데 첫째, 먼저 마음속에 자리 잡고 있는 나쁜 생각을 떨쳐 버리는 것이다. 나쁜 생각이란 질투, 미움, 욕심, 거짓, 편견, 어리석음 따위를 말한다. 이런 생각은 사람을 죽이거나 물건을 빼앗아 가는 도둑처럼 우리의 수행을 가로막고 있는데 이런 마음의 적을 말끔히 쓸어 버린 사람이 바로 나한이다.

둘째, 응공은 나한을 존자라고도 부르며 이는 존경할 가치가 있는 사람이라는 뜻이다. 나한은 수행을 하고 도행이 깊은 사람이어서 우리에게 말과 행동의 모범이 되므로 정성을 다하여 공양해야 한다.

셋째, 불생은 나한이 뼈를 깎는 수행을 하고 마음의 평정을 방해하는 마음의 적을 없애기 때문에 다시는 나쁜 일을 하지 않는다고 한다. 그러므로 다시 태어날 필요가 없으며 고통과 윤회도 받지 않는다고 했다. 불자님들이 자주 대하는 《금강경》에는 4과(果)에 관해 언급해 놓고 있다.

첫번째, 수다원은, 수다원의 경지는 범부 중생들의 세계에서 성인들의 그룹에 들어갔다고 해서 입류라 하고 한편으로는 생사윤회 흐름에 따라가지 않는다고 해서 역류라고도 한다. 이 단계가 되면 현상계인 현실(색·성·향·미·촉·법)에 물들어서 자기 자신을 잃고 헤매는 일이 없게 되는데 이 단계를 수다원이라고 한다.

두번째, 사다함은 하늘이나 인간관계에서 한번만 태어나고 다음에는 결코 윤회를 하지 않는 경지를 말한다. 그래서 일미(一味)라고 번역하는데 탐욕, 성냄, 어리석음을 끊어서 다시는 중생계에 떨어지지 않게 된다. 이들이 한번 태어나는 것은 중생들의 생사윤회와는 이미 성질이 다르고 오고 감이 없다. 즉 집착이 없는 경지로 이를 사다함이라 한다.

세번째, 아나함은 제3위 수행 단계에서 이제 인간으로서는 마지막 수행을 마치고 모든 욕심에서 벗어나서 모든 것이 꿈과 같음을 알고 다생겁토록 익혀 온 본능적인 모든 악습이 다 소멸되어 어떠한 타락 속에도 빠지지 않는 경지를 말한다. 공부가 어느 정도의 경지에 이르면 어떤 유혹이 닥쳐도 그 유혹에 현혹되지 않고 물들지 않기 때문에 이때는 다시 태어나기 싫다는 등의 생각이 이미 사라져 버리는데 이를 아나함이라 한다.

네번째, 아라한은 이미 번뇌의 도적이 없어서 무적이라 하고 인천의 어떠한 대접도 받을 자격이 있다 해서 응공이라 하며 다시는 인간세상에 태어나지 않는다고 해서 무생이라고도 한다.

또 수행 도중에 사상(四相)인 아상, 인상, 중생상, 수좌상이 없어져 버린 것을 아라한이라 한다. 이는 곧 불생불멸의 경지이다. 이와 같은 최고의 경지에 이른 분을 아라한이라 한다.

나한이란 말은 곧 대아라한인데 난제밀다라 소설《법주기》에 나오는 말로 스리랑카에서 태어난 난제밀다라 존자가 정리하였으며, 아라한을 증득한 자를 말한다.

여기에는 16나한, 오백 나한 등이 있다. 대승론에서는 부처님이 열반하실 때 16나한에게 불교를 보호하고 지킬 것을 일임하셨다고 하며, 특히 삼계에 물들지 않으며 경·율·론 삼장에 통달하고 외전에 능하여 외도의 항복은 물론이고 신통력까지 겸비하여 수명과 복덕을 갖추었다고 한다.

오백 나한님은 부처님 재세시 불도 수행을 통하여 아라한과를 증득한 500명의 뛰어난 부처님 제자들로 오백 나한, 오백 상수라고 부른다.

일찍이 부처님께서 사위성에서 500명의 나한들에게 법을 설한 적이 있고 오백 나한을 위하여 매월 15일 계를 설하였다고《아함경》에 전하고 있다.《법화경》오백 제자 수기품에 보면 500명의 나한을 위하여 특별히 수기를 베푸는 인연이 전해지고 있으며, 오분율에 의하면 부처님께서 열반하신 후 왕사성에서 경전 편찬 작업인 제1결집에 마하가섭이 편집장이 되어 오백 명의 나한들과 함께 불전을 편찬하였다 하여 오백 결집이라 부르기도 한다.

특히 오백 나한 신앙은 우리나라에서 매우 성행하였으며 제주도 영실 기암은 빈두로 발타라 존자가 설법중에 있다고《화엄경》보살 주처품에 명기되어 있다. 또한 영천 은해사 기조암에서는 나한님이 석불로 조성되어 있고, 통도사 옥려암에서는 천이백 아라한을 봉안하였으며 청도 운문사 오백 나한 전이 있고 경주 기림사에 오백 나한님이 모셔져 있다.

조선을 개국한 이성계와 무학대사의 나한 이야기가 유명하다. 무학대사는 이성계에게 안변 석왕사를 창건하여 오백 나한님을 조성, 천일기도를 하면 왕위에 오를 수 있다고 하였다. 이성계는 그 말을 따라 천일기도를 하면서 나한님을 조성하여 한 분 한 분 정성스레 모시다가 마지막 단계에 이르자 게으름도 생기고 마음이 약해져 두 분 나한님을 한번에 석왕사에 모시게 되었다. 그날 밤 이성계가 잠을 자는데 꿈에 나한님이 나타나 '누구는 한 분씩 대접을 하면서 왜 우리는 한꺼번에 갖다 놓느냐. 기분이 나빠서 석왕사 법당에 있지 않고 윗절 암자에 있을 것이다'라고 말하는 것이었다. 꿈을 깬 이성계가 깜짝 놀라 법당에 들어가 보니 마지막 한 분이 보이지 않아 죄송스런 마음으로 암자에 올라가서 참회하고 다시 모셔다 놓았는데, 그 이튿날 보니 다시 사라지고 없었다고 한다. 그 한 분이 오늘날 빈두로 파라타 존자라는 설이 있다. 혹자는 말하기를 이조가 5백 년 이상 지속될 것을 나한 두 분을 한번에 모신 것 때문에 조선왕조가 5백 년을 채우지 못하였다고도 한다. 이것이 그 유명한 안변 석왕사의 전설에 얽힌 나한님 이야기이다.

삼국시대 이전에 있었던 6가야 중 김해를 중심으로 한 가락국에서 김수로왕과 허왕후는 인연이 지중하여 국제결혼을 하기에 이른다.

《삼국유사》 가락기에 의하면 김수로왕이 처음 도읍을 정할 때 '김해는 칠성이 강림하시고 십육 나한이 거주할 만한 곳이므로 도읍으로 손색이 없다'라고 하여 정했다고 한다. 이러한 예를 통해서도 십육 나한에 대한 신앙을 엿볼 수 있다.

허왕후는 이국만리 타국땅인 가락국에 시집오면서 그의 오빠인 장유화상과 함께 가락국에 불법을 널리 일으키고 전파했다. 장유에 장유화상이 거주하던 장유암이 있으며 특히 장유화상은 허왕후의 일곱 왕자를 하동 쌍계사 칠불암에 데려다 수행 정진케 하였고, 허왕후가 왕자들이 보고플 때 절 밑에 있는 영지에 비치는 그림자만 보고 궁으로 돌아왔다는 이야기가 유명하다. 일곱 왕자 모두 부처가 되었다 하여 칠불암이라 명명되었다고 사지에 전해지고 있다.

특히 김해는 오백 나한님과 인연이 깊은 지역이라 여겨진다. 김해 서편에 있는 경운산(구봉산)에는 덕천사가 있다.《동국여지승람》에 의하면, 그때 지명은 운점산 운제사였으며 임진왜란 때 소실되었다. 이곳 도량에 나한님을 잘 조성하여 봉안하면 우리 국민들의 쉼터가 생겨 모든 이에게 부처님 사상을 일깨울 수 있을 것이다.

그리고 덕천사 복원불사를 하던 중 와편, 와당 수십 점이 나온 바 있으며 이곳 뒷산 구봉산 골짜기에 3개월간 영기가 서려 있어 보는 이로 하여금 환희심을 일으켰다.

지금 우리나라는 IMF 영향으로 인해 많은 분들이 직장을 잃고 경제적인 고통 속에 허덕이고 있다. 우리는 다시 한번 단합하여 재기의 기회를 가져야 할 것이다. 특히 우리나라는 외적의 침입이 많아 혼란한 상황에 처하면 이를 수습하는 지혜를 발휘했던 단일민족이며 세계 어떤 국민에게도 뒤지지 않는 나한님의 화합사상이 있음을 상기하자.

이처럼 우리나라의 저변에 항상 존재해 온 나한 신앙에 새로운 조명과 관심이 필요하다.

1. 명부시왕전(冥府十王展)

명부시왕전에는 주불로는 지장보살이 모셔져 있고 좌우에는 사후세계의 심판관인 시왕이 안치되어 있다.

불교에서는 죽은 자의 영혼이 도달하는 세계를 명계, 명토, 황천 등으로 칭하고 이 명계를 다스리는 왕이 열 명이 있다고 한다. 이들을 시왕(十王)이라 부르는데 진광대왕, 초강대왕, 송제대왕, 오관대왕, 염라대왕, 변성대왕, 태산대왕, 평등대왕, 도시대왕, 오도전륜대왕이다. 중생들이 죽은 날로부터 49일까지는 7일 단위로, 그 이후로는 100일, 1년, 3년 등 열 번에 걸쳐서 시왕들로부터 선악업을 심판받는다고 한다.

이에 관한 경전으로는 당나라 장천이 편찬한 《예수시왕생칠경》이 있으며, 명부시왕 신앙은 모든 중생이 선으로 돌아가기를 바라는 상징적 신앙으로 볼 수 있으며, 무엇보다 중요한 것은 허물과 죄를 참회하고자 하는 정신이다. 그래서 지장전에서는 모든 중생들이 참회를 통해 지옥에서 벗어날 수 있는 길을 제시하고 있다.

옛분들은 이생의 잘못에 따라 죽어서 심판받고 그 결과에 의해 후생도 결정된다는 내세관을 지니고 있는데 그 믿음이 중요하다.

그러면 시왕에 대해 한 분씩 구체적으로 살펴보도록 하자.

첫번째, 진광대왕(秦廣大王)은 지옥길에서 죽은 이의 처음 7일을 관장하며 중생에게 선을 닦게 하는 분으로, 죄인에게는 칼날로 세워진 다리를 건너게 하는 등의 형벌이 있는 도산지옥을 담당하고 있다. 여기에 해당되는 생은 갑술생, 을해생, 경오생, 신미생, 임신생, 계유생이다.

두번째, **초강대왕**(初江大王)은 큰 바다 밑 정남쪽 옥리석 아래 화탕지옥에 계신 분으로, 죄인을 끓는 물에 담그는 형벌 등을 주관한다. 여기에 해당되는 생은 무자생, 기축생, 경인생, 신묘생, 임진생, 계사생이다.

세번째, **송제대왕**(宋帝大王)은 큰 바다 밑 동남쪽 옥리석 아래 한빙지옥을 맡고 있으며, 죄인을 얼음 속에 묻는 형벌을 주관한다. 여기에 해당되는 생은 임오생, 계미생, 갑신생, 을유생, 병술생, 정해생이다.

네번째, **오관대왕**(俉官大王)은 지옥에서 다섯 가지 형벌을 주는 분으로, 죽은 지 47일이 지나서 지옥에 가면 죄의 경중을 저울질해서 판단하는 왕이다. 죄인의 몸을 칼로 베는 형벌을 집행하는 검수지옥을 관장하는데, 여기에 해당되는 생은 갑자생, 을축생, 병인생, 정묘생, 무진생, 기사생이다.

다섯번째, **염라대왕**(閻羅大王)은 죄인이 다시 태어날 곳을 정해주는 지옥의 왕으로 발설지옥을 관장하는데, 여기에 해당되는 생은 경자생, 신축생, 임인생, 계묘생, 갑진생, 을사생이다.

여섯번째, **변성대왕**(變成大王)은 죄인의 몸을 독사로 감는 형벌을 주는 독사지옥을 관장하는 왕이다. 여기에 해당되는 생은 병자생, 정축생, 무인생, 기묘생, 경진생, 신사생이다.

일곱번째, **태산대왕**(泰山大王)은 죄인이 다시 태어날 곳을 정해주는 지옥의 왕으로 대애지옥을 관장하는데, 여기에 해당되는 생은 갑오생, 을미생, 병신생, 정유생, 무술생, 기해생이다.

여덟번째, **평등대왕**(平等大王)은 죽은 이의 죄와 복을 공평하게 판단하는 왕으로, 죄인을 뜨거운 쇠판에 올려놓는 형벌을 집행하며 거해지옥을 관장한다. 여기에 해당되는 생은 병오생, 정미생, 무신생, 기유생, 경술생, 신해생이다.

아홉번째, **도시대왕**(都市大王)은 죽은 이의 1주기를 맡는 왕으로서 철상지옥을 관장하며 여기에 해당되는 생은 임자생, 계축생, 갑인생, 을묘생, 병진생, 정사생이다.

열번째, **오도전륜대왕**(五道轉輪大王)은 시왕 중 아홉 대왕들은 붓이나 두루마리를 갖고 있는 형상인 데 비해 투구와 갑옷을 입은 장군 형상이며 죽은 이의 3년간을 맡은 왕으로 흑암지옥을 관장한다. 여기에 해당되는 생은 무오생, 기미생, 임술생, 경신생, 신유생, 계해생이다.

2. 팔부신중(八部神衆)

팔부신중은 부처님의 교화를 받아 불법을 수호하게 된 여덟 종류의 외호 선신을 말하는데 보통 팔부신장, 팔부신중, 팔부중, 천룡팔부, 용신팔부 등으로 부르며 이에 천, 용, 야차, 건달바, 아수라, 가루라, 긴나라, 마후라가 있다.

《법화경》에는 '팔부신중 모두를 비롯헤 누구라도 성불할 수 있다'라고 되어 있다.

다음은 **팔부신중**에 관한 구체적인 내용이다.

첫번째, 하늘[天]은 천상의 세계인데, 중생 스스로 어떻게 수행하고 바르게 살았는가에 따라 태어남이 결정되는 세계이다.

두번째, 불법을 옹호하는 선신인 용(龍) 또는 용신은 큰 바다에 살면서 사람들이 원할 때 비를 내리고 오곡이 풍작을 이루도록 하는 일을 관장한다. 용과 관련된 장소로는 통도사 구룡지와 문무대왕의 수중묘 및 황룡사가 있고 용에 얽힌 이야기 또한 많다.

세번째, 야차(夜叉)는 날쌔고 포악하여 사람을 괴롭히기도 하지만 불법을 지키는 사람만큼은 열심히 돕는다고 하며, 모습은 사자, 코끼리 등 동물의 형상이거나 얼굴이 여러 면으로 이루어져 있다고 한다. 또한 송곳니가 거친 입술 사이로 나와 있어 세상에 두려움을 주기도 하는 존재라고 한다.

네번째, 건달바(乾闥婆)는 항상 향만을 먹고 여유로운 생활을 하는 천상의 음악신인데 그 유유자적하는 모습에서 흔히 빈둥빈둥 놀고 먹는 사람을 건달이라고 한다.

다섯번째, 아수라(阿修羅)는 싸움을 일삼는 전투신으로 항상 제석천과 싸운다고 한다. 흔히 싸움판이 벌어지면 수라장 같다라는 말을 쓰기도 한다. 아수라는 시기심이 많고 싸움을 일삼는 투쟁적인 사람이 죽은 뒤에 태어나는 세계이기도 하다.

여섯번째, 가루라(迦樓羅)는 금시조로서 용을 잡아먹는다는 신인데, 이 새가 한번 날면 336만리를 간다 한다. 형상은 봉황처럼 아름다운데 화관을 쓰고 있으며 독수리 부리와 유사하고 용을 거머쥐고 있다고 한다.

일곱번째, 긴나라(緊那羅)는 사람인지 짐승인지 그 형상은 정확치 않으나 노래하고 춤추는 신이다. 미묘한 음성으로 노래하고 춤춘다고 하여 제석천이나 비사문천의 악사로서 건달바와 함께 음악을 연주하는 역할을 담당하기도 한다.

여덟번째, 마후라가(摩睺羅伽)는 뱀신으로 몸은 사람과 같으나 머리는 뱀의 형상을 하고 주로 배로 기어다닌다고 하며 엎드려

기어다니는 것은 거만함을 버리고 겸손해지자는 의미가 담겨 있
다고 한다.

3. 아귀(餓鬼)

아귀는 굶주린 귀신이라고 하는데, 몸은 집채만한 반면 목구
멍은 바늘구멍처럼 작아서 항상 굶주린 상태로 지낸다고 한다.
아귀들은 만나면 싸우기를 좋아한다고 해서 싸우는 사람들을 아
귀다툼한다고 말하기도 한다.

4. 나찰(羅刹)

나찰은 귀신의 일종으로 흉폭한 식인귀로 알려져 있으며 그
형상은 갑옷을 입고 칼을 찬 채 백사자를 타고 있다고 한다.
나찰의 남자는 추하고 여자는 아름답게 생겼다고 하며 항상
사람의 피를 먹는데 공중을 아주 빠르게 날아다닌다고 한다.

5. 제석천(帝釋天)

제석천은 부처님의 설법 자리에 나타나 법회 자리를 수호하고
사바세계 인간의 번뇌와 죄를 다스리는 역할을 담당하고 있다.
《잡아함경》에 제석천은 본래 사람이었으나 사문이나 바라문
등의 수행자에게 음식과 재물, 향과 등불을 베푼 인연으로 제석
천이 되었다고 한다.

6. 범천(梵天)

범천은 대범천왕, 대범왕, 범천왕, 범왕 등 여러 이름으로 불
리우는데 청정함, 욕망을 벗어남 등으로 해석되며 제석천과 함

께 불교의 대표적인 호법선신으로 꼽힌다.

부처님이 세상에 나오시면 항상 법회 자리에 참석하여 법을 청하여 듣고 부처님께서 좋은 생각이 일어났으나 망설일 때면 자주 문답의 대상이 되기도 한다.

7. 변재천(辯才天)

변재천은 묘음천, 미음천, 대변, 재천녀 등으로 불리우며, 사람의 수명을 지켜주고 나쁜 원수와 적을 퇴치하며 천재지변을 막아 주고 재물과 보배를 주는 호법선신이다.

8. 금강역사(金剛力士)

금강역사는 금강수, 금강밀적천, 집금강신, 금강신, 인왕역사 등으로 불리우고 사찰의 문 양쪽을 지키는 수문신장으로 불법의 외호선신 가운데 하나이다.

9. 길상천(吉祥天)

길상천은 공덕천, 보장천녀, 대길상천녀로 불리우는 여신으로 행복을 가져다 준다고 하며 불교에서는 사천왕 중 비사문천의 아내가 되었다고 한다.

경전에 나타난 정토세계

　우리는 각자 자기의 세계 속에 살고 있다. 불교적 관점에서의 현실세계는 오욕락(五欲樂), 즉 일하면서 즐거움을 위해 사는 세계라 하겠다. 오욕(五欲)이란 재물, 명예, 물질, 음식, 수명을 말하고 우리가 살고 있는 세계는 육진의 세계로 육진(六塵)은 안(眼)·이(耳)·비(卑)·설(舌)·신(身)·의(意)를 말함이며 이것으로 인해 현실세계는 서로 다투고 시비하고 경쟁하며 명예와 권력과 재물을 지키려 하는 것이다.

　현실의 세계는 끝없는 재난으로 가득 찬 세계인데 자연계가 주는 3재(三災)인 수재·풍재·화재가 있으며 사회가 우리에게 가져다주는 재앙으로 서로 미워하고 질투, 투쟁, 시기하는 등의 고통이 있다. 그리고 우리의 몸과 마음이 시시각각 변하는 심신무상(心身無常)을 겪게 된다. 이것을 깨우쳐 주고 영원한 삶을 영위할 수 있는 세계가 《불교경전》에 나오는데 이를 살펴보자.

　《미타경》에 나타난 정토사상이 있고, 《유마경》에는 인간정토가 있으며, 《미륵경》에는 미륵정토가 있다. 《약사경》에는 유리정토 세계가 있으며, 《화엄경》에서는 화장정토 세계를 설명하고 있다.

그럼 먼저 《미타경》에 나타난 정토사상부터 살펴보자.

수많은 경과 논으로 하여금 극락세계로 인도하고 이끌어 주는 것이 곧 정토 법문인데, 정토종에만 있는 것이 아니고 무량수경, 관무량수경, 아미타경, 정토론 등에 이와 같은 내용이 나타나 있으며 대승경과 론의 곳곳에 정토에 대하여 설명한 바가 있다.

《아미타경》에는 사바세계로부터 십만억 불국토를 지나서 극락이라고 이름하는 나라가 있는데, 그곳에 계시는 부처님을 아미타라고 하고 '지금 설법하고 계신다'라고 부처님께서는 말씀하셨다. 부처님께서는 나아가 중생을 구제하고자 32상 80종호의 상호를 갖추고 계신다.

조사어록에 보면 아미타불 명호를 한 번 염할 때마다 입에서 한 줄기 빛이 뻗어 나가고 열 번 염하면 열 줄기 광명이 입으로부터 퍼져 나온다고 한다. 그래서 그분을 후인들은 광명화상이라고 부르고 있다.

예나 지금이나 염불하는 사람은 많다. 어떤 이는 염불한 후 왕생극락의 시간을 미리 알게 되고, 어떤 이는 임종시를 미리 알기도 하며, 아미타불이 마중 나오신 것을 직접 보기도 했다고 한다. 또 어떤 이는 공중으로부터 들려오는 아름다운 음악 소리를 들었으며 어떤 이는 방안 가득한 향기를 맡기도 했다고 한다.

그리고 《대승경론》은 시방제불정토를 널리 말하고 도를 행함을 칭송하였으며, 그 중 특별히 칭찬한 것은 미타정토에 대해서이다. 각종 법문 가운데 가장 수승한 것은 역시 아미타불의 칭호를 염하며 극락왕생하는 길이라 생각되어진다.

극락세계의 생활은 사업을 위해 애쓸 필요도 없고 명예와 이익을 좇지 않아도 되며 옷을 필요로 하면 옷이 있고 음식을 생각하면 음식이 있으며 모든 것이 자유로워 구애됨이 없다고 한다. 또한 극락세계 사람들은 인간세상 중생들처럼 생활에 관련된 모든 번거로움이 없으며 날아다니며 날마다 끊임없는 즐거움을 누리며 수행하게 된다고 한다.

《미타경》에는 '모든 선인들이 한자리에 모여 진리를 구하며 불법을 깨우치고 언제나 불법승을 염하며 서로가 화목하니 우리가 왕생을 기원하는 곳, 즉 극락세계이다'라고 하였다.

아미타불을 한자로 해석하면 무량한 수명, 무량한 광명을 의미한다. 무량수는 곧 시간이 무한한 것이고 무량광은 공간이 무한함을 말한다. 즉 이것을 우리는 유심정토라 한다.

《유마경》에 나타난 정토사상을 살펴보면 유마거사는 세속 사람들과 똑같이 장가가고 농사짓고 돈을 벌지만 경제적인 면으로는 조금도 장애됨이 없는 분이셨다. 그는 금전을 몸소 가지고 다니다가 인민의 기근에 맞추어 방편으로 중생제도를 했다. 그래서 《유마경》에서는 불이(不二)법문이 유명하다. 여기서 말하는 불이(不二)는 선과 악, 인 그리고 과, 생과 사 모두가 둘이 아니란 의미이다. 우리들은 있을 때는 기뻐하고 없을 때는 슬퍼한다. 그러나 《유마경》에서는 있음과 없음을 같은 것으로 보았다. 《유마경》은 인간세의 정토를 주장하고 있다.

《미륵상생경》에서는 도솔천 정토를 주장하고 있는데 도솔정토는 천상에 있다. 도솔천 정토는 미륵내원궁이라고도 하는데 그것은 미륵보살이 그곳에서 설법하고 계시기 때문이다. 내원궁은 욕계 중 도솔천에 있는데 우리들의 세계에서 그리 멀지 않은 곳이라 미륵정토 왕생이 쉽다고 한다.

미륵보살은 인연과 대중에 수순하여 자비로 중생을 대하며 또 보시로써 중생을 제도하고 계신다 한다. 욕계 중생은 욕심에 너무 깊이 빠져 있어 나오기가 쉽지 않으며 또 수행이란 말이 나오면 모두들 두렵고 힘들다고 여긴다. 또 세속을 떠나야 한다는 데 생각이 미치면 모든 것을 잃어버리게 된다고 생각하기 때문에 미륵보살이 무변한 지혜를 가련한 사바세계 중생에게 회향하며 모든 이들이 쉽게 제도될 수 있는 기회를 주시고 계신다.

《약사경》에 나오는 약사 유리광여래가 대비원으로 십이(十二)대원을 내신 뜻은 지식을 개발하고 사업을 촉진시키며 신체의 병을 고치고 가난과 병고와 의지처가 없는 중생을 구제하기 위함이다. 또한 중생이 풍부한 의식과 건강, 즐거움을 누리도록 하고 외도와 사도를 믿지 않게 하고 법률을 어기지 않으며 그리고 성불하는 데 목적이 있다. 이러한 원행으로 동방세계에 유리정토세계를 건설했는데 그곳은 금·은·보화가 즐비하고 모두가 '으리으리한' 건축물로 되어 있다고 한다.

《약사경》에 이르기를 약사불을 염하는 모든 중생들은 누구나 아주 신심이 구족하고 건강하며 생활이 즐겁고, 또한 약사여래는 의왕인지라 약사정토에 사는 사람은 아픈 이가 없다고 한다. 그래서 우리는 육체에 병이 생기면 약사여래 기도나 약사불을 염하기도 하는 것이다.

《화엄경》에 나오는 화장정토세계는 화장세계 또는 화장정토라고 부르는데, 즉 중중무진의 세계이다. 이 세계에서 꽃 한 송이는 하나의 세계이고 한 잎사귀는 한 여래라 한다. 화장세계 가운데에는 무한한 세계와 무한한 광명, 무한한 제불이 있다. 곧 사(事)와 이(理)가 원만 융합된 세계이다. 사(事)와 이(理)가 원만 융합되어 장애됨이 없다 함은 갖가지 사상적 차별과 우주의 본체가 장애됨이 없는 것을 말한다.

이러한 법계에 대해 설명한다면 만물의 진여 본체가 단지 하나뿐인 것으로 전우주에 일심(一心)이 있을 뿐이라고 한다. 사법계의 우주만물은 각종 현상이 천차만별하고 각각 다르다. 이사무애법계(理事無碍法界)의 현상과 본체는 한몸이지 둘이 아니며, 사사무애법계(事事無碍法界)란 각자 인연이 일어나서 자성을 지키고 있지만 서로간에 여러 인연이 어우러져 한 인연에서 여러 인연을 돕는 것을 말한다.

화장세계에서는 중생과 부처가 평등하고 자타가 평등하며 모두가 평등하다고 본다. 보현보살은 그의 숭고하고 위대한 언행 가운데 화장세계의 나와 남을 함께 도와주는 정신이 있다. 여기서 말하는 이상적 세계는 곧 마음속의 세계라 할 수 있다.

《미타경》에서는 십악팔사(十惡八邪)를 제거하면 극락이요, 《유마경》에서는 마음이 청정하면 국토가 청정하다 했고, 미륵보살은 이상적 세계에 대하여 말하였다. 약사여래는 약사여래의 세계가 있으며 《화엄경》에서는 화장세계가 있다고 했다. 이 다섯 가지 정토는 곧 우리의 마음속에 있음을 알고 정진해야 한다.

팔상성도(八相成道)

팔상이란 부처님의 생애에서 여덟 가지 중요한 사항을 이르는 것으로 여덟 가지 중에서 성도(成道)가 중심이라서 팔상성도(八相成道)라 한다.

1. 도솔내의 상

부처님 전생에 수행을 많이 하시어 호명보살로 도솔천에서 천인을 가르치다가 사바세계를 교화할 목적으로 내려오는데, 마야왕비가 적임자라 생각되어 흰 코끼리를 타고 마야부인 오른쪽 옆구리로 들어가 잉태된다.

2. 비람강생상

마야왕비는 그 나라 풍습에 따라 해산을 하기 위해 친정인 콜리성으로 가던 중 무우수나무 꽃향기에 취해 가지를 잡는 순간 산기를 느끼게 되고 왕자는 왕비의 오른쪽 겨드랑을 통해 태어난다. 곧 사방 일곱 걸음을 걸으면서 천상천하 유아독존(天上天下 唯我獨尊)이라고 크게 외쳤다고 한다. 불행하게 마야부인은 몸이 약해 죽고 왕자는 이모의 손에 의해 양육된다.

3. 사문유관상

왕자는 성장함에 따라 현실 속의 여러 가지 문제점을 관찰하게 되는데, 동서남북 사대문을 나가 살피는 모습으로 표현된다. 먼저 늙고 병들고 죽는 모습을 관찰하고 비통해 하다가 마지막으로 출가 수행자의 해맑은 표정에 출가를 결심하게 된다.

4. 유성출가상

태자가 성을 넘어 출가하는 모습인데, 29세 되던 해 아들 라훌라가 태어난 후 어느 날 마부 찬타가를 깨워 성을 넘어 출가를 하게 된다.

5. 설산수도상

설산에서 수도하시는 모습인데, 알라라 칼라마와 웃다카라마 풋다를 만나 명상을 하고 고행림이라는 숲에서 고행했으며 보리수 아래서 선정을 닦는 모습이다.

6. 수하항마상

보리수 아래의 마지막 수행에서 악마를 항복받고 깨달음을 이루는 모습을 말한다. 마왕 파순이 싯다르타가 깨닫게 되면 자신의 세계가 파괴되므로 온갖 수단으로 방해하나 싯다르타는 이에 흔들리지 않고 깨달음을 이루게 된다.

여기서 마(魔)란 애욕이나 의식주 문제, 의타심 그리고 공포심, 비겁한 마음 등을 이른다.

7. 녹원전법상

사슴동산인 녹야원에서 고진여 등 5비구에게 진리를 설하게
되는 모습을 이른다. 이후 교화시대가 45년간 계속된다.

8. 쌍림열반상

사라쌍수 아래에서 열반에 드시는 모습에 이른다. 부처님은
구시나가라에 도착, 사라쌍수나무 밑에서 마지막 설법을 끝내고
교화생활을 마친 후 80년 일기로 이생을 마감한다.
"너희들은 저마다 자기 자신을 등불로 삼고 자기를 의지하여
라. 진리를 등불로 삼고 진리를 의지하여라. 이 밖에 다른 것에
의지해서는 안 된다. 서로 화합 공경하며 다투지 마라. 함께 배
우고 함께 수행하고 도(道)의 기쁨도 함께 누려라. 나는 너희들
을 위하여 진리를 말한다."
이렇게 자상히 아난에게 당부하시고 길고 긴 인생을 마감하게
된다.
열반에 드신 이때가 음력 2월 15일로 이날을 기념하여 열반재
일이라 한다.

※ 부처님의 4대 기념일
① 탄생일 4월 8일
② 출가일 2월 8일
③ 성도일 12월 8일
④ 열반일 2월 15일

복과 장수의 인연

인간으로 태어난 이상 복이 많으면서 건강하고 오래 살기를 바라는 것이 이 세상 모든 사람들의 바람일 것이다. 우리가 매일 일하고 바쁘게 뛰어다니는 것도 남보다 더 잘 살아 보려는 생각에서이고, 나아가 장생불사를 위하여 삼신산으로 약을 구하기 위해 사람을 보냈다는 오래 전 이야기도 사실은 사람의 오래 살고 싶은 욕망 때문일 것이다.

인간은 누구나 부귀와 장수를 누리고 싶어한다. 부귀와 장수는 구한다고 모두 누릴 수 있는 것이 아니라 복과 장수의 인연을 심어야 가능하다. 천상에 태어나는 것도 그만한 복이 있어야 되고 신선이 되는 데에도 그만한 복이 있어야 한다. 스스로 노력하지 않으면서 복을 구하는 것은 모든 책임을 회피하는 것으로 인과의 도리에 비추어 보아도 맞지 않다. 복과 장수는 다른 사람에 의해 조종되는 것이 아니며 설사 신이라 하더라도 마음대로 결정할 수 없는 것으로 오직 스스로가 복과 장수의 종자를 심는 것에 달려 있다.

보통 음력설이 되면 집집마다 '오복입문(五福入門)'이니 '만복입래(萬福入來)’ ‘입춘대길(立春大吉)’ 등을 써 붙여 누구나 집안에 오복이 들어오기를 바란다. 삼천갑자동박삭이는 삼천 년을 살았다는 전설상의 인물이고 중국의 팽조는 팔백여 살을 살았다 하지만 끝내는 생로병사를 면할 수 없었고, 제왕처럼 세간의 복락과 온갖 영화를 누린다 해도 끝내는 생멸로 돌아가게 된다.

그래서 불교에서는 영원한 생명과 불변의 복락을 구하고자 하는데 그것을 어떻게 하면 구할 수 있을까?

그것은 봄에 씨를 뿌려야 가을에 수확을 거둘 수 있듯 우리들이 복과 장수를 얻기 위해서 평소에 복과 덕의 종자를 뿌려 놓아야 인에 대한 과를 얻게 될 것이다.

그래서 세간의 복과 장수에는 일정한 인과관계가 있다고 볼 수 있다. 꽃이 피기 위해서는 우선 꽃씨의 인과 비옥한 땅, 햇빛, 수분 등의 연이 필요한 것과 같다.

복과 장수 역시 필연적인 인과법칙을 한 치도 벗어나지 않는 것이다. 인과 법칙에 의하면 단정함은 인욕으로부터 오고 빈궁함은 간탐으로부터 온다고 한다. 즉 가난하고 곤궁한 이는 남에게 보시와 희사를 하지 않아서 빈궁의 과보를 받게 된 것이라 할 수 있다. 이와 관련한 이야기로 어느 날 염라대왕이 두 명의 귀졸을 앞에 두고 말하기를,

“너희들은 전생에 선행을 베푼 탓에 인간으로 태어날 자격이 있으니 각자 태어나고 싶은 곳에 태어날 수 있게 되었다. 한 집은 평생 남에게 베풀기만 해야 하고 한 집은 평생 남의 베풂만 받을 수 있는데 어느 곳에 태어나겠느냐?”
라고 하였다. 이에 한 사람이 먼저 말하기를,

“평생 남의 베풂을 받고 싶습니다.”

라고 하자 그는 거지가 되어 한평생 베풂만 받게 되었고 또 다른 이는 부잣집 가정에 태어나 한평생 베풀면서 살았다고 한다.

이와 같은 이야기를 통해서도 우리는 베푸는 것이 받는 것보다는 훨씬 나은 것임을 알 수 있다.

베풂에는 재물을 베푸는 것 외에 말로 베풀 수도 있다. 부처님 재세시 한 사미승이 항상 삼보님과 남을 찬탄하기를 그치지 않으니 그의 입에서 향내가 나므로 그를 향구(香口)사미라 불렀다고 한다. 그러므로 우리 불자님들은 항상 남을 칭찬하고 찬탄해서 좋은 과보를 받도록 해야 할 것이다.

언제부터인가 각 사찰은 방생법회를 많이 하고 있는데 방생법회에 동참을 하는 것도 아주 바람직한 일이라 생각된다.

육근의 부족은 파계로부터 오고 육근의 구족은 지계로부터 온다 함은 눈, 귀, 코, 혀가 온전치 못하고 사지에 결함이 있는 사람은 계율을 지키지 않고 남을 헤쳐서 그런 과보를 받는다고 부처님께서는 말씀하셨다. 우리들의 육근이 청정하고 용모가 단정하려면 계율을 잘 지키고 좋은 인과를 심어야 할 것이다. 또한 우리 주위를 살펴보면 우리가 행할 수 있는 크고 작은 선행이 얼마든지 있으니 오직 본인 스스로의 노력이 필요할 뿐이다. 이것이 진정한 복과 장수를 누리는 법이며 항상 우리 바로 곁에 있음을 알아야 할 것이다. 바다는 아무리 작다 하더라도 간택하지 않기 때문에 깊은 것이며 높은 산 깊은 골은 손바닥만한 땅도 거부하지 않기 때문에 험준하고 높은 산이 되었다.

앞에서 말한 것을 실천하면 모든 중생은 복과 장수의 이익을 받게 될 것이다. 우리는 다시 한번 세간의 온갖 어려운 일을 미륵보살과 보현보살행원과 문수의 지혜로써 실천해 가도록 하자.

부귀는 스스로 경작하는 것이고 복과 장수 또한 스스로 씨앗을 심어야 하는 것이기 때문에 열심히 밭갈거나 씨를 뿌리지 않고 좋은 수확을 기대하는 것은 도리에 맞지 않는 허망한 것이다.

《육조단경》에 나와 있는 불교의 복과 장수관에 대해 살펴보면, '마음도 착하고 명도 좋으면 평생 부귀를 누리게 되고, 명은 좋은데 마음이 악하면 복이 화근으로 바뀐다. 마음은 착한데 명이 나쁘면 화가 바뀌어 복이 되고 마음과 명이 모두 나쁘면 재앙을 당하고 곤궁하며 단명한다. 마음은 명을 순탄하게 바꾸어 놓을 수 있으니 인의를 따르라'고 나와 있다. 육조스님께서는 일체의 복과 장수의 과보는 마음을 갈고 닦는 것에 달렸으니 마음이 순수하고 선하면 평소에 사람들과 선연을 맺어 복과 장수의 인연을 심어 부귀나 장수를 누리게 된다고 하셨다.

불교에서는 복과 수명은 오직 자기 자신의 업력에 의해 정해지는 것으로 스스로 짓고 스스로 받는 것이라고 한다. 건강과 장수, 행복과 즐거움을 누리고자 한다면 식생활을 절제하고 고통을 견뎌내기를 주저하지 않으며 일찍 일어나고 숙면을 취하며 운동을 하는 등 성실한 생활자세의 실천이 필요하다.

인생의 즐거움은 만족할 줄 아는 것이고 만족할 줄 아는 사람은 가장 부유한 사람이다.

길을 가고 있는 세 사람이 있는데, 앞사람은 말을 타고 가고 하나는 나귀를 타고 간다. 앞을 보면 내가 그 사람보다 못하고 뒤를 돌아 수레를 끄는 사람을 보면 내가 나아 보인다.

즉 이 이야기는 비교란 더 많은 원망과 분노와 고통을 가져다줌을 말하고 있다.

한 가지를 긍정적으로 생각하는 데 행복이 있다. 이는 곧 일체유심조 즉 모든 것은 마음먹기에 달렸다는 말과 같다. 여기서 우리가 느껴야 할 것은 남의 부(富)를 부러워하지 말고 자신의 가난함을 슬퍼 말라는 것이다. '족함을 알면 늘 마음이 즐겁고 구하는 것이 없으면 인품이 고매해진다'라는 말이 있다. 복을 구하되 영원한 복을, 지혜로운 수명을 증장시키되 무량수, 자비수로 늘여야지 한생 또는 일시적인 복을 구해서는 안 된다.

《금강경》에 이르기를 한생의 행복은 유한하고 유량하며 다함이 있고, 영원한 행복은 무한하고 무량하며 다함이 없어서 설사 도적이라 해도 훔칠 수 없고 물과 불이라도 침범할 수 없으며 탐관오리라 해도 뺏을 수가 없다고 했다.

지혜가 갖추어질 때 공덕이 원만하게 되고 장수를 누리되 선행을 할 줄 모르면 무의미한 삶이 된다. 건강하고 복 있게 오래 사는 것이 이처럼 본인이 하기 나름이듯 우리 각자는 일상의 삶 속에서 부지런히 노력해 나가야 할 것이다.

삼독심(三毒心)

사람이 살아가다 보면 자신의 삶의 무게에 짓눌려 흔들리게 되는데, 대체적으로 우리의 삶을 불안정하게 만드는 요소가 바로 탐(貪), 진(瞋), 치(癡)의 삼독심(三毒心)이다.

참되고 자유롭고 영원히 행복한 삶은 삼독심에서 벗어나지 않고서는 불가능하다.

삼독심 중 그 첫번째로 탐욕(貪欲)이란 자기의 능력이나 위치는 생각지 못하고 어떤 대상에 대해 지나치게 집착하여 자기 것으로 만들려는 욕심을 말하는데 재물, 이성, 음식, 명예 등 아무리 많이 소유한 다음이라도 또 가지려는 마음, 즉 지나친 욕심을 말한다.

둘째, 진에(瞋恚)란 주체할 수 없는 분노인 진심(瞋心)을 말하는데, 삶에 있어 무언가 자신의 뜻대로 되지 않을 때 그 원인을 생각지도 않고 불만을 터뜨리는 행위를 말한다. 보통 화를 많이 내게 되면 얼굴이 까맣게 타버리는 경우가 있는데, 이것은 심장 화가 일어난 때문이며 이것이 곧 화탕지옥(火湯地獄)인 것이다.

자기 성질을 못 이겨 기가 넘친다는 의미에서 '기(氣)가 막혀'

란 말이 있듯이 얼굴이 새파랗게 질린 이때를 한빙지옥(寒氷地獄)이라 한다. 또 분에 못 이겨 말을 못하게 되는 경우도 있는데 이때를 혀를 뽑는 고통이 있는 지옥이란 의미로 발설지옥(拔舌地獄)이라 하며, 온몸이 칼에 찔리는 듯한 고통을 느끼는 지옥을 도산지옥(刀山地獄)이라 한다.

이렇게 화를 내게 되면 자신에게도 해롭고 상대방에게도 피해가 가서 상대방을 불로 태우고 싸늘하게 얼리며, 또 칼로 찌르는 듯한 고통을 주게 되니 극락과 지옥을 오감이 우리 마음속에 달렸음을 명심해야 할 것이다.

셋째, **우치(愚癡)**란 어리석음을 뜻한다.

사람들은 삼라만상의 이치와 도리에 대해서 잘 모르면서도 스스로 똑똑한 체하다가 결국은 실수를 저지르는 경우가 있는데 이는 중생이 어리석기 때문이다. 이런 사람은 주로 축생(짐승)의 세계에 떨어지게 된다고 한다.

이 세 가지 독소는 모든 번뇌 망상의 근본이 되는 것으로써 중생 스스로를 해치는데도 중생들은 무명에 가려 보지 못한다. 이러한 삼독심을 마음에서 몰아내려면 계·정·혜(戒·定·慧) 삼학(三學)을 통해 깨달음의 마음으로 나아가야 한다.

삼세 인과법 (三世因果法)

　인과(因果)라 하면 사람들은 단순히 선행을 권하고 사람들에게
좋은 일을 가르치기 위한 것으로 생각한다. 그러나 인과의 의미
가 그렇게 간단하지만은 않다.

　인과는 인간세계의 실상으로 매우 오묘한 철학을 담고 있다.
그 정확성에 대해 얘기하자면 오늘날의 컴퓨터나 과학의 기술로
도 미칠 수 없는 것이 곧 인(因)과 과(果)이다.

　인에 대한 과는 사람의 힘으로 어떻게 바꿀 수 없으며 신이라
도 어길 수 없는 것이다.

　인과는 우주 만물과 인생의 모든 것을 지배하며 과거·현재·
미래의 삼세 인연과 연관성을 가진다.

　《열반경》 교진품에서 '선악의 과보는 그림자가 형체를 따르
는 것과 같다'라고 나와 있다. 이처럼 삼세 인과의 순환도 조금
도 어긋남이 없으니 이 생을 헛되이 보내면 큰 후회가 뒤따를
것이다.

　어떤 사람은 무서운 게 하나도 없다라고 큰소리를 치기도 한
다. 진짜 무섭고 두려운 것은 죽음이나 귀신 따위가 아니다. 진

정 무섭고 두려워해야 할 것은 업(業)보와 인과인 것이다.

《경전》에 이르기를 '보살은 인(因)을 두려워하고 중생들은 과(果)를 두려워한다'는 말이 있다. 보살이 인을 두려워한다 함은, 보살은 시작을 중요시해 과를 부르는 우환을 미연에 방지할 수 있는 통찰력이 있다는 말과 같다. 그러나 중생은 인을 두려워하지 않고 자신의 감정에 끌려 한때의 통쾌함을 누린 후 그 결과를 두려워하게 된다.

이 세상 인류의 모든 행복과 고통이 어떤 신에 의해서 주관되는 것이 아니라 인과(因果)에 의해서, 즉 자신의 행위에 의해서 결정된다는 것을 안다면 사람들은 함부로 행동하지 못할 것이다. 그렇게 된다면 사회와 국가도 평화롭고 건전하게 될 것이다. 이처럼 인과의 의미를 정확히 아는 것은 중요한 일이다.

자신의 행위는 자신이 책임을 져야 하며 인과 응보도 자신만이 감당할 수 있는 것이다.

그러면 먼저 의식주와 관련해서 인과를 설명해 보자.

우리는 배가 고프면 밥을 먹는다. 배고플 때 먹는 그 자체가 인(因)이고 밥을 먹은 후 배가 부른 것은 과(果)이다. 또 날씨가 추우면 옷을 입는데 추운 것은 인(因)이고 옷을 입어 따뜻해진 것은 과(果)이다. 옷 입는 것과 밥 먹고 잠자는 등 생활의 밀접한 부분에서부터 인과는 시작된다.

어떤 이는 일생 동안 좋은 집에서 추위와 더위를 모르고 사는가 하면 어떤 이는 일생 동안 가난한 집에서 추위와 더위에 시달리며 산다. 이것도 곧 인연과 과보가 다르기 때문인 것이다.

이 모두가 스스로 지은 인과가 다른 때문이지 운명이나 세상이 그들을 불공평하게 대하는 것이 아니다. 삼세 인과는 모두

업식으로 이루어지는데 곧,

> 장수는 자비에서 오며 단명은 살생에서 온다.
> 단정함은 인욕에서 오며 빈곤함은 인색함에서 온다.
> 높은 지위는 공경에서 오고 비천함은 교만함에서 온다.
> 벙어리는 비방함에서 오고 눈멀고 귀멀음은 믿지 않는 데서 온다.
> 불구자는 계를 파한 데서 오고 육신이 구족한 자는 계를 잘 지키는
> 데서 온다.

이 게송은 인간의 빈부와 귀천, 부귀와 장수 모든 것이 제삼자에 의해서 좌우되는 것이 아니라 본인 스스로에 관계되는 일임을 말하고 있다. 과거에 얼마나 많은 복덕 인연을 지었는가에 따라 현재에 많은 복의 과보를 얻게 되는데 이것으로 보아 우리는 복을 아낄 줄 알아야 할 것이다.

복을 아껴야 한다는 것은 마치 은행에 저축해 놓은 돈을 절약하고 아껴야 하는 것처럼 복을 낭비하거나 써버려서는 안 된다는 말이다. 또 복덕을 심고 기르는 것도 중요하다. 아무리 창고에 가득한 곡식이라도 없어질 때가 있는 법이므로 논밭에 씨를 뿌려 풍성한 결실을 얻듯 복을 길러야 할 것이다.

인(因)이 없는 과(果)가 없고 과가 없는 인은 없다. 인과는 오로지 자신에게 달려 있다. 세상 사람들은 태어난 나라와 지역이 각기 다르므로 상대방이 나를 모르고 내가 상대방을 알 수가 없어 아무런 관계가 없는 듯 보이지만 사실은 나와 남이 다 인연이 있는 사람들인 것이다.

그러므로 인과관계를 중시하여 죄를 짓지 말아야 한다. 그 과는 부모와 자식지간에도 대신 받지 못한다.

선을 쌓은 집에는 반드시 경사가 있는 것이고 악을 쌓은 집에는 반드시 재앙이 있다고 옛 성인은 말씀하셨다. 이것은 불교적인 입장에서 볼 때 길흉화복의 과보는 다생겁에 지은 인과관계 때문이라 볼 수 있다.

《경전》에 이르기를 백천겁이 지나더라도 지은 업은 없어지지 아니하여 인연이 때를 만나면 그 과보를 스스로 받게 된다고 했다. 이 말씀은 선이나 악을 지은 종자는 몇 년의 세월이 지나더라도 사라지지 않고 흙 속에 묻혀 있다가 인연이 성숙하고 때가 되면 곧 싹이 나고 잎이 자라서 꽃이 피고 결실을 맺어 스스로 받게 된다는 말이다.

신앙에는 신앙의 인과가 있고 건강에는 건강의 인과가 있고 부귀에는 부귀의 인과가 있는 것이다. 그냥 신에게 기도만 한다고 해서 소원이 이루어지는 것이 아니다.

몸의 건강을 바란다면 반드시 마음을 잘 다스려 선한 일을 행하고 운동을 많이 하여 신체를 건강하게 해야 한다.

재물을 원한다면 널리 좋은 인연을 맺고 부지런히 노력하고 신용을 잘 지켜야 하는 법이다.

어떤 이는 절에 가서 부처님 앞에 과일 몇 개, 과자 몇 봉지를 올리고 부처님께 온 가족의 소원을 말한다. 과일 몇 개와 과자 몇 봉지로 남편이 진급하여 돈을 잘 벌고 자식들이 좋은 대학에 들어가길 바란다면 이런 신앙은 근본적으로 마른 신앙이 아니라 그것은 탐욕에 불과한 것이다.

이 세상에는 아무런 노력 없이 무엇이나 요구하면 된다고 가르치는 종교는 없다. 《경전》에 이르기를 '미래를 알고자 하거든 금생을 보고 내생의 과보를 알고자 하거든 금생에 지은 그것이다'라고 하셨다.

그래서 우리는 삼세 인과설을 믿고 현세 인과를 중요시하여 나쁜 인과도 금생에 고칠 수 있고 미래의 좋은 인과를 금생에 만든다는 마음으로 선을 행하고 덕을 쌓아서 좋은 일을 심어야 할 것이다.

또 《경전》에 이르기를 악업이 성숙하지 않을 때는 악의 실체를 모르나 악업이 성숙해졌을 때는 악한 것이 비로소 나쁜 것임을 안다고 했다.

오늘날 도둑·강도·살인 등이 만연하고 있는데, 이러한 범죄자들은 인과를 믿지 않고 일시적인 충동과 향락을 위해 법을 어기고는 경찰에 잡힐 것이 두려워 낮에는 마음놓고 다니지 못하고 하루 종일 불안한 나날을 보내기도 한다. 이것은 자신의 인생을 어둡고 비참하게 만들 뿐이다.

그러다가 붙잡힌 후 형을 받게 되면 그제야 인과를 알고 후회하지만 때는 이미 늦은 것이다.

사람은 일상생활의 언행과 생각을 아주 조심스럽게 해야 할 필요가 있다. 조그마한 잘못이라 해서 결코 소홀히해서는 안 된다. 조그마한 불씨가 온 산을 다 태우는 화의 근원이 될 수 있으며 무심코 던진 돌맹이 하나가 개구리의 생사를 좌지우지할 수 있듯 무심코 지은 선악의 인과는 분명하다.

마음이 업을 쌓기도 하고 마음이 업을 바꾸기도 한다. 다만 우리가 시시때때로 마음을 잘 다스려서 바른 생각을 한다면 나쁜 운명도 좋게 변화할 것이다. 마음이 좋고 운명 또한 좋다면 일찍이 부귀영화를 누리고 살 수 있다.

세상의 선악 과보는 자신이 만들고 자신이 받는다. 화(禍)와 복(福)에는 문이 없으니 어떠한 것을 받을지는 자신에게 달려 있다. 선(善)은 푸른 소나무와 같고 악(惡)은 찬란한 꽃과 같다. 우리는 차라리 바람과 눈보라에 꿋꿋이 견디는 푸른 소나무가 될지언정 한때의 화려함을 위해 죄악의 꽃을 피우는 등으로 천추에 한을 남기지 말아야 할 것이다.

십계(十界)

우리 중생들은 각각 서로 다른 스스로의 세계를 만들어 가면서 살고 있다. 《경전》에 '중생의 수가 한량이 없음으로 해서 세계가 한량이 없고 지옥도 극락도 한량이 없다'고 나와 있다.

과연 그렇다면 우리가 경험할 수 있는 세계는 얼마나 되는 것일까?

불교에서는 이에 대체적으로 **지옥계**(地獄界), **아귀계**(餓鬼界), **축생계**(畜生界), **수라계**(修羅界), **인간계**(人間界), **천상계**(天上界), **성문계**(聲聞界), **연각계**(緣覺界), **보살계**(菩薩界), **불계**(佛界)의 열 가지로 나누어 십계라 한다.

십계 중 지옥, 아귀, 축생, 수라, 인간, 천상의 여섯 하늘은 중생의 세계, 범부의 세계, 어리석음의 세계라고 불리며 일반 중생이 윤회하는 세계이다. 이 중에서 지옥, 아귀, 축생계는 삼악도(三惡道)에 해당된다.

그리고 성문계, 연각계, 보살계, 불계는 성자의 세계, 깨달음의 세계, 해탈의 세계이다.

성자의 세계와 범부의 세계는 욕심을 버리고 수행을 하느냐 아니면 욕심대로 살아가느냐에 따라 달라진다. 그래서 《경전》에서는 욕망과 집착을 버리라고 누누이 강조한 것이다. 우리는 버리는 것과 놓는 것의 참뜻을 알아야 할 것이다.

육도 중 먼저 지옥에 대해 살펴보자.

지옥(地獄)은 고통이 가장 심한 곳으로 그 고통 때문에 지옥에 떨어진 이는 성불하기가 어렵다고 한다. 지옥은 진심(瞋心)의 결과이며 지옥 중에서도 화를 내거나 남과 싸우거나 분에 못 이겨 견딜 수 없을 만큼 괴로우며 온몸이 불덩이처럼 뜨거워지는 것을 화탕지옥(火湯地獄)이라 한다. 그리고 쉴 새 없이 찬바람이 불어오고 얼음으로 고통받아야 하는 곳을 한빙지옥(寒氷地獄)이라 한다. 또한 온몸이 칼로 찌르는 듯 고통스러우니 이것을 도산지옥(刀山地獄)이라 한다. 그리고 무간지옥(無間地獄)이란 괴로움을 받는 것이 끊임없으므로 이같이 이름한다.

우리는 만물의 영장인 인간의 몸으로 태어났으므로 한 마음 한 몸뚱이를 잘 다스려 지옥을 여의고 살도록 해야 할 것이다.

두번째, 아귀계(餓鬼界)에는 전생에 악업을 짓고 항상 굶주림으로 고통받는 아귀가 모여 산다고 한다.

아귀는 배는 태산처럼 크나 목구멍은 바늘구멍만하여 스님들이 공양하고 발우를 씻은 물만 삼킬 수 있다고 한다. 언제나 굶주림에 시달리는 아귀는 불법을 생각할 겨를이 없어 성불하기가 어렵다고 한다. 이러한 아귀계의 괴로움을 겪는 것은 곧 탐심(貪心)의 결과이다.

우리 주변에는 돈버는 일에 혈안이 되어 남의 고통을 생각지 않고 일을 저지르는 사람이 있다. 이런 사람들에게는 부처님의 말씀이 들릴 리가 없다. 그러므로 그들은 배고픔의 고통을 겪게 될 아귀계에 가까이 있는 셈이다.

세번째, 축생계(畜生界)에는 식욕·음욕만 강하고 무지(無知)하며 복이 적은 축생들이 모여 산다.

축생은 대체적으로 지능지수가 낮고 둔해 서로 잡아먹을 생각이나 하고 남에게 이용당한다. 곧 축생계는 어리석음[癡心]의 결과로 만들어진 세계이다. 소처럼 일하면서 진정 자신을 위하는 일은 할 줄 모르는 사람, 말처럼 남의 짐만 짊어진 채 낑낑대는 사람, 돼지처럼 사육되다 결국은 비참한 죽음을 맞이하는 사람, 맹수처럼 서로 피투성이가 되도록 싸우는 사람, 이런 사람들이 바로 축생계의 생명에 속한다고 할 수 있다.

네번째, 아수라(阿修羅)는 싸움을 좋아하는 부류로 흔히 우리는 싸움으로 난장판이 된 상태를 아수라장이라 칭한다. 아수라계는 이처럼 투쟁심이 강한 무리들의 세계이다.

다섯번째, 인간계는 괴로움과 즐거움이 적절히 갖추어져 있어 발심 수행하기에 가장 좋은 곳이라 한다. 어떻게 마음먹느냐에 따라 지옥, 아귀, 축생, 수라로 내려갈 수도 있고 성문, 연각, 보살, 불로 올라갈 수도 있어 인간계의 중생은 적절히 자신을 조절하는 것이 중요하다.

《열반경》에 '인간의 몸 받기가 어렵고 남자 몸 받기가 어려우며 불법 만나기는 더욱 어렵다'고 하셨듯이 인간의 몸을 받은 지금 더욱 수행 정진해야 할 것이다.

여섯번째, 천계(天界)는 즐거움이 가득 차 있는 곳이다.

이곳 사람들은 과거에 지은 복의 결과로 그 복이 다할 때까지 마냥 즐겁고 바라는 바 또한 다 이루어진다. 그러나 그 때문에 이들은 수행을 위한 노력을 기울이지 않는다.

천계의 즐거움은 유한하여 복이 다하면 아래 단계의 세계로 떨어질 수 있다는 것을 상기하고 수행에 힘써야 할 것이다.

천계는 욕계, 색계, 무색계의 셋으로 나누어지는데 욕계(欲界)에는 욕심과 물질과 정신이 공존하는 6하늘이 있다.

색계(色界)에는 물질과 정신의 세계가 공존하며 18하늘이 있고, 정신의 세계만이 존재하는 무색계(無色界)에는 4하늘이 있다.

일곱번째, 성문(聲聞)이란 부처님의 말씀을 듣고 깨달은 사람들로서, 이들은 항상 법문과 자세한 설명을 듣고 깨달음을 얻는다. 대승진리까지는 들어가지 못했으며 자신의 작은 깨달음에 만족해 한다.

여덟번째, 연각(緣覺)은 독각(獨覺)이라고도 하는데, 불타의 가르침에 의지하지 않고 홀로 고요히 수행하여 깨달은 부류이다. 성문과 같이 이승(二乘)의 하나로 십이인연법을 깨쳤기에 연각이라 칭한다.

아홉번째, 보살(菩薩)은 보리살타(菩提薩埵)라고도 하며 깨달음의 세계는 부처님과 같지만 모든 면에서 불(佛)의 수준에 미치지 못하는 존재를 말한다. 지장보살 같은 이는 중생을 제도하기 위해 보살계에 머물기도 한다.

열번째, 불(佛)은 부처님을 뜻하고 깨달음을 얻은 이로 불교의 시작이며 목적에 해당된다.

완전한 깨달음과 지혜와 대자대비심(大慈大悲心) 모든 것이 갖추어진 단계를 부처님의 경지 곧 불계(佛界)라 한다.

이상 십계에 대해 개괄적으로 살펴보았는데 육도(六道)란 지옥, 아귀, 축생, 수라, 인간, 천상의 세계를 말하며, 그 중 지옥, 아귀, 축생은 삼도고(三途苦)의 세계이고 성문, 연각, 보살, 불의 세계는 성자의 세계이다.

시간이란 단 1초도 머무르는 법 없이 흐르고 있듯이 우리 마음 또한 시간 속에서 십계를 넘나들며 흐르고 있다. 십계를 두루 살펴보았으니 이에 우리는 마음 수행할 수 있는 인연이 이 《진리의 향기》를 읽는 여러분 각자이니 명심해서 정진해 나아가기 바랍니다.

업(業)

　불교는 다른 종교와는 달리 절대자나 창조주의 뜻에 의해 움직인다는 관점이 아니고 개인의 내부에 있는 힘을 중시하는데 그 힘이 구체적 행위로 나타날 때를 '업' 즉 카르마(Karma)라 한다. 업은 '만들다'가 어원이며 행위(行爲)를 뜻하기도 한다. 그렇지만 모든 행위를 업이라 하지 않고 의지(意志)가 포함된 행위를 비로소 업이라 칭한다.

　업은 과거, 현재, 미래라는 시간 위에서 파악되며 과거의 업에 의해 현재의 과보가 나타난다든가 현재의 업에 의해서 미래의 과보가 있을 것이라고 이해하게 된다. 때문에 업이란 먼저 무엇인가를 하고자 하는 '의지'가 일어나고 그것이 행동화되면 인과관계에 따른 원인(因)과 연(緣)이라는 조건에 의해 어떤 결과(果)가 나타나는 것을 말한다. 즉 결과 자체는 업이 아니며 결과가 도출되도록 도와주는 조건으로서 의지적인 힘의 행위를 업이라 한다.

　사람들은 일이 자기 뜻대로 되지 않을 때 흔히 업보나 숙업 때문이라고 말한다.

즉 과거 어느 때 자기 마음대로 했던 행위의 결과에 의해 현재의 일에 영향력을 미치게 되는 것인데, 일반 사람들은 대체로 도대체 잘못한 것이 없는데 이런 일이 생긴다고 생각하여 혼란에 빠지게 된다.

그러한 문제는 인과의 원리에 의해 밝혀야 한다.

결과(果)란 행동을 취한 뒤 곧바로 나타나기도 하고 세월이 한참 흐른 뒤에 나타나기도 한다. 시간이 너무나 많이 흘러 버린 뒤에는 자기 자신이 저지른 행위를 망각해 버리게 되고 또 생을 달리했을 때는 과거생의 일들은 인식할 능력의 범주를 벗어나게 된다. 그래서 사람들은 현재 받고 있는 과(果)의 원인을 이해하지 못하게 되는 것이다.

그런데 생이 바뀌면 몸이 완전히 바뀌고 주체도 분명히 바뀌게 되는데 어째서 과거생의 업이 금생에 영향을 미칠 수 있는 것인가.

그것은 모습이 다르다고 하나 다음 생에 태어나는 몸과 마음은 현재의 것이 아니며 업에 의해서 새로운 모습과 모양으로 바뀌었을 뿐이기 때문이다. 우리가 알고 있는 몸과 마음은 이 세상에서도 저 세상에서도 항상 업에 의해 나타나고 없어지는 현상적인 모양인 것이다. 그래서 사람들은 업을 말할 때 운명이니 숙명이라 부르는 것이다.

여기서 결코 숙명론을 말하려는 것은 아니다. 아무리 노력해도 피할 수 없는 것이라면 우리는 어떤 노력을 기울이더라도 소용이 없게 된다.

그러나 불교에서 '업'을 밝히는 것은 수행의 필요성을 부각시키는 데 그 목적이 있다.

업을 소금에 비유하건대 소금은 짜다. 그 소금의 성질을 변화시켜 달게 한다든지 쓰게 만들 수는 없다. 소금 한 숟갈을 물컵에 넣으면 그 물도 짜게 된다.

여기서 운명이니 숙명의 핑계를 대고 우리의 삶을 포기하는 것은 이 짠 소금물을 그대로 마시는 것과 같다. 그러나 지혜가 있고 불법을 만나 스님들께 귀의하고 착한 인연을 만나게 되면 업을 바꿀 수 있는 방법론을 알 수 있게 된다. 즉 한 컵의 물을 탄 소금 자체는 짜지만 동이 가득한 물에 소금을 타게 되면 그 짠맛이 옅어져 마신다 하더라도 그 맛을 느끼지 못하게 될 것이다. 그러나 소금의 짠맛이 없어진 것도 아니고 변화된 것도 아니다. 오직 인연에 의해서, 물의 양에 따라서 나타나는 맛이 달라졌을 뿐이다.

또한 큰 바윗돌을 업이라 했을 때 그 무거운 바위를 물에 넣는다면 가라앉게 된다. 하지만 다른 인연을 가하여 큰 배에 싣는다면 가라앉지 않고 물 위에 떠 있게 된다.

업(業)을 극복한다 함은 이것을 이르는 것이다. 우리가 수행을 한다는 것은 곧 짠 소금에 물을 부어 맛을 연하게 하고 돌을 배에 실어서 가라앉지 않게 하는 것과 같다.

우리가 현실을 돌아볼 때 어떤 사람은 매우 인색하고 나쁜 일을 하는데도 부자로 살고 어떤 이는 열심히 노력하고 좋은 일을 많이 하는데도 가난하고 일이 잘 되지 않는 경우를 볼 수 있다.

그 이유를 알기 위해서는 현재라는 시점에 매여 있지 말고 현재와 과거 그리고 미래의 선상에서 모든 일을 파악해야 한다. 현재는 과거와 미래를 감추고 있어 우리는 숨겨진 일들을 보지 못할 뿐인 것이다. 앞의 경우 부자는 과거 전생에 많은 보시행을 했을 것이고, 그 인연으로 현재 부자로 잘 사는 것이다. 즉 보시를 삼륜청정(三輪淸淨)하게 한다면 모든 물질의 속박에서 벗어나게 되고 '나'라는 아집에서 자유로워질 수 있다. 대부분의 사람들은 언제나 아집에 사로잡혀 잘난 체하며 보시를 했던 것이다. 그 결과 업은 현세에 인색함과 나쁜 행위 등으로 이어져 결국 사람들은 서로 상이한 업을 지고 살아가게 되는 것이다.

현재의 행위는 미래로 가는 씨앗이며 미래의 삶은 그 씨앗에서 결정되는 것이다.

가난한 자는 전생에 주로 나쁜 행위만 하고 남을 괴롭히며 베풀기보다는 쓰는 일을 즐겼기에 그 과보로 현세에서는 가난에 시달리는 것이다. 이 사람이 자기 잘못을 후회하며 언젠가는 좋은 일을 해야겠다는 의업(마음으로 짓는 업)을 쌓는다면 비록 현세에는 가난하지만 그 미래는 밝아질 것이다.

비록 기억할 수 없다고 해도 언젠가는 초래되는 일정한 모습, 이것을 스스로 업을 짓고 스스로 받는다 하여 자업자득이라 말한다.

또한 미래는 현재의 행위에 따라 얼마든지 변화시킬 수 있는 것이다.

업을 선과 악으로 분류한다면 선업(善業)이란 생각·말·행동으로 짓는 업이 자신이나 타인에게 좋은 영향을 미치는 것을 뜻하며 보시와 칭찬 그리고 수행 법담이 여기에 속한다.

악업(惡業)이란 자신이나 타인에게 나쁜 영향을 미치는 것으로 도둑질과 탐욕 그리고 욕설 등이 여기에 포함된다.

무기업(無記業)이란 업 자체를 좋은 영향이나 나쁜 영향을 준다고 확실하게 분류할 수 없는 행위가 여기에 속한다.

업에는 선업과 악업이 있는데 십악업은 열 가지 나쁜 업으로 먼저 뜻으로 짓는 의업(意業)에는 탐내는 마음, 성내는 마음, 어리석고 삿된 마음이 해당되고 이것을 삼독심(三毒心)이라 한다.

몸으로 짓는 신업(身業)에는 살생하는 것, 훔치는 행위, 잘못된 사랑이 포함되며, 입으로 짓는 구업(口業)에는 거짓말하는 것[妄語], 이간질시켜 싸우게 하는 것[兩舌], 상대방의 비위를 맞추기 위해 아첨하는 말[綺語], 험악한 욕설을 하는 것이 해당되며 이것을 모두 합쳐 십악업이라 한다.

십선업이란 십악업과 반대되는 것을 말한다.

의업은 탐내지 않는 마음, 성내지 않는 마음, 어리석지 않은 마음이 포함되고, 신업은 불살생, 불투도, 불사음을 이르며, 구업은 불망어, 불기어, 불악구, 불양설을 말한다.

이 십선업은 소극적인 방법으로써 수행이 미흡하기에 해탈을 목적으로 하는 실천 행위가 필요한 것이다.

대승불교에서는 타인을 위해 베풀고 봉사하고 더불어 살아나갈 것을 강조하는데 이것은 공업(共業) 때문이다. 즉 한 나라에서 공통된 법률, 언어, 정치, 경제권 속에서 생활하고 또 인연이 있어서 한자리에서 같이 당하는 것을 공업이라 한다.

우리 모두 업의 의미를 깨우쳐 살기 좋은 불국토를 건설할 수 있기를 바란다.

염불(念佛)과 진언(眞言)

염불(念佛)이란 부처님께 귀의해서 예배 찬탄하고 부처님을 고요한 마음으로 간절히 생각하며 그 크신 공덕을 기리며 부처님의 이름을 부르는 것을 의미한다.

염불에는 두 가지 종류가 있는데, 그 첫번째로 관념염불(觀念念佛)이란 마음속으로 부처님을 생각하거나 부처님의 공덕을 생각하는 것이고, 둘째 칭명염불(稱名念佛)이란 소리내어 부처님의 명호를 입으로 외우는 것을 말한다.

염불을 욀 때 큰소리로 하든지 마음속으로 하든지 오직 지극 정성으로 무아의 경지에 빠져드는 경우를 보통 염불삼매라고 부른다.

《아미타경》에 서방에 한 세계가 있으니 그 이름이 극락이요, 그 세계 부처님을 아미타불이라 부른다고 했다. 극락과 아미타불이라 불리우는 이유는 그 국토 중생은 모든 고통에서 자유롭고 즐거움만 받기 때문에 '극락'이라 하고 수명은 무량하기 때문에 '아미타'라 이른다고 한다.

누구든지 부처님을 믿고 잠깐만이라도 일심으로 염불한다면 다 극락 국토에 왕생할 수 있다고 이르고 계시며 또 《기신론》이나 《화엄경》에도 염불문의 중요성에 대해 나와 있다. 조선시대의 서산대사께서 말씀하시기를 '입으로 외우는 것은 송불(誦佛)이고 마음으로 외우는 것은 염불(念佛)이다. 입으로만 부르고 마음으로 생각지 않으면 도를 닦는데 유익함이 없다'고 하셨으며, 또 경전에 이르기를 '한 생각[一念] 일어나지 않는다면 과거와 미래가 끊어져 자성미타가 홀로 드러나고 자심(自心)의 정토가 앞에 나타나게 될 것이다'라고 하였다.

부처님께서는 높은 경지의 수행에 다다를 수 있는 상근기의 상태는 곧 부처요 마음이 곧 정토이며 자성(自性)이 곧 미타이다 라고 하셨다. 서산스님께서는 선교 양종을 통합하고 염불도 겸하신 분이라 모든 수행인에게 존경을 받고 있는 분으로서 지극한 마음으로 염불을 한번 하게 된다면 십만억겁의 죄가 소멸되고 공덕을 성취할 수 있는데 이것을 십념왕생설(十念往生說)이라고 말씀하셨다.

《육조단경》에 이르기를 '서방정토 극락세계는 여기서부터 십만팔천 리에 있다'고 하셨는데, 십만리는 곧 살생(殺生), 투도(偸盜), 사음(邪婬), 망어(妄語), 양설(兩說), 악구(惡口) 기어(綺語), 탐심(貪心), 진심(瞋心), 치심(癡心)이 없는 마음이 곧 십만리이다.

이것을 지키면 벌써 십만 리를 간 셈이며 8천리를 간다는 것은 팔정도의 반대인 사견(邪見), 사사유(邪思惟), 사어(邪語), 사업(邪業), 사명(邪命), 사정진(邪精進), 사념(邪念), 사정(邪定)이 없는 마음에 도달하는 것을 이른다.

이것을 지키면 십만팔천 리에 도달하여 극락세계가 목전(目前)에 있음을 알게 되는 것이다.

마음으로 부처님을 항상 생각하고 입으로는 부처님의 명호를 부르나니 마음과 입이 서로 응하여 생각하면서 부르는 한소리는 곧 팔십억겁의 생사죄를 없애고 팔십억겁의 뛰어난 공덕을 성취함이니 염불인 나무아미타불 한소리가 능히 그러한데 하물며 천소리 만소리를 부르는 공덕은 어떠하겠는가.

이렇게 천번 만번 염불하겠다는 일념으로 염불해야 한다.

보조국사의 10가지 염불법을 살펴보자.

첫째, 몸을 바르게 하자.

둘째, 말조심해서 염불하자.

셋째, 뜻을 지켜 염불하자.

넷째, 움직일 때 잊지 않고 염불하자.

다섯째, 가만히 있으면서 잊지 않고 염불하자.

여섯째, 대화에서 염불하자.

일곱째, 침묵에서 염불하자.

여덟째, 부처님 모습을 보면서 염불하자.

아홉째, 무심염불은 무심삼매 속에서 염불하자.

열째, 진여염불은 진여삼매 속에서 염불하자.

이상 살펴본 염불하는 열 가지 방법은 보조국사 스님이 후학들에게 일러 놓으신 말씀이다.

《안반수리경》에 '손가락 한번 튕기는 사이에 우리 마음은 자그마치 960번이나 구르고 하루 낮 하룻밤의 시간이 흐르는 동안에 13억 번뇌와 생사가 있다고 한다. 빛이 1초에 지구를 7바퀴 반이나 돌듯이 우리 마음의 변화 또한 너무나 급속하게 전개되기 때문에 제대로 파악되지 않을 뿐 생사는 엄연히 존재한다'라고 하셨듯이 진정으로 생명을 위한다면 염불하여 왕생 극락함이 어떨까?

진언(眞言)이란 곧 다라니, 총지, 능지, 능차라 하는데 한량없는 이치를 잃지 않는 힘을 말하는 것으로 예로부터 우리 생활 속에 깊이 자리잡혀 내려온 것이다.

누구나 한번쯤 들어 보았을 주문인 '수리수리 마하수리 수수리 사바하'라든지 '신묘장구대다라니'처럼 긴 구절은 다라니라 하고 '옴마니 반메훔'처럼 짧은 구절은 진언이라 하며 한두 자로 된 것은 주문이라고 부른다. 특히 밀교의 발전으로 다라니 신앙이 발전하여 《법화경》에서도 다라니 공덕을 찬탄하기도 했다.

관세음보살 본심미묘 육자대명왕 진언을 외우면 현세에서 20가지 공덕을 얻을 수 있다고 한다.

1. 몸에 병이 없어지고 안락하게 된다.
2. 전생에 지은 업 때문에 깊은 병이 있다 해도 빨리 낫는다.
3. 피부가 윤택해지고 맑아진다.
4. 모든 사람이 사랑하고 존경하게 된다.
5. 신체 장애가 없이 완전한 몸을 갖춘다.
6. 재물을 많이 얻게 되어 뜻대로 쓸 수 있게 된다.
7. 통치자의 압박이나 도적, 수재, 화재의 피해를 입지 않게 된다.
8. 사업이 성공하게 된다.
9. 농사를 지을 때 서리, 우박, 비, 바람의 피해를 입지 않게 된다.
10. 농사를 지을 때 갑작스런 재난을 입지 않는다.
11. 귀신이나 나찰 등 정기를 뺏지 못한다.

12. 모든 중생이 기뻐하며 사랑하고 존중하게 된다.
13. 모든 원수에게 두려움이 없어진다.
14. 설사 원수가 있다 해도 저절로 없어지게 된다.
15. 사람이나 사람이 아닌 것들로부터 피해를 보지 않게 된다.
16. 남의 저주를 받거나 독충의 피해를 보는 일이 없게 된다.
17. 번뇌에 물드는 일이 없게 된다.
18. 칼이나 독약, 수재, 화재로 다치는 일이 없게 된다.
19. 모든 천신들의 호위를 받게 된다.
20. 세세생생 자비심과 남의 공덕을 기뻐하는 마음과 모든 중생을 평등하게 여기는 마음이 떠나지 않고 깨달음을 얻게 된다.

진언의 종류에는 정구업진언, 정삼업진언, 아미타불 본심미묘진언, 선망부모왕생정토진언, 관세음보살 멸업장진언, 육자대명왕진언, 준제진언, 관세음보살 42수진언, 지장보살 멸정업진언 등 많은 진언이 있으나 한 가지 진언이라도 열심히 그리고 부지런히 한다면 소원성취하고 생사해탈에 이를 수 있다.

오계(五戒)

　바다를 건너기 위해서는 배를 타야만 목적지에 이를 수가 있다. 이때의 목적을 깨달음의 세계, 열반의 세계라고 한다면 배는 곧 계(戒)가 될 것이다. 깨달음에 이르기 위해서는 부단한 수행 정진과 남다른 노력이 필요한데, 《법구경》에 이르기를 '계를 지킴은 성인이 되는 길이며 부처님이 되고 조사가 되고 보살이 되는 길이니 수행자는 계율을 생명과 같이 하라고 당부하고 있다. 계율로 인해서 번뇌 망상이 없어지고 번뇌가 없어야 마음이 고요하며 마음이 고요해야 선정에 들어가게 되고 선정에 들어야 지혜가 생긴다고 한다. 그래서 수행자나 불자들 모두에게 계율이 적용된다고 하셨으니 누구든 계율을 지킴에 있어 철저해야 할 것이다. 계율에는 5계·10계·48계·250계·348계 등 많은 종류가 있으나 여기에서는 불자들의 기본 수칙인 5계에 대해 알아보자.

　첫째, 살생하지 말라(不殺生戒).

　《인과경》에 이르기를 산목숨을 죽이면 그 과보로 인해 살생한 자의 수명이 짧아지고 과보를 받게 되는데 마음 가운데 독을 품어서 세세생생 없어지지 아니하며, 중생들이 그를 보면 미워해서, 좋은 눈으로 보지 않게 되니, 항상 나쁜 마음으로 나쁜 일만 생각하게 되고, 잠잘 때에 두려운 마음이 생기고, 깰 때 마음이 평안하지 않으며, 항상 나쁜 꿈을 꾸고, 평상시 병이 많게 되며, 목숨을 마칠 때 좋지 않은 모습으로 죽게 되며, 목숨을 마치고 나면 자연히 지옥에 떨어지게 되며, 혹시 다음 생에 사람으로 태어난다 하더라도 단명보를 받게 되고 병이 생긴다라고 나와 있듯 우리 불자들은 꼭 5계를 지켜 이런 나쁜 업에서 벗어나야 할 것이다.

둘째, **남의 것을 훔치지 말라**(不偸盜戒).

자기 소유가 아닌 것을 가지지 말라는 말로 일상생활을 하면서 줄 때에 제때 주지 않으면 투도죄를 짓게 되는 것이며 세금이나 빌린 돈, 빌린 물건 등을 갚지 않아도 투도에 해당된다.

《아함경》에 이르기를 '어떤 이가 남의 물건을 훔치면 헐벗고 굶주리는 보를 받는다 했으며 항상 물·불 등의 재앙을 만나고 국왕이나 나쁜 도적들에게 재물을 빼앗길 수가 있거나 일시에 재물을 잃는다' 하셨듯이 불투도의 계를 지켜야 할 것이다.

셋째, **음란한 짓을 하지 말라**(不邪婬戒).

간음이나 음란한 행위를 하지 말고 청정하게 살아야 한다. 《화엄경》에 이르기를 '자기 성품인 자성을 볼 수 없으며 자꾸만 음행 속에 빠져들어 자기 몸을 망치게 된다'고 하셨다. 또한 경에 이르기를 '음욕은 능히 지혜의 목숨을 자르고 애욕은 맹렬한 불길과 같아서 공덕림을 태운다'고도 하였다.

넷째, **거짓말을 하지 말라**(不妄語戒).

허망한 말을 하지 말고 진실한 말을 하라는 말이다. 거짓말은 크게 4가지로 나눌 수 있는데 첫째, 망어(妄語)는 옳은 것은 그르다 하고, 그른 것은 옳다고 자꾸 우기는 행위다. 보지 못한 것을 보았다 하고, 본 것은 안 보았다는 등의 행위를 이른다. 둘째, 기어(綺語)는 이치에 어긋나는 말을 간사하게 꾸며 하는 말로 흔히 아첨하는 말을 이른다. 셋째, 악구(惡口)는 나쁜 욕이다. 모진 말로써 사람의 가슴을 아프게 하는 행위를 이른다. 넷째, 양설(兩舌)은 이간질하는 행위로 이 사람에게 저 사람의 허물을 말하고 저 사람에게 이 사람의 허물을 말하는 등 사람간에 싸움을 조장하는 행위를 이른다.

다섯째, 술을 마시지 말라(不飮酒戒).

알콜 성분이 있는 것으로 중독성 음식이나 마약 등이 이에 속하는데 이러한 것들은 일상생활의 정상적인 삶에 어려움을 초래한다. 또한 경에 이르기를 '허물이 36가지나 생기며 재물을 잃게 되고 병이 많아지고 싸움을 좋아하게 되며 살생과 도둑질과 사음과 망어까지 저지르게 되어 결국에는 진심(瞋心)이 일어나서 복이 줄어든다'고 했다.

이렇듯 우리 불자들은 5계를 지켜 나가며 복덕 있는 삶을 누려야 할 것이다. 통도사를 창건하신 자장스님은 게송을 통해 계의 중요성을 이야기하고 있다.

오녕일일지계이사(吾寧一日持戒而死)
불원백년파계이생(不願百年破戒而生)

하룻동안 계를 지키다 죽을지언정,
계를 파하고 백년 살기를 원치 않노라.

천수경 (千手經)

많고 많은 경전 가운데서 대중이 제일 먼저 접할 수 있는 경전이 《천수경》이다. 불교를 처음 접하는 초심자는 물론이고 오랜 연륜을 쌓은 불교인이라도 누구나 불교 공부를 하는 동안 독송하며 만나는 경전이다.

그래서 '천수경' 하면 신비한 주문이 연상되기도 한다. 불교를 바로 알고 바로 믿고 바로 실천하기 위해서는 《천수경》을 공부해야 한다. 《천수경》은 관세음보살의 대자대비한 마음과 위신력을 중심으로 이루어진 경전이다.

결론적으로 《천수경》은 대승불교를 수용하고 있는 한국 불교에서 불자들의 신앙을 이끌어 가는 중요한 경전이라 할 수 있다.

그러면 설명을 통해 본 경에 대해 구체적으로 접근해 들어가 보자.

정구업진언(淨口業眞言;구업을 깨끗이 하는 진언)
"수리 수리 마하수리 수수리 사바하" (세 번)

즉 입으로 지은 죄를 깨끗이 하자는 진언이다.

입은 해로움과 이익됨의 양면성을 지니고 있다. 입에서 나오는 말은 위대한 힘을 지니고 있어 사람을 살리기도 하지만 사람의 생명을 앗아갈 수도 있다. 그래서 입을 단속하여 거짓말이나 나쁜말을 해서는 안 된다. 우리들은 살아가면서 많은 말들을 하게 된다. 무심코 던진 돌이 개구리에게 생명의 위협을 줄 수 있듯 무심코 던진 말 한마디가 동기 부여가 되어 사람의 일생을 바꿀 수도 있다. 말이 씨가 된다는 말처럼 좋은 열매를 맺게 하기 위해서 우리는 말 한마디 하는 데에도 신중을 기해야 할 것이다.

오방내외안위제신진언(五方內外安慰諸神眞言;오방의 모든 신을 위로하는 진언)

"나무 사만다 못다남 옴 도로도로 지미 사바하"(세 번)

오방은 동서남북 및 중앙의 다섯 방위를 말한다.

불교에서는 오방과 팔방, 시방 등 공간 개념을 많이 사용하고 있다. 생물뿐만 아니라 모든 생물과 무생물에 이르기까지 신이 있다고 보는데 나무에는 목신이 있고 길에는 도로신이 있으며 바다에는 용왕신, 산에는 산신, 부엌에는 조왕신 등이다. 이러한 관점으로 동쪽에는 지국천왕, 서쪽에는 광목천왕, 남쪽에는 증장천왕, 북쪽에는 다문천왕 등 모든 곳에 신이 있다고 본다.

즉, 지혜의 눈으로 볼 때 이 우주 안에는 육안으로는 보이지 않는 엄청난 영감의 세계, 영혼의 세계, 마음의 세계가 펼쳐져 있다. 그러한 세계의 신들에게 우리가 하는 모든 일이 원만히 이루어질 수 있도록 잘 다스려서 편안하게 하는 일이 바로 오방내외안위제신진언이다.

256

개경게(開經偈;경전을 시작하는 게송)

무상심심미묘법(無上甚深微妙法)
백천만겁난조우(百千萬劫難遭遇)
아금문견득수지(我今聞見得受持)
원해여래진실의(願解如來眞實意)

이 개경게는 경을 찬미하는 내용이 담겨 있다.

무상심심미묘법(無上甚深微妙法)은 부처님의 법은 너무나도 깊고 넓고 훌륭하고 미묘해서 그것보다 높은 것은 없다는 뜻이고, 백천만겁난조우(百千萬劫難遭遇)는 참으로 백천만겁이 지나도록 만나기 어려운 불법을 만났으니 이때 열심히 닦아야 한다는 말이다.

예를 들어 절이 가까이 있어도 인연이 없으면 불법을 만날 수가 없으며 불법과 인연이 있는 사람은 천리, 만리 떨어져 있다 해도 불법과 연을 맺을 수 있다.

이렇듯 불타를 만나 정법 듣기가 어려운 것을 사난(四難)으로 표현하여 첫째, 인생 난득이요;사람의 몸 받기가 어렵고, 둘째 남자 난득이요;남자 되기가 어렵고, 셋째 불법난봉이요;불법 만나기가 어려우며, 넷째 위승난행이요;스님 되기가 어렵다고 말하고 있다.

아금문견득수지(我今聞見得受持)는 그러한 만나기 어려운 인연을 지금 내가 듣고 보고 얻어 지녔다는 뜻이다.

교육학에서는 모든 것은 듣는 것에서 시작된다고 한다. 말이 씨가 된다는 말이 있듯이 우선 음성이 귀를 스치고 지나가야 생각이 일어나고 생각한 연후에 닦을 수 있다.

부처님께서 문·사·수(聞·思·修)인 3혜를 닦으라 하셨는데 우선 듣고 난 다음 생각하게 되고 그 다음 닦으라 가르치셨다. 그처럼 입을 열어서 가르치다 보면 닦게 되는 것이다.

원해여래진실의(願解如來眞實義)는 진실한 뜻을 잘 알게 해 달라는 뜻인데, 참된 말과 참된 행동, 참된 마음만이 공덕을 가져다 준다. 부처님의 진리를 이야기하고 찬양하는 말은 위대한 성취력을 지니며 위대한 열매를 거두게 한다. 거짓말과 삿된 말은 미래를 보장받을 수 없으며 따라서 이루어지는 것도 없고 결국 고통만 낳게 한다. 그래서 부처님의 말씀은 진실한 것이다.

개법장진언(開法藏眞言;법장을 여는 진언)

"옴 아라남 아라다"(세 번)

개법장진언은 경전을 펼치는 것을 말한다. 부처님의 경전은 무량무변한 법의 창고로 아무리 퍼내도 마르지 않는 바다와 같다. 옛 조사님 글귀에 '아유일권경 불인지묵성 전개무일자 상방대광명'이란 구절이 있다. 이 뜻은 '나에게 한 권의 경이 있는데 종이와 먹으로 된 것이 아니며 또 아무리 펼쳐 보아도 한 글자도 없지만 늘 큰 광명을 비추고 있다'란 말씀으로 아주 중요한 내용이다.

'옴 아라남 아라다'는 번뇌가 없는 편안한 마음으로 법열 속에서 만족한다는 말이다.

즉 우리가 무엇을 하든지간에 그 일과 혼연일체가 되어 철저히 행할 때 그 결과에 대해서 만족할 수 있다.

이 세상에 나아가 성공할 수 있는 비결은 무엇을 하든지 그 일에 자신의 전부를 내던지는 일이 무엇보다 중요하다. 즉 '옴 아라남 아라다' 그 속에 행복이 있고 즐거움이 있다고 믿고 만족하며 인생을 사는 이는 성공적으로 세상을 살아갈 수 있다.

‘정구업진언’에서부터 ‘옴 아라남 아라다’까지는 어떤 경전을 읽든지 공통적으로 서문에 해당된다.

천수천안 관자재보살 광대원만 무애대비심 대다라니 계청

千手千眼 觀自在菩薩 廣大圓滿 無碍大悲心 大陀羅尼 啓請

(천 손과 천 눈으로 중생을 구제하시는 관자재보살님의 광대하고 원만하고 걸림 없는 자비의 다라니를 청함.)

‘천수천안 관자재보살 광대원만 무애대비심 대다라니’는 스물두자인데 이 속에는 참으로 깊고 깊은 뜻이 함축되어 있다. 이것을 줄여서 《천수경》이라고 한다.

천수천안 관자재보살은 관세음보살의 별명이고 광대원만 무애대비심은 걸림이 없는 보살의 마음이다.

구고, 연수, 멸악취, 파업장, 원만, 수심자재, 속초상지자재에서 ‘구고’ 다라니는 고통을 구해 주는 다라니라는 뜻이고, ‘연수’ 다라니는 명을 길게 해 주는 다라니라는 뜻이며, ‘멸악취’ 다라니는 악취를 멸해 주는 다라니, ‘파업장’ 다라니는 업장을 파해 주는 다라니, ‘원만’ 다라니는 소원을 원만히 성취시켜 주는 다라니, ‘수심자재’ 다라니는 마음 가는 대로 따라 주는 다라니, ‘속초상지자재’ 다라니는 공부의 속도가 상승하여 그 지위가 급속히 상승하는 다라니란 뜻이다.

다라니(Dharani;陀羅尼)는 총지, 능차로서 한없이 좋은 법을 다 가지고 나쁜 법은 남김없이 다 끊어 준다는 의미가 담겨져 있다. 계청은 ‘내가 몸과 마음을 다해 스스로 깨우치고자 청하옵니다’란 뜻이다.

다음은 관세음보살의 공덕을 칭송하는 구체적인 게송이다.

계수관음대비주(稽首觀音大悲呪)

계수관음대비주는 '관세음보살의 대비주에서 머리 숙여 귀의합니다'란 말로 대비주는 신묘장구대다라니를 말한다. 이 경에서 대다라니는 관세음보살의 자비를 나타내고 있다.

자비를 몸과 마음을 통해 표현하는 방법으로 절이 있다. 몸과 마음을 모아서 하는 절에는 108배, 천배, 삼천배 등이 있는데 절을 하는 이유는 나를 내려 낮추는 마음의 표시이며, 나를 낮추는 가운데 높아지는 도리가 담겨져 있다. 또 절이 인체에 미치는 영향과 효과는 대단하다. 이미 입증된 바 있는 과학적인 신체 기능의 원활한 작용을 돕는 운동 중의 운동이다. 절 이상의 탁월한 수련법이 없음을 우리는 알아야 한다.

곧 정신과 육체에 절만큼 심원한 효과를 가져다 주는 수행법은 달리 찾을 길이 없다. 사원을 절이라고 한 데도 이러한 뜻이 있고 절을 통해 우리는 성불의 길로 나아갈 수 있게 된다.

원력홍심상호신(願力弘深相好身)

원력홍심상호신은 '관세음보살님의 원력은 넓고 깊으며 그 모습은 너무나 원만하다'는 말로 흔히 자기 자신만을 위해서 마음 쓰는 것을 욕심이라 하고 높은 차원의 지혜를 가지고 타인을 위해서 마음을 쓰는 것을 원력이라고 한다. 그래서 우리는 부처님이나 관세음 같은 원력을 갖추도록 노력해야 한다.

천비장엄보호지(千臂莊嚴普護持)

천비장엄보호지는 '천 개의 팔로 장엄하신 관세음보살님께서 지켜 주시고 보호해 주십시오'라는 뜻으로 그런 가운데 관세음

보살님의 마음을 닮아가게 된다. 사홍서원과 여래십대발원문 등
도 이에 해당한다.

천안광명변관조(千眼光明遍觀照)

천안광명변관조는 '천 개의 눈으로 빛을 내어 널리 두루 관찰
하여 비춘다'는 의미이다. 천 개의 눈이란 무한한 통찰력을 의미
하며 천안광명은 부처님의 광명, 관세음보살의 대자대비한 무애
대비심의 광명으로 실상 광명이다.

진실어중선밀어(眞實語中宣密語)

진실어중선밀어는 '진실한 말 가운데 비밀스럽고 불가사의한
말씀을 베푼다'는 뜻이다.

진실한 말 가운데 비밀스런 말씀은 바로 진언이며 다라니를
일컫는다. 다라니는 값진 큰 뜻이 담긴 말이란 뜻으로 진언을
함부로 해석하지 않는데, 그 이유는 진언을 한마디로 해석해 버
리면 그 가치가 떨어질 수 있기 때문이다.

우리는 흔히 눈으로 말한다는 말이 있듯이 눈빛은 아주 간단
한 언어의 표현이며 그 진실한 표현 속에 매우 깊은 마음이 담
겨져 있다.

무위심내기비심(無爲心內起悲心)

무위심내기비심은 '아무런 조건 없는 가운데 자비심을 일으킨
다'는 뜻을 담고 있다. 즉 무위심은 무엇을 베풀어도 베풀었다는
생각이 없는 마음, 다시 말해서 대가도 없고 조건도 없는 마음
을 말하는데 그것은 곧 관세음보살의 자비심인 것이다. 즉 부모
가 자식에게 대가 없이 무엇이든지 해 주고 싶은 그런 종류의

마음이다.

속령만족제희구(速令滿足諸希求)

속령만족제희구는 '속히 모든 바라고 구하는 것을 만족시킨다'
는 뜻이다. 희구는 중생들이 바라는 바, 즉 희망사항이며 중생들
의 소원을 관세음보살의 자비심으로 하루속히 이루어지도록 해
서 만족하게 해 주는 것을 의미한다.

영사멸제제죄업(永使滅除諸罪業)

영사멸제제죄업은 '영원히 그들의 마음 가운데 모든 죄와 업
장들을 소멸시키고 녹여내리라'는 뜻이다.

우리의 업장은 《천수경》을 읽는 동안 참회함으로써 소멸케 된
다는 것이다. 굳이 밖에서 밝음을 찾으려고 애쓸 것이 아니라
우리 마음속에 있는 어둠만 제거하면 밝음은 저절로 나타난다는
의미이다.

천룡중성동자호(天龍衆聖同慈護)

천룡중성동자호는 '하늘에 있는 천상의 사람과 용 그리고 성
인들이 함께 자비로써 보호한다'는 뜻이다.

우리는 관세음보살님과 화엄성중을 부르면서 기도하는데 기도
를 할 때 혈관을 통해서 머리끝에서 발끝까지 흐르는 모든 피는
온몸 구석구석을 일관성 있게 모든 세포에게 영양을 공급하게
되어 건강하게 된다.

그래서 절과 염불기도를 할수록 머리가 맑아지고 혈액순환이
잘 될 뿐만 아니라 소원성취까지 하게 되니 일석이조의 효과를
누리게 된다.

백천삼매돈훈수(百千三昧頓熏修)

백천삼매돈훈수는 '백천 가지의 온갖 삼매를 한꺼번에 닦는다'는 말이다. 무슨 일을 할 때는 갈등이나 망상을 버리고 일념을 다해야 한다.

곧 관음대비주를 일념으로 독송하면 온갖 수행이 한꺼번에 닦아진다는 뜻이다.

수지신시광명당(受持身是光明幢)

수지신시 광명당은 일념으로 관세음보살을 향해 기도하는 사람은 지혜가 있어 헤쳐 나갈 수 있는 추진력이 생긴다.

이런 강한 힘을 바탕으로 나아가는 사람을 수지신시광명당이라 부른다. 불법을 수지하는 그 자체가 바로 광명의 깃발을 드는 뜻이다.

수지심시신통장(受持心是神通藏)

수지심시신통장은 '불법을 수지한 사람의 마음은 바로 신통의 창고와 같다'는 말이다. 기도를 지속적으로 하면 저절로 깨닫게 되고 원하는 것은 모두가 이루어지게 된다. 즉 기도로 얻지 못하는 것은 없다.

그리고 6종류의 신통이 있는데 먼저 신족통이라 해서 마음먹은 대로 어디든 갈 수 있는 비행자재의 경계가 있고, 둘째, 천안통은 우주법계를 망라해 모든 것을 원근에 구애없이 가리지 않고 모두 꿰뚫어볼 수 있는 경계이다.

셋째, 천이통은 우주법계를 망라해 모든 소리를 들을 수 있는 경계이고, 넷째, 타심통은 타인의 마음속 모든 선악의 작용을 꿰뚫어 아는 경계이다.

다섯째, 숙명통은 자타 과거세의 생존 상태를 꿰뚫어 아는 경계이고, 여섯째, 누진통은 번뇌를 모두 끊을 수 있어 두번 다시 미계에 태어나지 않는 경계인 육신통을 말하며, 그 속에는 도통, 신통, 의통, 보통, 요통의 5가지로 분류해 5종통이라고 한다.

세척진로원제해(洗滌塵勞願濟海)

세척진로원제해는 '온갖 번뇌 망상과 갈등 무명 어둠을 씻어내고 소원하는 바를 성취한다'는 뜻이다.

씻어내자는 것이 세척진로이며 원제해는 원하는 바를 이룬다는 다짐이다.

초증보리방편문(超證菩提方便門)

초증보리방편문은 '깨달음의 방편문을 한꺼번에 성취한다'는 뜻으로 이로써 흔히 불교를 깨달음의 종교라고 한다.

아금칭송서귀의(我今稱誦誓歸依)

아금칭송서귀의는 '맹세코 부처님 전에 귀의합니다'란 말로 기도하는 마음을 서귀의라고 표현했다. 사홍서원이라는 말과도 같은 맥락이다.

소원종심실원만(所願從心悉圓滿)

소원종심실원만은 '원하는 바대로 마음먹은 대로 마음 따라서 실로 다 이루어진다'는 뜻이다.

기도를 통해 원하는 바를 이루고자 할 때는 여러 가지 조건이 충족되어야 하는데 그 중에서도 욕망과 집착, 번뇌와 망상을 버려야 함이 그 첫째에 해당된다.

다음은 대자대비한 관세음보살께 귀의하면서 열 가지 서원을 발하는 내용을 모았다.

나무대비관세음 원아속지일체법(南無大悲觀世音 願我速知一切法)

①'나무대비관세음'에서 나무(南無)는 '몸과 마음을 내던져서 정성스럽게 기도한다'는 뜻이며 원아속지일체법(願我速知一切法)은 '원컨대 내가 일체의 모든 법을 빨리 깨우치게 해 달라'는 바램을 말한다.

나무대비관세음 원아조득지혜안(南無大悲觀世音 願我早得智慧眼)

②원아조득지혜안은 '지혜의 눈을 빨리 뜨게 해 주십시오'라는 뜻이다. 흔히 불교를 자비의 종교라 하지만 엄밀히 말하면 불교는 지혜가 우선시되는 종교이다.

나무대비관세음 원아속도일체중(南無大悲觀世音 願我速度一切衆)

③원아속도일체중은 '원컨대 내가 모든 사람들을 빨리 제도하게 해 주십시오'란 말로, 즉 고난과 어려움, 불행 등의 문제거리를 해결해 달라는 의미의 기도를 말한다.

나무대비관세음 원아조득선방편(南無大悲觀世音 願我早得善方便)

④원아조득선방편은 '좋은 방편을 빨리 얻도록 해 주십시오'란 말이다. 즉 방편 중에서도 좋은 방편을 얻도록 노력해야 한다.

나무대비관세음 원아속승반야선(南無大悲觀世音 願我速乘般若船)

⑤원아속승반야선은 '원컨대 반야의 배를 빨리 타게 해 주십

시오'란 말로 반야선은 부처님의 나라로 가는 배이다. 보통 절에서 49재를 지낼 때 종이로 배를 만들어 달아 놓기도 하는데 그런 의식 속에서 나를 깨달을 수 있는 것이다.

나무대비관세음 원아조득월고해(南無大悲觀世音 願我早得越苦海)

⑥ 원아조득월고해는 '원컨대 내가 괴로움의 바다를 빨리 건너게 해 주십시오'란 말로 흔히 고(苦)에는 사고(四苦)와 팔고(八苦)가 있으며 괴로움의 바다는 문제의식 자체를 말하기도 한다.

나무대비관세음 원아속득계정도(南無大悲觀世音 願我速得戒定道)

⑦ 원아속득계정도는 '원컨대 계와 정의 길을 빨리 가게 해 주십시오'란 말이다.

계·정·혜 삼학을 속히 이루도록 하여 원아조득원적산을 빨리 가게 하여지이다는 서원이다.

나무대비관세음 원아조동원적산(南無大悲觀世音 願我早同圓寂山)

⑧ 원아조동원적산은 '원컨대 내가 원만하고 고요한 산에 빨리 오르게 해 주십시오'라는 말이다.

나무대비관세음 원아속히무위사(南無大悲觀世音 願我速會無爲舍)

⑨ 원아속히무사위는 '원컨대 내가 아무 것도 함이 없는 집에 빨리 이르도록 해 주십시오'라는 뜻이다.

결국 마음이 철저히 고요해지면 행함이 있어도 무위지경에 도달한다는 말이다.

나무대비관세음 원아조동법성신(南無大悲觀世音 願我早同法性身)

⑩ 나무대비관세음 원아조동법성신은 '원컨대 내가 법성의 몸

과 같게 해 주십시오'라는 뜻이다.

처음 단계인 '원아속지일체법'에서 열번째 단계인 '원아조동법
성신'까지에는 우리가 처음에는 어떻게 마음으로 내고 어떻게
시작해서 어떻게 부처가 될 것인가 하는 방법들이 차근차근 10
단계로 설명되어져 있음을 알 수 있다.

앞에서 말한 열 가지 서원에 이어 다음에 나오는 부분은 서원
의 극치를 이루는 대목이다.

아약향도산 도산자최절(我若向刀山 刀山自逐折)

'내가 칼산을 향해 가면 칼산은 저절로 무너지고 만다'는 뜻인
데 여기서 말하는 칼산은 험난한 인생의 역정을 의미한다.

아약향화탕 화탕자소멸(我若向火湯 火湯自消滅)

'내가 화탕지옥을 향하면 화탕지옥은 저절로 소멸된다'는 뜻이
다.

아약향지옥 지옥자고갈(我若向地獄 地獄自枯渴)

'내가 지옥을 향하면 지옥은 저절로 말라 없어진다'는 뜻이다.

아약향아귀 아귀자포만(我若向餓鬼 餓鬼自飽滿)

'내가 아귀세계로 가면 아귀가 절로 배부르다'는 의미이다.

아약향수라 악심자조복(我若向修羅 惡心自調伏)

'내가 아수라의 세계로 향하면 악한 마음을 저절로 항복받게
된다'는 뜻이다.

아약향축생 자득대지혜(我若向畜生 自得大智慧)

'내가 만약 축생의 세계를 향해 나가면 축생 스스로 큰 지혜를 얻게 된다'는 뜻으로 어리석은 인간은 축생보다 못한 경우도 있다.

《천수경》을 읽고 외울 때는 입술 위에서 그치지 말고 그 속에 담긴 진정한 뜻이 무엇인가를 음미하면서 가슴으로 느껴야 한다.

계속해서 관세음보살의 열 가지 다른 이름에 대해서 살펴보기로 하자.

나무관세음보살마하살(南無觀世音菩薩摩訶薩)

나무대세지보살마하살(南無大勢至菩薩摩訶薩)

나무천수보살마하살(南無千手菩薩摩訶薩)

나무여의륜보살마하살(南無如意輪菩薩摩訶薩)

나무대륜보살마하살(南無大輪菩薩摩訶薩)

나무관자재보살마하살(南無觀自在菩薩摩訶薩)

나무정취보살마하살(南無正趣菩薩摩訶薩)

나무만월보살마하살(南無滿月菩薩摩訶薩)

나무수월보살마하살(南無水月菩薩摩訶薩)

나무군다리보살마하살(南無軍茶利菩薩摩訶薩)

나무십일면보살마하살(南無十一面菩薩摩訶薩)

나무제대보살마하살(南無諸大菩薩摩訶薩)

나무본사아미타불(南無本師阿彌陀佛)

'나무관세음보살마하살(南無觀世音菩薩摩訶薩)'은 경전에 마흔두 가지로 표현되고 있다. 관세음보살도 능력과 자비와 복력에 따라 여러 가지 이름을 갖추고 있다.

'나무대세지보살마하살(南無大勢至菩薩摩訶薩)'은 아미타불의 좌우보처이다. 대세지보살은 대정진보살, 득대세보살이라고도 불리며 아미타불의 우보처이다. 아미타불의 좌보처가 관세음보살로 좌보처 관세음은 자비문을 상징한다. 대세지는 지혜와 용기, 광명이 모든 중생에게 비추어 삼악도를 여의고 위 없는 용기를 얻게 하므로 대세지라 불리운다. 대세지 보살 하면 한마디로 지혜롭고 용기 있게 삶을 살자는 의미이다.

'나무천수보살마하살(南無千手菩薩摩訶薩)'은 포용력의 화신으로 손이 천 개나 있다는 것은 한도 끝도 없이 끌어안을 것을 말한다. 천수보살상은 안쪽에 각각 20개의 손이 있는데 손바닥마다 눈이 있으며 한 손과 한 손이 각각 25유로써 중생을 제도하므로 천수천안이 된다.

'나무여의륜보살마하살(南無如意輪菩薩摩訶薩)'은 즉 원만보살이다.

보살님들은 둥글둥글하게 모든 면에서 원만해야 한다. 남편이 어렵고 괴로운 상황에 처해 있을 때 또는 결정적인 선택을 해야 할 때 평상시 기도를 많이 하고 공부를 해 오신 보살님들이라면 바른 지혜로 올바른 길을 얘기해 줄 수 있다. 그래서 남편의 운명은 보살님의 마음에 달려 있는지도 모른다. 노는 입에 염불한다는 말이 있듯 늘 기도하고 염불하고 부처님 말씀을 공부해 자신을 키워 가야 한다.

'나무대륜보살마하살(南無大輪菩薩摩訶薩)'은 무한하고 끝이 없는 마음이다. 대륜보살은 텅 빈 허공과 같은 마음을 말한다.

'나무관자재보살마하살(南無觀自在菩薩摩訶薩)'은 무한자재 십자재보살로 십자재는 다음과 같다.

①명자재는 수명을 자유자재로 조절하고,
②심자재는 마음이 평안해져 스스로 통제할 수 있으며,
③재자재는 재물을 마음먹은 대로 가질 수 있다.
④업자재는 좋은 업을 짓는 것이고,
⑤생자재는 태어나는 곳과 시간을 마음대로 결정할 수 있으며,
⑥원자재는 어떤 소원이든 다 이룰 수 있다.
⑦신력자재는 신력, 신통력이 생기고,
⑧지자재는 대자연의 진리를 깨닫게 되며,
⑨혜자재는 보이지 않는 세계까지 꿰뚫어볼 수 있고,
⑩승해자재는 머리가 좋아져 이해력이 깊어진다.

위와 같이 십자재에 자재로우신 분이 곧 관자재보살이다.

'나무정취보살마하살(南無正趣菩薩摩訶薩)'은 선재동자에게 끝없는 정도를 열어 주신 보살로 우리가 항상 바른 길인 정도를 걸어가야 함을 이르고 있다. 《화엄경》 입법계품에 나와 있듯 항상 기도하고 산다면 정도(正道)를 걷게 된다. 고로 기도하지 않는 이는 험난한 길을 걸을 수밖에 없다.

'나무만월보살마하살(南無滿月菩薩摩訶薩)'은 여의원만 형통지대 발원과 같은 의미로, 각자가 열심히 기도 정진하면 만월보살의 원력으로 내 마음 가운데 오염된 부분이 녹아내려 업장이 소멸하게 된다. 만월보살은 둥근달과 같다 하여 어두운 밤길을 밝혀 주듯이 중생들의 고통을 녹여내리는 보살로 지칭되고 있다.

'나무수월보살마하살(南無水月菩薩摩訶薩)'은 끝없이 순종한다는 의미이다. 언제 어느 곳을 가더라도 어떤 사람의 말이라도 다 잘 들어 주시는 순수한 마음이 되어야 한다는 뜻이다.

‘나무군다리보살마하살(南無軍茶利菩薩摩訶薩)’은　감로약병이란 뜻이다. 관세음보살님 가운데 약병을 들고 계시는 분이 있는데 그 안에는 만병 통치약이 있다 한다.

언제 어느 곳을 가더라도 마음이 따사로와 병을 고쳐 줄 그런 마음이어야 한다. 마음의 병을 고쳐 주고 몸의 병을 고쳐 주는 그런 보살이 군다리 보살님이다.

‘나무십일면보살마하살(南無十一面菩薩摩訶薩)’은 십일면 중 십면은 보살면이고 딱 한 면은 불면인 보살께 귀의함을 말한다.

‘나무제대보살마하살(南無諸大菩薩摩訶薩)’은 일체 모든 보살들과 더불어 대보살님께 귀의합니다란 의미이다.

‘나무본사아미타불(南無本師阿彌陀佛)’이란 즉 관세음보살님의 본사는 아미타불로 모두가 귀의해야 할 대상을 말한다.

신묘장구대다라니(神妙章句大陀羅尼)

나모라 다나다라 야야 나막알약 바로기제 새바라야 모지 사다바야 마하 사다바야 마하가로 니가야 옴 살바 바예수 다라나 가라야 다사명 나막 까리다바 이맘알야 바로기제 새바라 다바 니라간타 나막 하리나야 마발타 이사미 살발타 사다남 수반 아예염 살바 보다남 바바마라 미수다감 다냐타 옴 아로계 아로가 마지로가 지가란제 혜혜하례 마하모지 사다바 사마라 사마라 하리나야 구로구로 갈마 사다야 사다야 도로도로 미연제 마하미연제 다라다라 다린나례 새바라 자라자라 마라 미마라 아마라 몰제 예혜혜 로계 새바라 라아 미사미 나사야 나베 사미사미 나사야 모하자라 미사미 나사야 호로호로 마라호로 하례 바나마 나바 사라사라 시리시리 소로소로 못쟈못쟈 모다야 모다야 매다리야 니라간타 가마사 날사남 바라 하라나야 마낙 사바하 싣다야 사바하 마하 싣다야 사바하 싣다유예 새바라야 사바하 니라간타야 사

바하 바라하 목카싱하 목카야 사바하 바나마 하따야 사바하 자가라
욕다야 사바하 상카섭나녜 모다나야 사바하 마하라 구타다라야 사바
하 바마사간타 이사 시체다 가릿나 이나야 사바하 먀가라 잘마 이바
사나야 사바하

"나모라 다나다라 야야 나막알야 바로기제 새바라야 사바하" (세 번)

'신묘장구대다라니'는 《천수경》의 핵심이다. 앞에서 관세음보
살의 열 가지 이름과 서원을 살펴보았는데 신묘장구대다라니는
관세음보살의 위신력과 지혜, 자비, 과거의 행적, 관세음보살의
모습이 담긴 《천수경》의 심장부에 해당된다.

대다라니를 외워 지니는 자는 15가지 이익을 얻고 15가지 나
쁜 죽음을 받지 아니하게 되는데, 그러면 먼저 15가지의 좋은
이익을 살펴보자.

첫번째, 좋은 나라에 태어나며, 두번째, 태어나는 곳에서 늘
좋은 정치 지도자를 만나고, 세번째, 늘 좋은 때를 만나며, 네번
째, 늘 좋은 벗을 만나며, 다섯번째, 몸에 결함이 없으며, 여섯번
째, 진리를 향하는 마음이 돈독하며, 일곱번째, 계를 범하지 않
으며, 여덟번째, 가정이 늘 화목하고, 아홉번째, 음식과 재물이
늘 풍요로우며, 열번째, 늘 다른 사람의 공경과 도움을 받고, 열
한번째, 재물과 보물을 도둑맞지 않게 된다. 열두번째, 바른 뜻
으로 구하는 것이 모두 이루어지며, 열세번째, 천룡과 팔부신장
과 선신들이 자신을 옹호하며, 열네번째, 태어나는 곳마다 부처
님법을 들을 수 있고, 열다섯번째, 마지막으로 바른 법을 듣고
그 깊은 뜻을 깨치게 된다고 하셨다.

그리고 15가지 나쁜 죽음을 받지 않음이란,

첫번째, 배고픈 고통으로 죽지 않으며, 두번째, 옥에 갇혀 매

맞아 죽지 않으며, 세번째, 원수와 상대하다 죽지 않게 되며 네번째 전쟁터에서 서로 싸워 죽지 않게 된다. 다섯번째, 사나운 짐승에게 물려 죽지 않게 되며, 여섯번째, 독사나 전갈에 물려 죽지 않게 되며, 일곱번째, 불에 타 죽거나 물에 빠져 죽지 않고, 여덟번째, 독약을 먹고 죽지 않게 되며, 아홉번째, 독충의 독으로 죽지 않으며, 열번째, 미쳐서 죽음을 맞지 않게 된다. 열한번째, 산이나 낭떠러지에 떨어져 죽지 않게 되고, 열두번째, 나쁜 사람의 저주로 죽지 않으며, 열세번째, 악귀에 홀려 죽지 않게 된다. 열네번째, 약병으로 죽지 않으며, 열다섯번째, 자살로 죽지 않게 된다.

이와 같이 다라니의 공덕은 무량무변하므로 관세음보살님께서 부지런히 독송할 것을 가르친 것이다.

그러면 다라니를 번역치 않는 다섯 가지 이유를 살펴보자.

첫째, 다라니와 진언은 제불의 높은 차원에서의 의미를 담은 말씀으로, 부처님과 부처님만이 서로 통하고 그 경계에 이르지 못한 이는 해득이 불가능하므로 번역치 않는 것이다.

둘째, 다라니나 진언 등은 한 자 한 자에 여러 뜻을 포함하고 있기에 번역치 않는다.

셋째, 다라니와 진언 등에는 허공계와 많은 신장들과 성현들의 이름, 즉 고유명사가 나와 있는 까닭으로 번역하지 않는다.

넷째, 다라니와 진언 모두 부처님들의 비밀스런 의미가 담겨 있으므로 이를 번역하면 부처님의 위신력을 손상시키므로 번역하지 않는다.

다섯째, 다라니나 진언 등은 제불보살의 불가사의한 위신력이 깃들어 있으므로 번역하지 않는다.

사방찬(四方讚;사방을 찬탄함)

사방찬은 종일 정신을 가다듬으며 시방 부처님께 찬탄하고 기도하는 마음으로 살라고 가르치고 계신다.

일쇄동방결도량(一灑東方潔道場)
이쇄남방득청량(二灑南方得淸凉)
삼쇄서방구정토(三灑西方俱淨土)
사쇄북방영안강(四灑北方永安康)

'일쇄동방결도량'은 동쪽을 향해 물 뿌리니 동쪽이 밝아지고, 다시 말해 신묘장구대다라니를 읽음으로써 번뇌망상이 사라진다는 의미이다.

'이쇄남방득청량'은 남쪽을 향해 물 뿌리니 시원함을 얻는다.

'삼쇄서방구정토'는 서쪽을 향해 물 뿌리니 정토의 구족함을 얻는다.

'사쇄북방영안강'은 북쪽에 물 뿌리니 영원한 평안함을 얻는다.

먼저 스스로가 평온함을 가질 때 가족 또한 편안해지고 더 나아가 이웃과 사회 온 인류가 편안함을 얻는다.

도량찬(道場讚;도량을 찬탄함)

도량청정무하예(道場淸淨無瑕穢)
삼보천룡강차지(三寶天龍降此地)
아금지송묘진언(我今持誦妙眞言)
원사자비밀가호(願賜慈悲密加護)

'도량청정무하예'는 도량이 깨끗해져 티끌과 더러움이 사라진다는 뜻으로, 즉 다라니를 통한 관세음보살의 위신력과 자비의 힘이 작용한 것이다.

'삼보천룡강차지'는 불법승 삼보와 천룡팔부가 이 땅에 내려온다는 의미로, 우리 마음이 청정하고 근엄해져서 더러움이 없는 세계가 되면 삼보청룡이 자기 자신의 마음에 내려와 늘 생활 속에서 함께 한다는 것이다.

'아금지송묘진언'은 내가 지금 묘지언을 외운다는 뜻이다.

'원사자비밀가호'는 자비를 내려서 은밀하고 비밀스럽게 지켜준다는 의미, 즉 알게 모르게 마음과 생활이 달라지고 항상됨이 밀가호인 것이다.

참회게(懺悔偈;참회하는 게송)

불교에서는 참회를 아주 중요하게 생각한다. 탐·진·치 삼독은 다시 108번뇌가 되고 그것을 펼치면 팔만사천 병고가 되기 때문이다.

아석소조제악업(我昔所造諸惡業);내가 옛적부터 지은 모든 악업들은

개유무시탐진치(皆由無始貪瞋癡);오랜 옛적부터 익혀 온 탐진치 때문이며

종신구의지소생(從身口意之所生);신구의 삼업으로 생긴 모든 업들을

일체아금개참회(一切我今皆懺悔);내 이제 모든 죄를 참회합니다.

참제업장십이존불(懺除業障十二尊佛);십이불께 참회하니 업장 씻어주옵소서.

나무참제업장보승장불(南無懺除業障寶勝藏佛)

보광왕화령조불(寶光王火聆照佛)

일체향화자재력왕불(一切香火自在力王佛)

백억항하사결정불(百億恒河沙決定佛)

진위덕불(振威德佛)

금강견강소복괴산불(金剛堅强消伏壞散佛)

보광월전묘음존왕불(普光月殿妙音尊王佛)

환희장마니보적불(歡喜藏摩尼寶積佛)

무진향승왕불(無盡香勝王佛)

사자월불(獅子月佛)

환희장엄주왕불(歡喜莊嚴珠王佛)

제보당마니승광불(帝寶幢摩尼勝光佛)

보통《천수경》을 암송할 때 '참제업장십이존불' 생략하고 '십악참회'로 바로 넘어가는 경우가 많으나 이 구절을 모두 읽는 것이 원칙이다. 여기에 나오는 십이존불은 업장을 참회함에 있어서 일종의 증명법사 역할을 수행하는데 자신의 참회가 보다 착실하고 올바른 참회가 되도록 하기 위해서 이 부분을 꼭 외워주시기 바란다.

십악참회(十惡懺悔;십악을 참회함)는 '우리가 지은 많은 악업 가운데 신·구·의로 지은 열 가지 악업을 참회함'을 이른다.

살생중죄금일참회(殺生重罪今日懺悔)는 '살아 있는 모든 생명체를 죽인 죄를 참회합니다.' 살생을 많이 한 자는 방생을 통해 선에 다다를 수 있다.

투도중죄금일참회(偸盜重罪今日懺悔)는 '남의 물건을 훔친 죄를 참회합니다.' 우리는 각자의 귀중한 시간을 투자해서 자신의 재산을 모으게 된다. 그러한 각자의 인생이 투자된 남의 물건을 훔치는 것은 바로 그 사람의 인생을 훔치는 것과 같다. 이러한 남의 인생을 훔친 죄는 동물의 과보를 받게 된다고 한다.

사음중죄금일참회(邪淫重罪今日懺悔)는 '삿된 음행의 무거운 죄를 참회합니다.' 보다 청정한 행을 하라는 뜻이 담겨 있다.

망어중죄금일참회(妄語重罪今日懺悔)는 '거짓말한 죄를 모두 참회합니다.' 사회를 혼란케 만드는 거짓말을 하지 말자는 것이다.

기어중죄금일참회(綺語重罪今日懺悔)는 '꾸며대는 말을 한 죄를 참회합니다.' 모든 걸 본대로 정확하게 하되 진실과 달리 꾸며낸 말은 곧 거짓말과 다름없다.

양설중죄금일참회(兩舌重罪今日懺悔)는 '이간질한 죄를 참회합니다.' 말을 할 때는 여러 가지 주의가 필요하다. 오해를 만들 수 있는 말은 자제해야 하고 진리 이외의 말은 하지 않는 것이 좋다.

악구중죄금일참회(惡口重罪今日懺悔)는 '욕설하고 헐뜯는 죄를 참회합니다.' 부처님께서는 남을 헐뜯는 사람은 자기 자신을 헐뜯는 것과 같으며 항상 남을 이기려 하지 말고 너 자신을 이기는 데 힘쓰라 하셨다. 항상 내 자신을 먼저 되돌아보며 힘써야 할 것이다.

탐애중죄금일참회(貪愛重罪今日懺悔)는 '탐애한 큰 죄를 참회합니다.' 탐애란 마음 밑바닥에 깔려 있는 자신만을 생각하는 마음이다. 탐욕은 결국 나와 남을 갈라놓게 만든다.

진에중죄금일참회(瞋恚重罪今日懺悔)는 '성낸 죄를 참회합니다.' 진에란 화를 내는 마음이며 참을성이 부족한 마음이다. 참는다는 것은 기다림이다.

한순간의 진심이 백겁 동안 쌓은 공덕을 앗아 간다 하니 순간의 마음을 잘 경계해야 할 것이다.

치암중죄금일참회(癡暗重罪今日懺悔)는 '어리석은 큰 죄를 참회한다.' 어리석음을 깨우치기 위해서 우리는 배워야 한다. 삶의 그릇도 정해지는 법, 어리석음을 깨쳐 가는 데 힘써야 한다.

우리는 항상 참회하는 마음으로 공부하며 살아가야 한다. 그것이 우리들의 삶의 윤리이다. 108참회와 수행을 통해 여러분 마음이 편안하고 안락하면 그것이 곧 열반에 이르는 길이다.

백겁적집죄(百劫積集罪);백겁 동안 쌓아 올린 많고 많은 죄

일념돈탕진(一念頓蕩盡);한 생각 가다듬고

여화분고초(如火焚枯草);또 가다듬어

멸진무유여(滅盡無有餘);전부 사라지게 해 주십시오.

흡사 불씨 하나가 마른 풀 전부를 태우듯이 남김없이 태워지이다 하는 발원이다.

죄무자성종심기(罪無自性從心起);죄라는 것은 원래 실체가 없는데 마음 따라 일어난 것

심약멸시죄역망(心若滅時罪亦亡);마음이 소멸되면 죄 또한 없어지니

죄망심멸양구공(罪亡心滅兩俱空);죄와 업이 없어지고 마음마저 비우면

시즉명위진참회(是則名爲眞懺悔);그런 상태를 이름하여 진실한 참회라한다.

참회진언(懺悔眞言;죄업을 참회하는 진언)

"옴 살바 못자모지 사다야 사바하" (세 번)

자기 자신이 지은 죄를 불보살님께 다 털어놓고 참회하면 마음이 편안해진다는 것이다.

참회에는 크게 이참과 사참의 두 가지가 있는데 이참은 이치적으로 참회의 올바른 뜻을 이해하는 것이고, 사참은 실제로 기도나 독경, 사경, 보시행 그 밖의 실제적인 수행을 통해서 참회를 실천하는 것이다.

진정한 참회란 이참과 사참을 병행할 때 완전해진다.

준제공덕취(准提功德聚) 적정심상송(寂靜心常誦)
일체제대란(一切諸大難) 무능침시인(無能侵是人)
천상급인간(天上及人間) 수복여불등(受福如佛等)
우차여의주(遇此如意珠) 정획무등등(定獲無等等)
"나무 칠구지불모 대준제보살(南無 七俱胝佛母 大准提菩薩)"(세 번)

준제공덕취 적정심상송은 준제주의 큰 공덕을 항상 고요한 마음으로 외우고, 일체제대란 무능침시인은 일체의 모든 재난들이 준제진언을 외우는 사람에게는 능히 침범치 못하느니라.

천상급인간 수복여불등은 천상 사람들이나 보통 사람들이나 부처님처럼 똑같이 복을 받는다.

우차여의주 정획무등등은 이 여의주를 얻는 이는 결단코 깨달음을 얻을 것이다.

나무 칠구지불모 대준제보살은 저 먼 과거로부터 저 먼 미래까지 칠구지 무량한 부처님의 어머니이신 준제보살님께 간절한 마음으로 귀의하옵니다.

정법계진언(淨法界眞言;법계를 깨끗이 하는 진언)
"옴 남"(세 번)

법계를 청정히 하는 진언, 즉 우리가 사는 세상을 깨끗하게 하는 진언이다.

호신진언(護身眞言;몸을 보호하는 진언)

"옴 치림" (세 번)

몸을 보호하는 진언으로 우리가 어느 곳에 있든 업장 탓으로 재난을 당할 가능성이 있는데 그때마다 호신진언을 외우면 모든 호법신장들의 가호를 받게 된다.

관세음보살 본심미묘 육자대명왕진언

觀世音菩薩 本心微妙 六字大明王眞言

(관세음보살님의 미묘하신 본심을 보이는 여섯 자로 된 대명왕 진언)

"옴 마니 반메 훔" (세번)

관세음보살이 본래 마음은 미묘하며 그것은 여섯 자로 표현되어 있는데 크게 밝은 왕의 진언이란 뜻을 가지고 있다.

이것은 광명진언의 내용을 축소시킨 것으로, 옴마니반메훔이란 진언을 한번 외우게 되면 육십이억항하사 보살님들의 이름을 부르는 것과 같다고 한다.

준제진언(准提眞言;준제 관음의 진언)

"나무 사다남 삼먁삼못다 구치남 다냐타(옴 자례주례 준제 사바하 부림)**"** (세 번)

아금지송대준제(我今持誦大准提)

즉발보리광대원(卽發菩提廣大願)

원아정혜속원명(願我定慧速圓明)

원아공덕개성취(願我功德皆成就)

원아승복변장엄(願我勝福遍莊嚴)

원공중생성불도(願共衆生成佛道)

아금지송대준제 즉발보리광대원;제가 지금 대준제 진언을 외워지니오니 곧 보리심을 발하고 넓고 큰 원을 발해지이다.

원아정혜속원명 원아공덕개성취;제가 삼매를 통해서 정과 혜가 원만히 밝아지고 작은 모든 공덕이 다 성취되어지이다.

원아승복변장엄 원공중생성불도;원컨대 내가 훌륭한 복으로 모든 것이 다 성취되고 모든 중생이 다함께 불도를 이루기를 기원하나이다.

우리가 기도를 할 때 반드시 소원을 발해야 하는데 소원을 처음 기도할 때와 마지막 끝날 때 한 번씩 생각하고 기도 자체에만 일념으로 집중해야 한다.

기도할 때 제일 중요한 것은 망상에 사로잡히지 않는 것이니 기도할 때는 그 자체에 정신을 집중해야 한다.

여래십대발원문(如來十大發願文;부처님의 열 가지 큰 발원문)

원아영리삼악도(願我永離三惡道);원컨대 제가 삼악도를 떠나서 사람다운 삶을 살기를 원합니다.

원아속단탐진치(願我速斷貪瞋癡);원컨대 제가 탐진치 삼독을 빨리 끊기를 원합니다.

원아상문불법승(願我常聞佛法僧);원컨대 제가 불법승 삼보에 대해서 듣기를 원합니다.

원아항수제불학(願我恒隨諸佛學);원컨대 제가 항상 계정혜 삼학을 열심히 닦기를 원합니다.

원아불퇴보리심(願我不退菩提心);원컨대 제가 깨달음의 마음에서 물러 서지 않기를 원하옵니다.

원아결정생안양(願我決定生安養);원컨대 제가 극락세계에 태어나기를 원합니다.

원아속견아미타(願我速見阿彌陀);원컨대 제가 속히 아미타불을 친견하기를 원하옵니다.

원아분신변진찰(願我分身遍塵刹);원컨대 나의 몸이 먼지처럼 많고 많은 곳에 두루 나투기를 원합니다.

원아광도제중생(願我廣度諸衆生);원컨대 제가 모든 중생들을 널리 제도하기를 원합니다.

《천수경》은 소원과 원력의 내용으로 가득 차 있다. 진언이나 다라니의 구절구절에는 원력을 성취시킬 만한 힘이 담겨져 있는 것이다.

발사홍서원(發四弘誓願;네 가지 큰 원을 세움)

법회가 끝나면 반드시 외우는 서원으로 불자라면 모두가 잘 아는 내용이다.

중생무변서원도(衆生無邊誓願度);중생이 끝없지만 맹세코 제도하기를 원하옵니다.

번뇌무진서원단(煩惱無盡誓願斷);번뇌가 다함이 없지만 맹세코 끊기를 원합니다.

법문무량서원학(法門無量誓願學);법문이 한량없지만 맹세코 배우기를 원합니다.

불도무상서원성(佛道無上誓願成);부처님의 도가 높지만 맹세코 이루기를 원합니다.

자성중생서원도(自性衆生誓願度);자성 속의 중생을 맹세코 제도하기를 원합니다.

자성번뇌서원단(自性煩惱誓願斷);자성 속의 번뇌를 맹세코 끊기를 원합니다.

자성법문서원학(自性法門誓願學);자성 속에 있는 법문을 맹세코 배우기를 원합니다.

자성불도서원성(自性佛道誓願成);자성 속의 불도를 맹세코 이루기를 원합니다.

이상으로 원에 대한 내용을 모두 살펴보았는데, 불자로서 가장 바르게 발원하는 마음가짐은 바로 우리 자신이 부처님이나 관세음보살과 같은 인생이 되겠다고 맹세하는 것이다.

《천수경》에 수없이 많은 원이 나오는데 그것은 바로 우리 속에 내재된 생명력을 일깨우는 소리인 것이다.

발원이 귀명례삼보(發願已 歸命禮三寶);원을 세웠으니 삼보께 목숨을 바쳐 의지하옵니다.

나무상주시방불(南無常住十方佛);시방에 항상 계시는 부처님께 귀의합니다.

나무상주시방법(南無常住十方法);시방에 항상 계시는 법보님께 귀의합니다.

나무상주시방승(南無常住十方僧);시방에 항상 계시는 승보님께 귀의합니다. (세 번)

반야심경

관자재보살　　행심반야바라밀다시　　조견오온개공　　도
觀自在菩薩　　行深般若波羅蜜多時　　照見五蘊皆空　　度

일체고액　사리자　색불이공　공불이색　색즉시공　공즉
一切苦厄　舍利子　色不異空　空不異色　色卽是空　空卽

시색　수상행식　역부여시　사리자　시제법공상　불생불
是色　受想行識　亦復如是　舍利子　是諸法空相　不生不

멸　불구부정　부증불감　시고　공중무색　무수상행식　무
滅　不垢不淨　不增不減　是故　空中無色　無受想行識　無

안이비설신의　무색성향미촉법　무안계　내지　무의식계
眼耳鼻舌身意　無色聲香味觸法　無眼界　乃至　無意識界

무무명　역무무명진　내지　무노사　역무노사진　무고집
無無明　亦無無明盡　乃至　無老死　亦無老死盡　無苦集

멸도　무지역무득　이무소득고　보리살타　의반야바라밀
滅道　無智亦無得　以無所得故　菩提薩埵　依般若波羅蜜

다고　심무가애　무가애고　무유공포　원리전도몽상　구
多故　心無罣碍　無罣碍故　無有恐怖　遠離顚倒夢想　究

경열반　삼세제불　의반야바라밀다고　득아뇩다라삼먁
竟涅槃　三世諸佛　依般若波羅蜜多故　得阿耨多羅三藐

삼보리　고지반야바라밀다　시대신주　시대명주　시무상
三菩提　故知般若波羅蜜多　是大神呪　是大明呪　是無上

주　시무등등주　능제일체고　진실불허　고설반야바라밀
呪　是無等等呪　能除一切苦　眞實不虛　故說般若波羅蜜

다주　즉설주왈　아제아제　바라아제　바라승아제　모지
多呪　卽說呪曰　揭帝揭帝　波羅揭帝　波羅僧揭帝　菩提

사바하
沙婆詞

관자재보살이 깊은 반야바라밀다를 행할 때 오온이 모두 공함을 비춰 보고 일체 고액에서 벗어났느니라.

사리자여, 물질은 공과 다르지 않고 공은 물질과 다르지 않으니 물질이 곧 공이요 공이 곧 물질이며, 감수·표상·의지·인식 또한 그러하니라. 사리자여, 이 모든 법의 공한 모습은 생겨나지도 않고 없어지지도 않으며, 더럽지도 않고 깨끗하지도 않으며, 늘지도 않고 줄지도 않느니라. 그러므로 공 가운데는 물질도 없고, 감수·표상·의지·인식도 없고, 눈·코·귀·혀·몸·마음도 없고, 물체·소리·맛·감촉·마음의 경계도 없으며, 눈으로 인식하는 요소도 없고, 마음으로 인식하는 요소도 없으며, 무명도 없고 무명이 다함도 또한 없으며, 나아가서 늙음·죽음도 없고, 늙음·죽음이 다함도 또한 없으며, 고통, 고통의 원인, 고통의 멸진, 고통의 멸진에 이르는 길도 없고, 지혜도 없고 또한 얻음도 없느니라. 얻은 바가 없으므로 보리살타는 반야바라밀다에 의지하니 마음에 걸림이 없고 마음에 걸림이 없으므로 두려움이 없으며, 뒤집힌 허망한 생각을 멀리 떠나 마침내 열반에 이르나니, 과거·현재·미래의 모든 부처님들도 반야바라밀다에 의지하므로 위없는 바르고 두루한 깨달음을 얻느니라. 그러므로 알지니, 반야바라밀다는 큰 신비주며, 큰 밝은 주며, 위없는 주며, 견줄 바 없는 주이어서 능히 일체 고난을 없애나니, 진실하여 허망하지 않느니라.

이에 반야바라밀다주를 설하노니, 주에 이르되 아제아제 바라아제 바라승아제 모지 사바하. (당 삼장법사 현장 역)

반야심경은 원래가 마하반야바라밀다심경(摩訶般若波羅蜜多心經)

이다. 반야바라밀은 본래의 나를 찾아 생사 없는 영원한 생명을 본성으로 살게 하기 위한 실천행이다.

사람들은 제각기 자기의 마음이 만들어내는 착각의 세계에 살고 있다. 분노는 분노의 세계를, 욕심은 욕심의 세계를, 거짓은 거짓의 세계를 만들어서 그 속에서 생사의 고뇌를 받으면서 사는 것이 사람이 사는 세상이다.

모든 사물과 현상은 자신의 마음이 지어내는 마음의 세계일 뿐 그것이 진실한 세계는 아니다. 그래서 붓다께서는 생사고뇌가 모두 인간의 의식활동이 지어내는 자기 마음의 그림자이며, 이 자아 의식의 속박에서 벗어날 때 비로소 자기를 알고 본래의 세계를 보고 생사고뇌 없는 영원한 생명의 삶을 살게 된다고 가르치고 있다. 그리고 반야바라밀은 영원한 생명의 삶을 얻기 위한 실천 방법이고 비록 260자밖에 안 되는 극히 짧은 경전이지만 《아함경》에서 시작하여 《벽암록》에 이르기까지 고구정녕히 이르신 불타의 정수를 가지런히 함용하고 있는 현묘한 경전이다.

마하(摩訶)는 어떠한 표현으로도 한정지울 수 없는 크고 위대함, 절대성·초월성·불가사의성을 뜻한다. 형상도 크기도 말과 생각으로 헤아릴 수 없는 것이 곧 마하이다.

반야(般若)는 지혜이다. 일체법의 참모습을 보는 깨달음의 지혜이다. 반야지는 언어문자로 설명되어지지 않는다.

바라밀다(波羅蜜多)는 완성·극치·도피안 등의 뜻이 있으며 완성은 자신을 깨닫는 의미와 일체중생을 깨달음으로 인도하는 두 가지 뜻이 있는데 상구보리하화중생(上求菩提下化衆生)의 보살도를 뜻하며 깨달음의 완성을 의미한다.

심경(心經)은 마음이다. 마음이란 중생의 근본으로 일체의 모든 법이 다같이 마음으로 귀일한다. 마음이 생기면 갖가지 법이 생기고 마음이 멸하면 갖가지 법이 멸한다. 여기까지가 경 제목이다.

관자재보살(觀自在菩薩)은 관세음보살의 이명이며 관세음보살은 대자대비를 근본 서원으로 하는 보살의 명호이다.

행심반야바라밀다(行深般若波羅蜜多)는 반야바라밀을 깊이 행한다는 뜻이다.

행(行)은 수행을 말하는데 '천리 길도 한 걸음부터'라는 말처럼 글자 그대로이다.

심(深)은 깊다는 것을 말하는데 밤낮으로 마음의 근원을 되돌아보면 골수까지 다 보인다는 뜻이다.

반야바라밀다(般若波羅蜜多)는 대승보살이 수행하는 바라밀에는 6바라밀이 있는데 보시(布施), 지계(持戒), 인욕(忍辱), 정진(精進), 선정(禪定), 지혜(智慧)바라밀이다. 지혜가 원만해질 때 비로소 5바라밀이 올바르게 실천될 수 있다.

시(時)는 바로 보는 때를 말한다.

조견오온개공(照見五蘊皆空)은 오온이란 색(色), 수(受), 상(想), 행(行), 식(識)을 말하는데, 색(色)은 지수화풍(地水火風) 네 가지 요소의 화합으로 물질계를 만들고 수상행식은 정신계를 형성한다.

수(受)는 즐거움이나 괴로움 등을 느껴서 아는 감수작용, 상(想)은 사물의 모습을 떠올리는 표상작용, 행(行)은 의지에 따라 조작하는 정신작용인데 이 행으로 인식, 분별이 일정한 방향으로 행해진다.

식(識)은 육근(눈, 귀, 코, 혀, 몸, 마음)으로 대상과 접촉한 내용을 종합적으로 정리하여 결론적인 인식, 판단을 행하고 이 결과는 마음의 종자인 제8 아뢰야식에 저장된다.

오온은 인체를 구성하는 요소이며 우주의 구성요소이기도 하다.

개공(皆空)이란 모두 텅 비어서 공하다는 뜻인데 인체와 우주만물을 구성하는 색이라는 것도 정신을 형성하는 수상행식 그 자체가 고정되고, 불변하여 자성이 없다는 뜻이다.

도일체고액(度一切苦厄)은 일체의 고액에서 벗어났다는 뜻으로 고(苦)에는 8고가 있는데 생로병사와 애별리고(사랑하는 이와 이별하는 고통), 원증회고(원망하고 증오하는 이와 만나야 하는 고통), 구부득고(구하는 것을 얻지 못하는 고통), 오음성고(몸과 마음에서 생기는 고통)이다.

사람은 오음 즉, 색·수·상·행·식이 불타고 있는 것을 자기라고 믿기 때문에 고통스럽다. 반야바라밀은 이 그릇된 식견을 타파하고 구하는 나도 공하고 구하고자 하는 대상도 공함을 알아야 일체의 고액에서 벗어날 수 있다.

사리자(舍利子)란 사(舍)는 객사이고 리자(利子)는 객사 안에 있는 주인이다.

4대 오온은 몸이 여관의 주인과 같으며 주인이 잠시 머무르고 있는 것이며 주인이 떠나 버리면 그 건물(객사)은 무너지지만 주인(리자)은 항상 존재하고 있는 것이다.

색불이공(色不異空)이란 형상이 바로 공이다. 여러 가지 모습으로 나타나지만 그 여러 가지 모습이 바로 공한 것이다. 허깨비의 빈몸이 법신이고, 그 법신을 깨달아 보면 그가 바로 천진불이다.

공불이색(空不異色)이란 색과 공은 한가지다. 범부는 그것을 두 가지로 본다. 그러나 부처님이나 보살님은 분별상을 가지지 않는다.

색즉시공(色卽是空)이란 마음이 일어나면 곧 색이요, 마음을 거두면 얻을 수 없으니 곧 공이다. 그러므로 색이 곧 공이다.

공즉시색(空卽是色)이란 성현들은 색과 공을 둘로 보지 않으며 정신적이나 육체적으로 분별하지 않는다.

수상행식(受想行識)이란 육근(六根), 육진(六塵), 육식(六識)으로 인하여 18계가 생긴다. 18계가 있음으로 해서 4대 5온이 있다. 4대 5온으로 인하여 62견이 있게 되며 62견이 일어나면 8만4천 차별이 일어난다.

역부여시(亦不如是)란 이미 아(我)가 없는 까닭으로 만법은 다 없을 것이며 전부가 다 공으로 귀착하는 것이다. 즉 만법 귀일이다.

사리자(舍利子)란 모든 번뇌를 이미 다 여의어 적멸의 경지로 돌아가 아무런 근심 걱정이 없다.

시제법공상(是諸法空相)이란 경에 의하면 나의 몸이 원래 존재하지 않는 것이니 미워하고 사랑함이 어찌 연유하여 생길 것인가.

불생불멸(不生不滅)이란 나지도 아니하고 멸하지도 않는다는 것은 오로지 법계의 본성이다. 현수대사 왈, 불생불멸은 일체 만법의 생과 멸 인간의 의식계가 보는 환(幻)이며, 불생불멸은 그러한 착각을 일깨워서 사물의 실상인 공상을 볼 수 있게 하기 위함이다.

불구부정(不垢不淨)이란 사물의 본체인 진여자성의 자리는 더럽거나 깨끗한 것을 초월하고 있다. 현수대사 왈, 불구부정을 12인연과 4제법을 여의는 도리를 밝힌 것이라 하였다. 12인연과 사제법도 다만 방편 도리일 뿐 사물의 본체자리인 진여불성은 한 티끌의 색도 한 조각의 수상행식도 없음을 깨닫게 해 주기 위한 것이다.

부증불감(不增不減)이란 늘지도 줄지도 않는다는 뜻으로 본체자리인 공에는 늘지도 아니하고 줄지도 않는다는 뜻이다.

옛날 어느 선사가 평생 동안 주장자(본체를 상징함)를 들어 보이면서 평생 동안 썼지만 다 쓰지 못했노라 하여 부증불감의 본체를 말하였다.

시고공중(是故空中)이란 청정하게 본래 갖춰져 있어서, 허공은 아무리 칼로 베고 찌르고 끈으로 묶으려 해도 그냥 있다.

무색무수상행식(無色無受想行識)이란 색·수·상·행·식의 5온의 공함을 말함이다.

무안이비설신의(無眼耳鼻舌身意) 무색성향미촉법(無色聲香味觸法)이란 눈·귀·코·혀·몸·마음을 육근(六根)이라고 하고 형상·소리·냄새·맛·감촉·마음을 육경(六境)이라 해서 모두 십이처

(十二處)라 한다. 결국은 육근과 육경이 없어서 십이처 모두가 공함을 말하는 대목이다.

무안계 내지 무의식계(無眼界 乃至 無意識界)란 육식(안식·이식·비식·설식·신식·의식)과 육근(안근·이근·비근·설근·신근·의근)과 육경(형상·소리·냄새·맛·감촉·마음)을 18계라 한다. 이 18계가 제법공상인 본체에는 없는 것임을 말하고 있다.

무무명(無無明)이란 사람마다 다 무명(無明)을 지니고 있으며 여러 가지 많은 차별상과 온갖 번뇌를 일으킨다.

역무무명진(亦無無明盡)이란 몸이 있으면 무명이 있고 무명이 있으면 바로 3독이 있게 되며 범부가 바로 성인되고 성인이 바로 범부가 된다.

내지 무노사(乃至 無老死)란 이미 무명의 다한 것을 얻었다면 곧 늙고 죽는 것이 없어진다. 즉 십이인연법은 부처님께서 깨달은 진리인데 무명·행·식·명색·육입·촉·수·애·취·유·생·노사 12단계가 순차적으로 의지하여 십이인연법이라 한다.

역무노사진(亦無老死盡)이란 도를 배우는 사람은 양파껍질을 벗기는 것과 같은데 하나씩 벗기다 보면 아무 것도 없다. 본래의 근원으로 되돌아간 것으로 5온이 공함을 얻은 것이다.

무고집멸도(無苦集滅道)란 단정하게 좌선하여 법의 진실상을 염하면 모든 죄가 서리나 이슬처럼 능히 소멸 제거된다. 즉 부처님께서 깨달음을 얻으신 후 최초로 5비구에게 설법하신 내용이 사성제인데 이것이 고집멸도이다.

고(苦)란 삶은 고통의 근본이다. 4고와 8고가 있다.

집(集)이란 탐애와 집착이 곧 인생의 고통의 원인이다. 모든 고통과 슬픔과 두려움과 재앙은 탐애와 집착으로부터 일어난다.

멸(滅)이란 고통의 원인인 탐애와 집착심을 근절하면 열반적정을 얻게 된다. 열반적정은 고통과 두려움이 없는 절대성의 경지이다.

도(道)란 고통을 멸하는 올바른 길의 진리인데 여덟 가지 실천 방법이 곧 팔정도이다.

정견(正見)이란 바른 견해인데 네 가지 성스러운 진리를 분명하게 이해함으로써 올바른 지혜를 갖추는 것을 말한다.

정사(正思)란 바른 사유인데 올바른 견해를 지님으로서 바르게 사유할 수 있다. 바른 사유에는 이욕, 무진, 무해 세 종류의 공덕이 있다.

정어(正語)란 바른 말인데 일상생활 속에서 뭐니 뭐니 해도 말이 제일 중요할 것이다. 자애로운 마음에서 우러나오는 진실한 말은 모두를 위해서 좋은 결과가 올 것이다.

정업(正業)이란 바른 행위인데 신(身:살생, 도둑질, 간음), 구(口:망어, 기어, 악구, 양설), 의(意:탐심, 진심, 치심) 3업을 말한다.

정명(正命)은 바른 직업인데 바르게 생활하는 것으로 부처님께서 살생, 인신매매, 음행, 무기, 독약, 알콜 등에 관련된 직업은 삼가라고 말씀하셨다.

정정진(正精進)이란 바른 노력인데 탐애하는 마음을 끊고 깨달음의 니르바나를 향해 부단히 정진해 나가는 것을 말한다.

정념(正念)이란 바른 집중인데 바른 가르침을 머리 속에 집중하여 잠시도 잊지 않고 그리고 부단히 나아가자는 뜻이다.

정정(正定)이란 바른 선정인데 중도의 실천을 의미한다. 여기서 반야바라밀다를 말한 것이다.

무지역무득(無智亦無得)이란 자기 자신을 비추어 규명하면 상주하는 것은 찾아내지 못하니 어찌 얻음이 있을 것인가라는 것이다.

이무소득고(以無所得故)란 수행하는 사람이 이곳에 이르면 원만하게 돈오(頓悟)하는 자리이다. 그러나 중생은 생사의 괴로움을 빠져 나가는 일을 못하는 것은 자성을 보지 못했기 때문이다.

보리살타(菩提薩埵)란 보살의 약칭으로 인공(人空)을 완전히 깨달은 것을 보리라 하고 법공(法空)을 완전히 깨달은 것을 이름하여 살타(薩埵)라 한다.

의반야바라밀다고(依般若波羅蜜多故)란 이때까지의 여러 가지 풀이에 의해 대지혜를 얻는 것으로 설명된다. 그것은 가장 존귀하고 수승한 자성을 깨달은 반야지인 것으로 천상천하에 이것에 미치는 것은 없다.

심무가애(心無罣碍)란 이에 이르면 삼라만상의 본성이 완전히 비어 있다. 그 자성은 공한 것이어서 막힌다거나 막히지 않는다고 하는 경계를 넘어선 것이다.

무가애(無罣碍)란 경에 이르되 그대는 어찌하여 내가 보지 않는 경지를 보는가. 능엄경에 물고기는 물을 보지 못하고 사람은 바람을 보지 못하고 미혹된 사람은 자성을 보지 못하고 깨달으면 공을 보지 않는다.

고(故)란 완전무결한 궁극적인 진리이며 불가설을 입으로 설명이 불가능이라 말로써 표현할 방도가 없다. 즉 언어도단이다.

무유공포(無有恐怖)란 자성이 공함을 깨달으면 동서남북을 분간하지 않으며 밝다느니 어둡다느니에 구속되지 않는다. 그러니 공포가 없게 된다.

원리전도몽상(遠離顚倒夢想)이란 우선 탐욕을 끊고 애착을 제거하여야 하되 애욕이 근본인데 마음을 일으켜 수행하여 무엇보다 먼저 견성을 취하여야 한다. 즉 원리전도몽상은 무명(無明)에서 비롯되는 모든 뒤집힌 생각을 멀리 버린다는 뜻이다.

구경열반(究竟涅槃)이란 마지막까지 궁구하여 최후의 궁극적 경지에 이른다는 뜻이다. 이 육체를 구명한다면 본래부터 지수화풍이라는 것은 없는데 미혹하면 물질을 좇아 도둑을 제 아들로 인정하여 4대와 6근을 자기 자신인 것으로 생각한다. 문득 스스로 깨달아서 비추어 본다.

삼세제불(三世諸佛)이란 과거·현재·미래 삼세에 삼천(三千)불이 있지만 그다음에 오는 겁을 따져 나가면 그 수는 한량이 없다. 즉 자기 존재의 근원인 법신이신 부처님의 진실공을 깨달아 삼세의 부처를 이루게 되는 것이다.

의반야바라밀다고(依般若波羅蜜多故)란 이 글귀는 삼세의 모든 부처님의 어머니이며 이것으로부터 시방의 모든 부처님이 흘러 나오신 것이다.

득아뇩다라삼먁삼보리(得阿耨多羅三藐菩提)란 무상정진을 이름한 것이며, 성등정각(成等正覺)을 이룬다. 즉 무상정진과 성등정각 안에 팔만대장경이 다 들어 있다.

고지 반야바라밀다(故知 般若波羅蜜多)란 과거의 모든 부처님은 중생을 자애롭게 여겨 백가지 지혜와 방편을 가지고 근기에 따라 중생을 이롭게 하셨다. 도를 배우는 데에서는 우선 깨달음의 인연이 있어야 한다. 수보리가 무한한 겁 이전에 수행하다 석가모니 부처님의 설법 장소에 이르자 공의 도리를 터득하여 해공 제일의 수보리 존자라 한다.

시대신주(是大神呪)란 중생들이 마음에 갖추고 있는 주며 역시 중생의 마음속의 불성 법문이다.

시대명주(是大明呪)란 마음의 광명이 발현하기만 하면 이주는 하늘과 땅 온 천지를 다 비추고 다 덮는 것이며 비추지 않는 곳이 없으니 위대한 광명이 주라고 하는 것이다.

시무상주(是無上呪)란 가장 높은 것이며 더욱 이것을 능가하는 것이 없으니 주중의 왕이다.

시무등등주(是無等等呪)란 다른 모든 주들이 이 주와 견준다고 하더라도 결국은 비교할 수가 없는 것이다. 이 주는 세상에서 드문 것을 설하였다.

능제일체고(能除一切苦)란 일체의 고난을 없앤다는 뜻이다.

진실불허(眞實不虛)란 참되고 실다워서 허망하지 않다는 뜻으로 신통한 주를 설하시고 중생을 제도 해탈시켰으니 이것이 참으로 진실 자체이며 거짓으로 속이는 말이 아니다.

고설반야바라밀다주(故說般若波羅蜜多呪)란 여러 가지 방편과 언어 문자들은 다 묶어 일체를 하나에 귀착시키는 것이니 대총지를 갖추고 있으며 똑같이 하나의 마음에 귀결시키는 것이다.

즉설주왈(卽說呪曰)이란 경을 지키고 늘 수지 독송하는 사람은 이 네[四]아제의 곁을 떠나지 않는다.

아제아제(揭帝揭帝)란 있는 것도 없는 것도 보지 않는 것으로서 일체의 연(緣)은 다 찰나에 가서지는 것이다. 결국은 두 가지 공마저 다 잊어버리고 마는 까닭에 아제아제라고 말한 것이다.

바라아제(波羅揭帝)란 공에 도달하고 보니 공하여 진(眞)도 없다. 그리하여 생사가 영원히 단절되어 저편 언덕에 이르러 영원히 태어남을 받지 않게 되어 바라아제라 한다.

바라승아제(波羅僧揭帝)란 부처님의 청정한 경계다.

모지 사바하(菩提 沙婆訶)란 모지는 그 처음이고 사바하는 그 끝이다.

이상으로 반야심경을 2회에 걸쳐 방송한 내용을 옮겨 봤다. 반야심경은 불교의식에는 필수적이오니 바른 이해를 바라는 마음으로 다루었다. 독자 제현의 해량 있기를 바랄 뿐이다.

참고 문헌

불교상식백과(홍사성 편)
마음의 비밀(성운대사 법어집)
한국불교 인물사상사(불교신문사 편)
동사 열전(광제원 편)
심령과 윤회의 세계(오형근 저)
불교공부(무비스님 저)
괴로움도 즐거움도 본래 하나라네(지광스님 저)

진리의 향기

·

초판 인쇄/1999년 7월 30일
초판 발행/1999년 8월 5일
2쇄 발행/1999년 9월 30일

저자·원천 스님

펴낸 이·임종대/펴낸곳·미래문화사
등록 번호·제3-44호/등록 일자·1976년 10월 19일
ⓒ1999, 미래문화사

주소·서울시 용산구 효창동 5-421 ㉾140-120
전화/715-4507, 713-6647
팩시밀리/713-4805

값 8,000원

ISBN 89-7299-180-5 03220